ELEFANTE

TINTA LIMÓN

CONSELHO EDITORIAL
Bianca Oliveira
João Peres
Tadeu Breda

EDIÇÃO
Tadeu Breda

ASSISTÊNCIA DE EDIÇÃO
Luiza Brandino

PREPARAÇÃO
Daniela Uemura

REVISÃO
Diana Soares Cardoso
Fábio Fujita

CAPA & DIREÇÃO DE ARTE
Bianca Oliveira

ASSISTENTE DE ARTE
Camila Yoshida

DIAGRAMAÇÃO
Lívia Takemura

FOTOS
Paulo Slachevsky
@pauloslachevsky

PESQUISA E ENTREVISTAS
TINTA LIMÓN

-

TRADUÇÃO
IGOR PERES

CHILE EM CHAMAS

—

A REVOLTA ANTINEOLIBERAL

PREFÁCIO À EDIÇÃO BRASILEIRA

A NORMALIDADE ERA O PROBLEMA

JOANA SALÉM VASCONCELOS

"O que se abriu em 18 de outubro [de 2019] é de tal intensidade que é difícil pensar que em curto ou médio prazo possa se fechar." Assim o jovem prefeito de Valparaíso, Jorge Sharp, avalia a profundidade das mudanças que estão em curso no Chile. "Esta explosão é fortemente territorial", explica. Nela se levantou um amplo "julgamento histórico popular", diz Javiera Manzi, da Coordinadora Feminista 8M, cuja "dimensão destituinte é chave", completa Alondra Carrillo. Para ambas, a revolta social chilena de 2019 escancarou os caminhos para uma nova "imaginação política radical".

"As pessoas se cansaram da democracia representativa e exigem participação", resume Luís Mesina, porta-voz do movimento No+AFP, que luta contra as associações de fundos de pensão, expressão da previdência privatizada no Chile. "É o paradigma neoliberal chileno que pode ser despedaçado pela cidadania", aposta. O coletivo Vitrina Dystópica complementa: "Há um componente transversal nas lutas e no mal-estar [...]. O elemento disparador dessa transversalidade é o movimento feito pelos estudantes secundaristas" para denunciar a "armação frágil do endividamento".

Feministas, estudantes, aposentados, trabalhadores, desempregados, indígenas, indignados, empobrecidos, endividados... Entre outubro de 2019 e março de 2020, as ruas chilenas foram ocupadas por um gigantesco "*baile de los que sobran*" [dança dos excluídos], como dizia a canção de Los Prisioneros em

1986. Na perigosa "primeira linha", jovens com pedras e escudos coloridos, audazes, treinados durante uma década e meia de enfrentamentos com os *carabineros*, a polícia chilena. Pela primeira vez, os "radicais" do corpo a corpo foram aplaudidos como heróis anônimos de uma rebelião de massas contra o sistema neoliberal.

A revolta chilena "politizou o mal-estar". Sua consequência mais visível foi a possibilidade histórica de enterrar o neoliberalismo de Augusto Pinochet, Sérgio de Castro[1] e Jaime Guzmán,[2] abolindo a atual Constituição do país criada em 1980 pela ditadura e jogando no lixo o conceito de "subsidiariedade do Estado", refundando o país em bases profundamente populares e verdadeiramente democráticas.

Neste livro, todas as vozes vêm das ruas, trazendo consigo a potência política dos combates verdadeiros. Das periferias, dos territórios espoliados, das vidas precárias, dos sem-teto e sem-aposentadoria. São as vozes dos transgressores, daqueles que conscientemente querem escapar ao controle neoliberal e, para isso, confeccionam uma nova historicidade solidária que alimenta a luta coletiva. São os criadores de uma "poética da rebelião", artífices da disputa pelo poder que se expressa com simbolismo nas pichações, nas performances feministas, nos murais, na derrubada dos monumentos, em cada palmo dos territórios convertidos ao utilitarismo do capital.

Esta obra oferece ao leitor brasileiro dezesseis capítulos de autoria individual e dois de autoria coletiva, que apontam as múltiplas dimensões de uma grande transformação. Uma polifonia orientada a um mesmo horizonte histórico de recomposição do comum. Por isso, *Chile em chamas* é um

---

1 Ministro da Fazenda do Chile entre 1976 e 1982. [N.E.]

2 Senador, fundador do partido conservador Unión Demócrata Independiente, colaborador jurídico de Augusto Pinochet e um dos principais artífices da Constituição de 1980. [N.E.]

retrato representativo da diversidade e da inteligência plural do novo sujeito popular que se formou no país.

Há pelo menos trinta anos, o "modelo chileno" é tratado pelas elites neoliberais latino-americanas como um primoroso exemplo de desenvolvimento e liberdade de capitais. O "tigre" do continente, um paraíso estável dentro de uma região caótica, o vizinho que deu certo. Pelo menos desde 2006, quando eclodiu a revolta dos estudantes secundaristas contra a educação neoliberal e o endividamento — a chamada Revolta dos Pinguins, em referência ao terninho usado como uniforme escolar —, os chilenos acenderam um estridente sinal de alerta sobre a farsa da normalização do "pinochetismo sem Pinochet". Em 2019, essa farsa perdeu qualquer base lógica de sustentação.

O "modelo" é baseado na dessocialização radical do trabalho, na desagregação de qualquer associativismo solidário, na sociabilidade individualista, na capitalização da previdência e, sobretudo, no endividamento generalizado como dispositivo de controle social. No Chile, os direitos sociais são inconstitucionais, pois os mecanismos de gratuidade e as garantias de direitos pelo Estado ferem as "liberdades do mercado". O Estado subsidiário atravanca o uso do fundo público para o bem-estar comum. A classe trabalhadora foi convertida ao status de consumidora empobrecida e desamparada.

Não são só trinta anos, são 47 (ou mais de quinhentos, como ensinam os povos indígenas). No recrudescimento do mal-estar chileno, reinava o "masoquismo do mérito", a espoliação dos territórios, a delinquência normalizada dos ricos. Faz parte do pacote o cinismo das promessas individualistas, o triunfo do egoísmo, o desalento popular.

Nunca se deve esquecer que, para criar o "modelo chileno", a ditadura de Pinochet matou pelo menos 3.216 pessoas, torturou 38.254, roubou mais de sete milhões de hectares de camponeses e indígenas, demitiu 230 mil trabalhadores e exilou duzentos mil compatriotas. Isso é o que dizem os relatórios das Comissões da Verdade de 1991, 2001, 2004 e 2011.

Entre outubro de 2019 e janeiro de 2020, para proteger o "modelo", o governo do presidente Sebastián Piñera prendeu 22 mil pessoas, feriu quatro mil (sendo 282 crianças), torturou mil cidadãos (ou mais, pois este número diz respeito aos que tiveram coragem de denunciar), produziu traumas oculares em 460 chilenos, violentou sexualmente 183 vítimas e assassinou 27 vidas. Tudo isso em quatro meses, dentro de uma "democracia protegida", blindada contra experimentos populares de tipo allendista.[3]

Muito mais do que narrar perspectivas políticas e compartilhar imaginações radicais, as vozes das ruas que falam neste livro mostram que o Chile pode ser a fronteira de uma revolução epistemológica dos paradigmas anticapitalistas na América Latina. Ali, protagonizam as esquerdas que trocam o centralismo e o estatismo do século XX pela diversidade, pelas economias do cuidado e pela recriação do comunitário; que dispensam as formas hierárquicas pelas horizontais; que apostam na pluralidade de vozes anônimas e desconfiam dos poderes excessivamente individuais; que disputam o Estado como poder popular destituinte, jamais para fazer pactos com as nuances brandas do sistema.

Mas não basta destituir. A revolta chilena também foi constituinte. Não falo apenas da nova Constituição, que será gestada pela maioria antineoliberal da Convenção Constituinte — cuja presidência será ocupada por Elisa Loncón, uma mulher mapuche. Falo também da "constituição" de novos sentidos de solidariedade cotidiana nos bairros periféricos impactados pela crise do coronavírus, pela fome e pelo desemprego; da "constituição" de novos laços sociais e históricos entre os

3 Referência a Salvador Allende, presidente do Chile entre 1970 e 11 de setembro de 1973, quando se suicidou dentro do Palácio La Moneda ao ser vítima do golpe de Estado liderado por Augusto Pinochet. [N.E.]

derrotados de muitas gerações; da "constituição" de perspectivas, práticas, valores e afetos da humanidade que se quer ser, construída coletivamente a partir de agora. Há um giro epistemológico das esquerdas no Chile, impulsionado por feminismos alternativos (ecológicos, indígenas, plurais, cuidadores e combativos). Os feminismos e as perspectivas indígenas cumprem um papel pedagógico na reinvenção das infraestruturas do bem-estar comunitário.

O poder destituinte das ruas aponta uma dialética das lutas revolucionárias, nas quais destruir o poder vigente do neoliberalismo em seu berço exige simultaneamente forjar os novos sentidos solidários para a vida popular e recriar a estratégia anticapitalista no calor da luta: destituir e constituir, como parte dos mesmos gestos políticos.

O modelo chileno está virando do avesso. Agora somos nós, os precários do Brasil e da América Latina, que podemos aprender com o Chile. *Chile em chamas: a revolta antineoliberal* é um pequeno passo nessa longa aprendizagem.

JOANA SALÉM VASCONCELOS é doutora em história econômica pela Universidade de São Paulo (USP) com a tese *O lápis é mais pesado que a enxada*, sobre a reforma agrária no Chile (1955-1973) e as pedagogias camponesas para transformação econômica. É autora de *História agrária da Revolução Cubana: dilemas do socialismo na periferia* (Alameda, 2017) e co-organizadora de *Cuba no século XXI: dilemas da revolução* (Elefante, 2017).

AGRADECIMENTOS

Agradecemos aos entrevistados que compartilharam conosco seu tempo. Também devemos agradecer a hospitalidade e a lucidez de María José Yacsik, Silvia Aguilera e Paulo Slachevsky (a ele, um agradecimento especial por nos ceder todas as fotografias que acompanham esta publicação); e agradecer a Elizardo Aguilera, da editora LOM; a Pato, Katya e demais companheiros da Vitrina Dystópica; a Andrea Sato Javre, da Fundación Sol, e a Hugo Montero, Christian Cruz e sua equipe de advogados em prol dos direitos humanos. Agradecemos também a Bifo, com quem conversamos sobre o Chile por ocasião da apresentação de *El Umbral*, seu último livro (Tinta Limón, 2020). A ele, devemos a frase — e o desejo — com que fechamos a apresentação deste material.

INTRODUÇÃO

DA REVOLTA À CONSTITUINTE

Domingo, 6 de outubro de 2019. Entra em vigor, em Santiago, um novo aumento das tarifas de metrô e ônibus, o quarto em menos de dois anos. O grupo de especialistas responsável por regular o preço do transporte público na capital chilena decide que, a partir desse dia, deve-se pagar trinta pesos a mais para utilizar o metrô da cidade — que já é o mais caro da América Latina. A medida provoca um profundo mal-estar em uma população cansada e sobrecarregada pelo alto custo de vida;[1] um mal-estar que se transforma em fúria quando o ministro da Economia, Fomento e Turismo, Juan Andrés Fontaine, sugere à população descontente com o aumento que acorde mais cedo para aproveitar o desconto no preço do bilhete concedido a quem usa o sistema nas primeiras horas da manhã. A paciência da precária e endividada classe trabalhadora chilena havia acabado.

A semana começa com chamados para que a população se concentre em algumas estações de metrô, com o objetivo de pular a catraca e viajar de graça. Esses chamados são feitos pelas redes sociais, por estudantes das denominadas "escolas emblemáticas" de Santiago, que, nesse momento, estão em

1 Ao longo de 2019, houve ainda aumentos nas tarifas de gás, água, luz, entre outras. Nesse contexto, as empresas não se privaram de cometer abusos. Em março, por exemplo, a Enel, companhia de eletricidade que abastece Santiago, anunciou que instalaria medidores novos e que o custo deveria ser repassado aos usuários. Isso gerou um grande descontentamento, sobretudo porque a empresa pertence a Herman Chadwick Piñera, irmão do ex-ministro do Interior Andrés Chadwick — colaborador de Augusto Pinochet —, ambos primos do presidente Sebastián Piñera.

conflito com o governo devido à Lei Aula Segura.[2] O primeiro pula-catraca ocorre na segunda-feira, 7 de outubro, na estação Universidad de Chile. Outros atos do tipo ocorrerão na sequência, cada um deles devidamente registrado e compartilhado pela internet. Nesse contexto, deputados do Renovación Nacional, partido do presidente Sebastián Piñera, apresentam um projeto de lei que prevê sanções penais àqueles que usem o transporte público sem pagar tarifa. O próprio Piñera questiona publicamente os protestos "fora da lei" que atentam contra a liberdade de todos.

Em 16 de outubro, o advogado Clemente Pérez, ex-presidente do Metrô durante o primeiro governo da presidenta Michelle Bachelet, entrevistado por um programa de TV, diz: "Jovens, isso não funcionou. Vocês não ganharam o apoio da população. Nem mesmo no Twitter, em que supostamente esse tipo de movimento tem mais apoio. As pessoas estão em outra, o chileno é muito mais civilizado. O que vi foi um grande rechaço a esse tipo de atitude".

Contudo, o descontentamento e os pula-catraca viralizam, e cada vez mais pessoas se somam ao protesto. Os dias passam, a violência cresce. Várias estações de metrô são fechadas: Pedro de Valdivia, Quinta Normal, Cumming, Plaza de Armas, Santa Isabel e Irarrázaval. Os enfrentamentos com os *carabineros* [policiais] se multiplicam. O que parecia provocação de um pequeno grupo de jovens "revoltosos e violentos" se transforma em um mal-estar generalizado, que se revela aos poucos.

2 Apresentada no fim de 2018 pelo Poder Executivo chileno, a Lei Aula Segura permite que os diretores de estabelecimentos de ensino expulsem sumariamente estudantes envolvidos em atos violentos contra a escola ou terceiros. Por meio desse protocolo, buscou-se controlar os secundaristas dos colégios emblemáticos de Santiago, mas a violência acabou aumentando, com *carabineros* vigiando os estudantes do telhado das escolas ou tomando de assalto as salas de aula.

Na manhã de sexta-feira, dia 18, aos gritos de "*evadir, no pagar / otra forma de luchar*" [pular catraca, não pagar / outra forma de lutar], centenas de estudantes secundaristas fazem um chamado, novamente por meio das redes sociais, para se concentrar nas saídas das estações de metrô. Então, entram em grupo e pulam as catracas. Cantam, dançam, fazem intervenções nas paredes e ateiam fogo em alguns vagões. A tensão cresce. O governo evoca uma lei de segurança nacional, anuncia processos criminais contra os responsáveis pelos protestos e decide suspender a circulação dos trens a partir das duas horas da tarde. As pessoas que dali a pouco sairão do trabalho deverão voltar para casa caminhando. A cidade está paralisada, mas, ao mesmo tempo, aliviada. "Não me importa ter que caminhar de volta", diz uma mulher quando descobre que o metrô está fechado. Muitos decidem permanecer nas ruas, que começam a entrar em ebulição. Em poucas horas, o protesto emerge do subsolo e irradia-se por toda a cidade. Nessa mesma noite, eclode a revolta.

Batem-se panelas, ocupam-se ruas e praças, montam-se barricadas, atacam-se supermercados, shoppings, bancos e farmácias. Incendeiam-se vinte estações de metrô, uma dúzia de ônibus e o edifício da Enel, a empresa fornecedora de energia elétrica. Passada a meia-noite, o governo reage: declara estado de emergência e, a fim de "assegurar a ordem pública e preservar instalações de infraestrutura crítica", manda os militares às ruas. Em Santiago, o epicentro do protesto é a antiga Plaza Italia, rebatizada agora de Plaza de la Dignidad, lugar simbólico na história das lutas sociais chilenas. Mas a explosão se expande por todo o país. O sólido e exemplar neoliberalismo chileno estremece: teria o Chile acordado do pesadelo neoliberal?

UMA INVASÃO ALIENÍGENA

Um fim de semana de máxima intensidade. O metrô permanece fechado e a população toma as ruas. Os panelaços, saques e concentrações em parques e esquinas de todo o país continuam. Em distintos pontos de Santiago, enfrentamentos entre *carabineros* e manifestantes. Edifícios emblemáticos, como os Tribunais de Justiça, são apedrejados. Arrancados das grandes lojas de eletrodomésticos, televisores alimentam o fogo das barricadas. O rumor de que os saqueadores se dirigem aos bairros ricos da capital corre por mensagens de WhatsApp, produzindo pânico nas elites. Alguns moradores armam-se com paus e tacos de beisebol e saem para patrulhar as ruas. Vestem jalecos amarelo-fluorescentes ao estilo francês, o que os diferencia perante o olhar policial, que observa a turba furiosa.

Com a intenção de frear a revolta, no sábado, 19 de outubro, o presidente Sebastián Piñera anuncia a suspensão do aumento do bilhete de metrô. Tarde demais: centenas de reivindicações e um imenso mal-estar haviam sido desencadeados pelo reajuste da tarifa. "Não são trinta pesos, são trinta anos", dizem as paredes.

Sob as ordens do general Javier Iturriaga del Campo, o Exército se encarrega da situação e decreta um toque de recolher para as províncias de Santiago e Chacabuco e para as cidades de San Bernardo e Puente Alto, no entorno da capital. Nos dias seguintes, a medida de exceção se estenderá a outras regiões do país,[3] estabelecendo uma proibição abso-

3 Esse Exército convocado por Piñera para pôr ordem na situação é, como quase todas as instituições neoliberais no Chile, uma instituição sumamente desprestigiada, não apenas pela impunidade dos crimes cometidos durante a extensa ditadura do general Augusto Pinochet, mas pelos casos de corrupção atuais. Milicogate é o nome dado pela imprensa à investigação de uma rede de militares e civis que se apropriaram de fundos milionários. De fato, poucos dias antes da ex-

ANTI

luta da circulação ou da permanência em espaços públicos — algo que, por motivos políticos, não havia ocorrido desde o fim da ditadura de Augusto Pinochet (1973-1990).

Mas o toque de recolher não consegue atemorizar a população, que ocupa novamente ruas e praças em sinal de protesto. Multiplicam-se barricadas e saques durante toda a noite. Atacam-se também algumas igrejas, monumentos e repartições públicas. Supermercados e farmácias continuam sendo incendiados. Pouco depois da meia-noite de sábado, começa o desfile de tanques, que saem do quartel de San Bernardo rumo ao centro de Santiago. Dez mil militares patrulham as ruas. A violência recrudesce e registra-se a primeira morte: Mateusz Maj, um professor polonês, assassinado pelo disparo acidental de seu próprio sogro, um oficial aposentado do Exército que tentava deter o saque a um supermercado do bairro Las Rosas, na localidade de Maipú.

No dia seguinte, seriam conhecidas as mortes de Alicia Cofré Peñailillo, 42 anos, Paula Lorca Zamora, 45, e Renzo Barbosa, 38. Os laudos oficiais dizem que as vítimas ficaram presas no hipermercado Líder, em San Bernardo, saqueado e incendiado pelos manifestantes. Nesse e em muitos outros casos — como o das estações de metrô e das fábricas —, não está claro quem começa os incêndios e com quais intenções. Inegáveis, porém, são o ódio social, o rechaço visceral à antipopular democracia chilena e às condições de vida da população. Essa revolta será suficiente para romper o consenso neoliberal centrado nas finanças e na capitalização individual que rege a sociedade chilena desde a ditadura pinochetista? Terá a potência de construir um novo tecido social e afetivo? "*Que nos vayamos todos*" [Fora todos nós], repetem

plosão social de outubro de 2019, o general John Griffiths, número dois do Exército, fora detido e processado pela Justiça Militar, que pedia sua renúncia, acusando-o de comandar a fraude milionária.

muitos manifestantes, em uma versão radicalizada da palavra de ordem surgida na Argentina em 2001.

No domingo, 20 de outubro, o governo amplia o estado de sítio e o toque de recolher a novas regiões e cidades do país. Piñera eleva o tom de enfrentamento: "Estamos em guerra contra um inimigo poderoso", diz, após comparar os manifestantes a uma "organização criminosa". A intenção era infundir medo na sociedade, mas a rebeldia se intensifica. Aparecem as primeiras denúncias de violações dos direitos humanos cometidas por agentes do Estado: tratamentos violentos, torturas e uma série de outros abusos.

Também cresce o número de mortos. Entre eles, Kevin Gómez Morgado, músico de 23 anos, pai de uma menina de dois, fuzilado pelas costas por um militar no domingo, em frente à loja La Polar, em Coquimbo, cinco horas ao norte de Santiago. O militar de 32 anos que puxou o gatilho alegou que estava havia 72 horas sem dormir, desde o início do estado de emergência, e que se assustou e disparou com sua escopeta pensando ver um coquetel molotov na roupa que Kevin segurava em suas mãos levantadas. Alex Núñez Sandoval, 39 anos, foi espancado até a morte pelos *carabineros* na estação de metrô Sol, em Maipú; era técnico mecânico e tinha três filhos. Enquanto isso, quatro pessoas, entre elas um jovem de catorze anos, eram torturadas e crucificadas na estrutura metálica da antena da 43ª delegacia de Peñalolén, a leste de Santiago.

Os corpos de Manuel Muga Cardemil, 59 anos, Andrés Ponce Ponce, 38, Yoshua Osorio Arias, dezessete, Julián Pérez Sánchez, 51, e Luis Antonio Salas Martínez, 47, apareceram carbonizados dentro da fábrica têxtil Kayser, em Renca, a quinze minutos do centro da capital. Apesar de os laudos oficiais apontarem morte por asfixia devido ao incêndio provocado por um saque, as perícias são inconsistentes, e o serviço médico legal faz de tudo para obstruir as investigações.

Embora o próprio Piñera tenha aparecido na televisão confirmando o relato oficial, as autópsias põem em dúvida as circunstâncias das mortes. Entre outras evidências, em dois dos cadáveres havia orifícios de bala ou lesões balísticas recentes; em outros, fraturas, e a posição em que os corpos foram encontrados não correspondia à de mortes ocorridas durante um incêndio. Também há dúvidas sobre como o incêndio começou e quem o causou. Extraoficialmente, conta-se que um dos gerentes da empresa se encarregou de fazer desaparecer as gravações das câmeras de segurança. As suspeitas recaem sobre um dos donos da Kayser, Edward Abugattas Saba, amante das armas. À época, o empresário tinha uma escopeta Mossberg calibre 36, além de uma JJ Sarasqueta calibre 16, ambas para caça; uma escopeta Mistral calibre 22, para uso esportivo; duas pistolas, uma Astra e uma Taurus, as duas de nove milímetros, para defesa pessoal; e um rifle Savage calibre 22, também para uso esportivo.

O fim de semana termina com a viralização de um áudio de WhatsApp da primeira-dama, Cecilia Morel, no qual confessa, desesperada, que o governo está absolutamente perdido. "É como uma invasão estrangeira, alienígena, e não temos as ferramentas para combatê-la." E arremata: "Por favor, mantenhamos a calma, contatemo-nos com as pessoas de boa vontade, aproveitem para racionar as comidas. Vamos ter que reduzir nossos privilégios e compartilhar com os demais".

ROMPEU-SE A NORMALIDADE

Começa a semana e as escolas públicas decidem fechar as portas. O sistema de transporte funciona parcialmente. Há longas filas nos comércios, postos de gasolina e mercados.

Perduram os engarrafamentos nas avenidas, e os aeroportos estão cheios. Nessa segunda-feira, 21 de outubro, tudo está mudado. É o terceiro dia de toque de recolher. Soam panelas, ouvem-se barulhos de helicópteros e disparos. Os manifestantes convocam concentrações na porta dos canais de televisão para rechaçar a cobertura sensacionalista e criminalizante realizada pelos meios de comunicação tradicionais sobre um protesto social que se espalha, alcançando bairros abastados. Um tom festivo e fraternal predomina nas manifestações.

A Central Unitaria de Trabajadores (CUT) reage e convoca uma paralisação nacional para quarta e quinta-feira, embora alguns sindicatos comecem a mobilizar suas bases antes disso. O general Iturriaga declara: "Eu sou um homem feliz. Não estou em guerra com ninguém". Mas, poucas horas mais tarde, uma caminhonete em alta velocidade atropela e mata Manuel Rebolledo Navarrete, 23 anos, em Talcahuano, Concepción. O veículo militar, utilizado como arma, tentava dispersar manifestantes que se concentravam em frente à empresa pesqueira Pacificblu. No dia anterior, um projétil disparado por militares havia assassinado Romario Veloz Cortez, equatoriano de 26 anos, pai de uma menina de cinco, perto do terminal de ônibus de La Serena, a 470 quilômetros ao norte de Santiago. Na última mensagem à sua mãe, dizia: "Mãezinha, essa é a força do povo, isso está incrível!".

A bala que assassinou José Miguel Uribe Antipani, 25 anos, não saiu da arma de um militar, mas de um civil: quem a disparou foi o empresário Francisco José Fuenzalida Calvo, contrariado porque as barricadas bloqueavam a passagem de sua caminhonete na Rodovia 5, em Curicó. José Miguel trabalhava como soldador na construção civil e era pai de um menino de pouco mais de um ano. Nessa mesma noite, bêbado, Mario Navarrete acelerou seu carro contra um grupo de quatrocentos manifestantes na Rodovia 160, em San Pedro de la Paz, cinco horas ao sul de Santiago: perderam a vida Joel Triviño, de apenas quatro anos, e Cardenio Prado, 37 anos; outras dezenove pessoas ficaram gravemente feridas. De sua varanda no bairro Portugal, em Santiago, uma mulher canta a plenos pulmões "Te recuerdo, Amanda" ["Lembro de ti, Amanda", canção de Víctor Jara]. A vizinhança emudece para escutá-la e depois aplaude efusivamente. Alguém registra o momento com o celular, e o vídeo é replicado inúmeras vezes pelas redes sociais.

"*Que nos devuelvan la vida que nos robaron*" [Devolvam-nos a vida que nos roubaram]; "*Nos deben treinta años*" [Devem-nos trinta anos]; "*No volveremos a la normalidad, porque la normalidad es el problema*" [Não voltaremos à normalidade, porque a normalidade é o problema]; "*No era depresión, era capitalismo*" [Não era depressão, era capitalismo]; "*Hasta que la dignidad sea costumbre*" [Até que a dignidade seja um costume]; "*No es sequía, es saqueo*" [Não é seca, é saque].[4] Depois de cinco dias de mobilização contínua, os muros chilenos enchem-se de mensagens que evidenciam a transversalidade das reivindicações e a criatividade da revolta. A Wenüfoye, bandeira dos Mapuche, multiplica-se nas manifestações: levanta-se sobre os escombros das estátuas que celebram a conquista, a colônia e a elite que construiu o pétreo e centralizado Estado-nação chileno. Sebastián Piñe-

4 O caso da privatização da água e da estiagem que afeta o território chileno é um exemplo claro da espoliação praticada pelo extrativismo transandino. O problema da água aparece como um eixo central da revolta porque três quartos do país estão completamente secos: 67% da população — doze milhões de pessoas — vive em zonas declaradas de emergência hídrica por causa de uma lei de 1981 que permite aos usuários privados usufruírem gratuitamente da água. E assim o fizeram as mineradoras no norte, as hidrelétricas no sul, e os cultivos de abacate para exportação no centro do país. Neste último caso, o aumento da demanda internacional fez com que os abacatais se estendessem dos vales às zonas menos férteis, por meio de procedimentos que exigem uso intensivo de água. No início de janeiro de 2020, doze senadores da direita vetaram um projeto que buscava declarar a água com bem de uso público.

ra pede “perdão” à sociedade, anuncia um “grande acordo nacional” para restabelecer a ordem pública e oferece um pacote de “medidas sociais”, considerado pelo movimento como “meras migalhas”. Tanto os partidos de oposição quanto as pessoas nas ruas pedem a renúncia do presidente.

O Instituto Nacional de Direitos Humanos do Chile (INDH) oficializa as cifras da repressão. São muitos os mortos, feridos e mutilados; os olhos arrebentados pelos artefatos policiais; os corpos atropelados pelos tanques ou queimados com o ácido dos jatos d’água; são muitas — massivas e violentas — as prisões.[5] A crueldade e a desproporcionalidade da repressão são evidentes e parecem ter como objetivo central controlar o protesto e impedir a organização comunitária. O ministro do Interior e Segurança Pública, Andrés Chadwick Piñera, é obrigado a renunciar devido às reiteradas violações aos direitos humanos cometidas pelas forças do Estado, embora continue aconselhando o presidente. Nos meses seguintes, os ministros de Piñera, um a um, vão deixando o cargo. Em junho de 2021, apenas dois permaneciam no gabinete: Gloria Hutt, nos Transportes, e Hernán Larraín, na Justiça e Direitos Humanos.

Mesmo com as cidades militarizadas, os protestos se estendem a outras regiões do país, com novas reivindicações. Performances e outras atividades culturais tomam as ruas. Rompe-se a normalidade, as vidas cotidianas se alteram. O tempo da produtividade neoliberal fica em suspenso. Em Santiago, em frente à igreja Los Sacramentinos, uma orquestra sinfôni-

5 Como exemplo de crueldade, são incontornáveis as 445 lesões oculares produzidas pela repressão aos protestos entre 18 de outubro e 18 de fevereiro de 2020, segundo os números oficiais do INDH; 66% dessas lesões — 269 casos — foram causadas por disparos. Esse método repressivo inovador tem, no entanto, um antecedente: entre 1987 e 1993, fora posto em prática pelo Exército israelense contra o povo palestino, mas ali se contabilizaram “apenas” 154 casos de lesões oculares. [Durante os protestos da Primavera Árabe em 2011, no Egito, cerca de oitenta manifestantes perderam o olho ou a visão após serem atingidos por balas de borracha e estilhaços lançados pelas forças de segurança. Na ocasião, o policial egípcio Mahmoud Sobhi El Shinawi ficou conhecido como “caçador de olhos” — N.E.]

ca presta homenagem às vítimas da repressão, interpretando o "Réquiem", de Mozart. Vizinhos e organizações sociais se reúnem em praças e outros espaços públicos: compartilham informações, analisam a crise, pensam iniciativas e propostas; imaginários são construídos de maneira compartilhada. A cidade se transforma em espaço de deliberação, intervenção, subjetivação. Entre as reivindicações específicas e setoriais, impõe-se com força o pedido de uma assembleia constituinte: a Constituição neoliberal imposta pela ditadura de Augusto Pinochet e ainda vigente é vista como o principal empecilho a qualquer reforma social popular.

A MAIOR MOBILIZAÇÃO DA HISTÓRIA DO CHILE

Dia 25 de outubro: uma semana depois da explosão, as ruas continuam cheias. Aos gritos de "*Chile despertó*" [O Chile acordou] e "*No estamos en guerra*" [Não estamos em guerra], quatro milhões de pessoas se mobilizam em todo o país. Sem líderes visíveis nem discursos oficiais, cerca de 1,5 milhão de manifestantes enchem as ruas ao redor da Plaza de la Dignidad, em Santiago. A multidão "sensibiliza" o presidente Piñera ("Todos escutamos a mensagem, todos mudamos"), que decide suspender as medidas de exceção. A mobilização social triunfa, o toque de recolher é cancelado: os militares devem voltar aos quartéis.

As mobilizações se multiplicam, e, embora sejam majoritariamente pacíficas, a política de dissuasão dos *carabineros* torna-se ainda mais agressiva. Intensifica-se o uso de balas de borracha, bombas de gás lacrimogêneo, tanques e caminhões com jatos d'água, sobretudo na Plaza de la Dignidad, transformada em campo de batalha. Nesse contexto, desembarca no Chile a ex-presidenta Michelle Bachelet, agora alta

EL PUEBLO
JAMÁS
SERÁ VENCIDO !!!!!

CHILE
DESPERTÓ
PARTIR
ORTA

comissária das Nações Unidas para os Direitos Humanos, com a missão de verificar as denúncias de abusos e maus-tratos contra os manifestantes. Porém, tudo se torna ainda mais nebuloso: depois de um chamado para "acabar com a paz e destruir o Chile", ocorrem saques e incêndios, inclusive nas estações de metrô Baquedano e Santa Lucía. A recém-empossada porta-voz oficial do governo, Karla Rubilar, atribui os distúrbios a uma "marcha de guerrilheiros", mas rapidamente fica claro que o chamado à destruição tem sua origem em grupos de ultradireita com reminiscências pinochetistas.[6] O dólar alcança a maior cotação dos últimos dezesseis anos.

Na terça-feira, 29 de outubro, é detido e encarcerado o professor de matemática Roberto Campos Weiss, 35 anos, por ter quebrado, com outras pessoas, cinco catracas da estação San Joaquín do metrô de Santiago, antes da explosão dos protestos. Seu caso se tornará emblemático pela desproporcionalidade da pena, mas assinalará também a intensificação da tendência punitivista do Estado chileno e de seus mecanismos de controle da ordem pública e repressão do protesto social. O uso generalizado da prisão preventiva e da legislação repressiva funciona como uma mensagem, uma ameaça ao conjunto do corpo social em protesto — em particular, aos jovens.

No último dia de outubro de 2019, o Parlamento, em chamas, retoma um projeto de assembleia constituinte, produto das mobilizações de 2011, que estava "engavetado" desde a posse de Piñera. O presidente vai a público, sem demora, para esclarecer que a reabertura do processo constituinte

6 Um mês depois, vazam áudios nos quais grupos herdeiros da histórica organização fascista Patria y Libertad reconhecem a autoria dos incêndios no metrô. Esses grupos voltarão a aparecer nas primeiras semanas de 2020, vinculados a sequestros de manifestantes que aparecem horas depois em delegacias, levados por carros particulares. Os políticos de direita, por sua vez, em reiteradas ocasiões, acusam o presidente da Venezuela, Nicolás Maduro, de organizar a desestabilização.

não é uma prioridade de seu governo. Nessa mesma noite, os manifestantes marcham fantasiados: é Halloween. No dia seguinte, Dia de Todos los Santos Difuntos [Finados], centenas de mulheres vestidas de preto se mobilizam até o palácio presidencial de La Moneda e homenageiam as vítimas da repressão, pedindo justiça.

É feriado prolongado, multiplicam-se as *ollas comunes* [panelas coletivas] e os gestos de solidariedade e fraternidade. Em várias cidades do mundo, canta-se "*Chile despertó*". No domingo, manifestantes em bicicletas promovem um massivo panelaço que invade os bairros ricos, incluindo a vizinhança do próprio Sebastián Piñera, que, em uma entrevista para a BBC, admite, sem deixar de defender a atuação das forças repressivas, que abusos foram cometidos contra o povo. As organizações sociais e sindicais planejam uma "supersegunda-feira" de manifestações pacíficas. Avizinhava-se, porém, uma das jornadas mais violentas desde o início dos protestos.

Passadas duas semanas da explosão social, as escolas ainda não conseguem retomar as aulas, e os secundaristas organizam fugas massivas dos estabelecimentos de ensino. O prefeito de Santiago, Felipe Alessandri, decide dar por encerrado o ano letivo em dois colégios emblemáticos, que são ocupados por estudantes em protesto contra a medida. Os *carabineros* tomam de assalto o Liceo de Niñas nº 7, localizado no tradicional e próspero bairro de Providencia, e ferem a bala dois estudantes. Situações semelhantes são vividas nos campi universitários.

Novos setores e reivindicações somam-se a uma mobilização que avança sobre as mansões e os edifícios espelhados dos territórios da classe alta. Um dos pontos de concentração do protesto é o Costanera Center, o maior shopping da América Latina, orgulho e símbolo do neoliberalismo chileno. A luta e a repressão recrudescem e se aproximam cada vez mais do centro financeiro da cidade. Montam-se barricadas nos bairros ricos; atacam-se bancos, supermercados, farmácias e empresas — como as administradoras de fundos de pensão (AFP) — identificadas com o mundo dos negócios. Também são atacadas as sedes dos principais partidos de direita, Unión Demócrata Independiente e Renovación Nacional. Piñera balança. O governo apoia, no Parlamento, a votação de uma série de leis de caráter repressivo (antissaques, antiencapuzados e antibarricadas) que buscam criminalizar o protesto social. A partir de então, e até 15 de novembro — quando se produz um corte no processo —, a violência política e a repressão aumentarão progressivamente.

A GUERRA E SEUS RITUAIS NA PLAZA DE LA DIGNIDAD

Quem é o "sujeito" da revolta, tão heterogêneo e furioso? Seriam os jovens estudantes, que há mais de uma década têm tirado o sono de diferentes governos chilenos? Ou o movimento feminista, que em 2018 e 2019 mobilizou milhares de mulheres e dissidências contra os abusos de uma classe dirigente especialmente conservadora, patriarcal e misógina? Seria o estoico exército de encapuzados, verdadeira linha de defesa do movimento em luta? Os futuros aposentados, que sabem que jamais poderão viver dignamente com as míseras pensões pagas pelas AFP, enquanto estas multiplicam seus ganhos? As crianças e os adolescentes do Serviço Nacional de Menores (Sename)? Os *barrabravas*, os sem-teto que dormem nos parques? O fortalecido movimento ambientalista? Os que lutam contra o preço do transporte e do pedágio? Os que se reúnem em assembleias? Seriam mães/pais chefes de família, inclusive universitários, que se sentem extenuados e enfurecidos pelo modo como seus salários são corroídos pela dívida e pelo elevado custo de vida?[7]

São todos eles e nenhum ao mesmo tempo. O protesto se mostra diverso e acéfalo, ninguém sabe ou pode depreendê-lo. Trata-se de uma inteligência coletiva e desobediente que só se compreende em ato. Não há pureza nem simulacro, e sim um povo que se manifesta, uma raiva que eclode, uma guerra em curso. A história está aberta.

Com o passar dos dias, o protesto se concentra cada vez mais na Plaza de la Dignidad. As manifestações, que inicialmente se espalham por toda a capital, vão se aglutinando na chamada Zona Cero, que compreende a ex-Plaza Italia, onde confluem a estação de metrô Baquedano, a Avenida Vicuña Mackenna, a Avenida Providencia, a emblemática Alameda, o Parque Forestal, o Parque Balmaceda e o Rio Mapocho. A área será, a partir desse momento, o epicentro dos enfrentamentos. Como em uma coreografia em que se avança e retrocede repetidamente todos os dias, milhares de jovens — e outros nem tão jovens — encapuzados formam a primeira linha (e a segunda e a terceira...) diante dos *carabineros*. Há uma disputa territorial com artilharias muito desiguais para manter o espaço conquistado. "*Pacos culiaos*" [Porcos cuzões] é o grito de guerra do lado de cá. Muitos já haviam enfrentado os *pacos* em outras ocasiões, e até se poderia dizer que havia anos se preparavam para esse momento, que se subjetivavam através da luta — uma subjetividade ACAB socialmente ampliada.[8]

7 O endividamento — tanto o individual quanto o do Estado consigo mesmo — é uma característica central do neoliberalismo chileno e se expressa habitualmente em dívidas contraídas para pagar os estudos, tratamentos de saúde ou o consumo básico de bens e serviços. Acompanhada do arrocho salarial, funciona como mecanismo de exploração do trabalho e controle político, eliminando expectativas em um "progresso material", com severas consequências subjetivas — que, sem dúvida, estão na base da rebelião.

8 ACAB é a sigla para "*All Cops Are Bastards*" [todos os policiais são bastardos], uma expressão proveniente do punk inglês, usada no Chile para condensar uma sen-

Com o objetivo de impedir o avanço dos *carabineros* rumo ao centro da manifestação, a primeira linha se organiza conforme funções muito específicas e, frequentemente, de forma rotativa. A disposição espacial, as práticas de cooperação e cuidado "entre desconhecidos" ocorrem de um modo mais ou menos espontâneo, sem condução nem líderes. Há os que lançam pedras, com atiradeiras ou com as mãos; os "mineiros", munidos de picaretas, que despedaçam os meios-fios e as lajotas das calçadas; os que recolhem essa "munição" e a entregam aos atiradores; os que, com luvas, anulam as bombas de gás lacrimogêneo em baldes de água com bicarbonato de sódio ou as lançam de volta na direção da polícia; também estão presentes os provedores de máscaras de mergulho e outros equipamentos de proteção; e os que hidratam e alimentam aqueles que estão na linha de frente. São também funções-chave a dos *punteros*, que, com suas luzes de laser verde, entorpecem a visão dos *carabineros*; e a das equipes de resgate, voluntários paramédicos que atendem as pessoas feridas pela brutalidade policial. Não faltam os que registram os acontecimentos e enviam as imagens às redes e mídias alternativas, que transmitem ao vivo os enfrentamentos. E, por trás dessa linha de defesa, se organiza a festa — o clima é de comunhão, determinação, libertação. Músicos, artistas, malabaristas, performers, militantes, curiosos, vendedores ambulantes: uma multidão disposta a pôr o corpo, inclusive os próprios olhos, por uma vida mais digna de ser vivida.

■

sibilidade antiautoritária, *antipaco*, muito comum entre os jovens. Os camaradas da Vitrina Dystópica entendem que essa subjetividade foi se forjando na longa luta estudantil que abriu a chamada Revolta dos Pinguins em 2006; uma sucessão de enfrentamentos corpo a corpo com os *carabineros* que, de alguma maneira, desemboca na explosão de outubro. Pode-se dizer o mesmo sobre o ciclo de lutas aberto no Wallmapu, que tem mais de duas décadas, se tomamos como marco a data de fundação de uma de suas principais organizações, a Coordinadora Arauco-Malleco, em 1998.

NIKE
AUXHALL
ESCUDO
SILVER
RESCATE
RESCATE
RESCATE
NIKE

Apesar das múltiplas mensagens de rechaço ao poder constituído, dos contínuos e audazes enfrentamentos com as forças da ordem, pressente-se um desfecho. Apenas 9% da população apoia Piñera, mas o governo se apressa e, em 15 de novembro, propõe ao Congresso a assinatura do Acordo pela Paz e pela Nova Constituição, iniciativa que tende a canalizar o conflito social para um processo constituinte controlado pela elite política e econômica do país. O acordo, assinado furtivamente, de madrugada, implica a realização de um plebiscito nacional em abril de 2020, no qual se definirá se uma nova Constituição política será redigida e mediante quais mecanismos. A iniciativa aglutina a direita e desconcerta a esquerda, particularmente o Frente Amplio, que acompanha a medida. A desorientação se torna perigosa duas semanas depois, quando o Frente Amplio apoia o pacote de medidas repressivas destinadas a desarticular o conflito em curso — decisão que desencadeia uma crise interna.

UM ESTUPRADOR NO SEU CAMINHO

Em meados de novembro de 2019, a manobra governista eclode no seio do movimento: a possibilidade de uma assembleia constituinte soberana, com real capacidade de dar forma jurídica àquelas transformações que, de fato, já eram evidentes nas ruas, começa a ser bloqueada pela direita. Com que linguagem se traduz para "a política" o punhado de verdades conquistadas pelo protesto, relativas aos cuidados com os recursos naturais e com as pessoas, sobretudo com aquelas mais prejudicadas por três décadas de saque neoliberal? É nesse contexto de incerteza, em que a mobilização questiona as próprias forças, que o movimento feminista produz um corte radical que oxigena a imaginação política e dá novo impulso à rebelião.

Dia 20 de novembro: um coletivo interdisciplinar composto por quatro mulheres encena pela primeira vez a performance *Un violador en tu camino* [Um estuprador no seu caminho] em frente a uma delegacia em Valparaíso. Cerca de trinta mulheres, algumas vestidas de preto, usando um lenço verde no pescoço, todas com os olhos vendados, cantam e dançam uma canção que denuncia a violência machista, enquanto um grupo de *carabineros* as observa. "O estuprador é você", dizem-lhes, cara a cara: "São os *pacos*, os juízes, o Estado, o presidente". Uma segunda apresentação, maior, se dá em 25 de novembro em frente à Plaza de Armas, em Santiago, no Dia Internacional pela Eliminação da Violência contra a Mulher, e imediatamente viraliza nas redes. Milhares de mulheres a replicarão, dentro e fora do Chile, em apoio à revolta e para denunciar abusos e feminicídios.[9] A popularidade experimentada por essa expressão do feminismo que questiona a normalidade neoliberal, a naturalização do patriarcado e as continuidades coloniais, em meio à explosão social chilena, não pode ser entendida sem que se analise a história do movimento feminista no país e a força de sua reemergência, em 2018.

"Devem-nos uma vida": o feminismo é também uma chave de leitura da mobilização, sobretudo quando aborda problemas vinculados à precarização da vida e dos cuidados. Desse modo, o feminismo consegue repolitizar as violências e a reprodução, e oferece à revolta sua sensibilidade e suas formas de organização — ou, mais concretamente, põe sobre

9 O processo de trabalho do coletivo Las Tesis implica investigar autoras feministas e traduzir seus conceitos à linguagem teatral. Em ocasiões anteriores, haviam interpretado *Calibã e a bruxa*, de Silvia Federici. A performance que viralizou em novembro inspirou-se em textos da antropóloga Rita Segato. Uma das últimas estrofes da canção faz uma paródia do hino dos *carabineros*, que diz: "Durma tranquila, menina inocente, sem preocupar-se com o bandoleiro, por seu sonho, doce e sorridente, vela seu amante *carabinero*". Além disso, o nome da performance retoma a frase "Um amigo no seu caminho", utilizada como lema da polícia chilena nos anos 1990.

a mesa os marcos de uma Constituição não patriarcal, que conteste os vínculos sociais cristalizados e os abusos cotidianos contra a população promovidos pelo modelo neoliberal.

Dezembro é também um mês de intensa organização das redes de advogados e familiares dos presos políticos durante a revolta. Um ano depois do início da mobilização, ainda haverá, no Chile, mais de duzentas pessoas encarceradas por causas vinculadas a esses protestos, a maioria com prisão preventiva e sem condenação definitiva. De outubro de 2019 a outubro de 2020, doze mil pessoas foram detidas e 2,5 mil receberam algum tipo de sentença. De Arica, no extremo norte do Chile, a Punta Arenas, no sul, a distribuição geográfica dos presos evidencia o caráter nacional da revolta.

Contudo, o processo constituinte permanece em aberto. Em 6 de dezembro de 2019, a "mesa técnica", composta por catorze especialistas nomeados pelos partidos políticos signatários do Acordo pela Paz e pela Nova Constituição, apresenta a proposta de modificação da Carta vigente no Chile, o que permitirá sua substituição por uma nova, escrita a partir do zero por um órgão especialmente criado para tal finalidade. Para tanto, propõe-se um rito institucional, que deverá iniciar-se com um plebiscito nacional convocado por decreto supremo do presidente da República. Esse plebiscito dirá se o povo, primeiro, é favorável ou contrário à redação de uma nova Constituição; e, depois, se esse processo deve ser conduzido por uma Convenção Constitucional Mista — composta, meio a meio, por membros do atual Congresso e por constituintes eleitos exclusivamente para a convenção — ou por uma Convenção Constitucional — formada totalmente por constituintes.

Em assembleias, o movimento social debate sobre o que fazer: aceitar a proposta dos partidos políticos ou manter-se à margem do sistema e impulsionar uma verdadeira assembleia constituinte? Os limites impostos ao processo são evidentes, mas as tentativas de se constituir uma força por fora dos marcos institucionais, com o objetivo de deslegitimá-lo, não têm se mostrado frutíferas. Enquanto isso, 226 regiões — de um total de 346 — realizam, em meados de dezembro, uma consulta cidadã que confirma a vontade popular de mudar a Constituição de 1980. A participação é tão expressiva que, avaliam os organizadores, "o resultado é um sucesso".

A pergunta estratégica parece ser a seguinte: mediante quais mecanismos políticos será possível obter uma Constituição que atue como contrapeso às políticas de degradação e precarização da vida impostas pelo neoliberalismo? É preciso uma Constituição que reconheça os "comuns" e o cuidado com os recursos naturais — ou seja, uma Constituição antineoliberal. Não é suficiente olhar apenas para o gesto destituinte da revolta; a destituição tem como base a constituição material da força que emerge da rebelião, uma força que diz "basta!" aos abusos. Trata-se de uma força destituinte que amplia as fronteiras do possível, com um significado muito concreto: abandonar a Constituição pinochetista dos anos 1980.

Nas últimas semanas de 2019, as mobilizações tendem a ficar menos intensas, e o prefeito de Santiago ensaia uma nova estratégia repressiva: a "ocupação preventiva" da Plaza de la Dignidad. Depois de ameaçar com "tolerância zero" as manifestações não autorizadas, em 20 de dezembro o prefeito sitia a zona com mil *carabineros* e instala grades ao redor da praça para impedir novas concentrações. Nessa noite, há uma dura repressão. O jovem Oscar Pérez é esmagado entre dois caminhões-tanque e acaba com múltiplas fraturas na bacia. Enquanto isso, Sebastián Piñera encerra o ano político declarando, pelos meios de comunicação, que "o pior da crise já passou". Mas ainda haverá tempo para que o governo atribua ao gênero musical coreano k-pop a violência dos jovens contra os *carabineros*; para que estes últimos reprimam a noite de Natal na Plaza de la Dignidad; e para que a multidão recupere a praça no último dia do ano e a inunde de festa e ritual coletivo.[10] Seria um presságio popular do que viria pela frente?

DO MARÇO VERMELHO AO IMPASSE POLÍTICO-SANITÁRIO

Em 2020, março é o mês-chave. Depois de uma trégua de verão com mais tensão do que tranquilidade, as organizações sociais e políticas se preparam para retomar com força o processo aberto em outubro do ano anterior, com a atenção voltada ao plebiscito constituinte de 26 de abril. A imprensa fala em "março vermelho". Há quem tema uma "segunda explosão social".[11] Na última semana de fevereiro, é lançada a campanha eleitoral a favor do início do processo constituinte. As organizações sociais multiplicam os chamados à mobilização e proclamam um "supermarço" nas ruas.

O mês, porém, começa com uma tragédia: os *carabineros* assassinam Cristián Valdebenito, 48 anos, na Plaza de la Dignidad, atirando-lhe contra o rosto, a queima-roupa, uma bomba de gás lacrimogêneo. A mobilização é constante, mas não se iguala à intensidade de outubro e novembro de 2019.

---

10 Entre as festas, no dia 27 de dezembro, depois de uma perseguição dos *carabineros*, morre afogado, na Plaza de la Dignidad, Mauricio Fredes, estucador e pintor. Integrava a primeira linha da resistência e era o principal responsável pelo sustento da avó. Seu memorial seria atacado reiteradas vezes por *carabineros* e grupos de direita.

11 O conflito entre governo e estudantes secundaristas teve um novo capítulo em janeiro de 2020, com o boicote das organizações estudantis às provas de seleção universitária; as feministas realizaram protestos pelo 8 de Março e pela greve internacional das mulheres; marchas contra Sebastián Piñera no dia 11, aniversário de sua posse presidencial; manifestações contra a Sename, as AFP, em defesa do meio ambiente e por acesso a moradia; as mobilizações mapuche e as ações que costumam ocorrer todos os anos no Dia do Jovem Combatente, em protesto ao assassinato dos irmãos Rafael e Eduardo Vergara Toledo, militantes do Movimiento de Izquierda Revolucionaria (MIR), pelos *carabineros*, em 1985.

A elite política e empresarial se opõe à realização do plebiscito, argumentando que as ruas estão tomadas pela violência e que não há condições de dar prosseguimento ao processo constituinte.

Até que ocorre algo que não estava nos planos dos organizadores do "supermarço": o estado de exceção volta a ser decretado pelo governo, agora motivado pelo coronavírus. Será o início de um longo período de controle social e sanitário. O governo restringe o direito de reunião, limita a circulação de pessoas e declara um toque de recolher que, depois um ano, continuará vigente.

O Exército chileno volta a patrulhar as ruas, e os *carabineros* assumem o controle da Zona Cero e da Plaza de la Dignidad, que é imediatamente limpa; derruba-se o Rewe, o altar mapuche construído no local pelos manifestantes. A foto de Piñera posando sozinho e triunfante junto ao monumento ao General Baquedano, em 4 de abril, com a praça recuperada pelas forças da ordem, coroa o processo e evidencia o impacto da pandemia em militantes que, como o resto do mundo, recolhem-se às suas casas e territórios. As *ollas comunes* voltam a ser organizadas nos bairros, assim como as redes de cuidado e as tentativas de manter viva a mobilização.

Simultaneamente, os partidos com representação no Parlamento começam a definir algumas características do órgão que se encarregará de redigir a nova Constituição, tais como as regras para a apresentação de candidaturas independentes e os mecanismos de paridade de gênero. Alegando "razões sanitárias", decidem adiar por seis meses o plebiscito inicial, em que os chilenos votariam contrária ou favoravelmente à iniciativa de substituir a Constituição de 1980. Parte significativa da classe política espera que o adiamento esfrie o conflito social — o que não pôde ser feito pelas forças da ordem.

A nova data é 25 de outubro de 2020. Assim, as campanhas eleitorais se estendem por mais seis meses, sobrepondo-se aos efeitos provocados pelas medidas sanitárias de enfrentamento da pandemia. A mobilização, portanto, continua. E algumas semanas antes do plebiscito, na sexta-feira, 3 de outubro, em um momento de confusão e correria na Plaza de la Dignidad, um jovem de dezesseis anos é lançado da Ponte Pío Nono a uma parte quase sem água do Rio Mapocho. Vídeos do episódio começam a circular. Neles, é possível ver o momento exato em que um *carabinero* empurra Anthony Araya, que será resgatado inconsciente por seus companheiros de protesto. A indignação se multiplica. A raiva represada, somada aos meses de isolamento da quarentena, explode em 18 de outubro, quando a rebelião de 2019 completava um ano. As ruas voltam a ser tomadas por uma festiva mobilização popular, que dissolve o impasse político-sanitário e pressagia a vitória do dia 25.

DO PLEBISCITO À CONSTITUINTE

Em 25 de outubro de 2020, um ano depois da explosão e seis meses depois da data estabelecida originalmente pelo Acordo pela Paz e pela Nova Constituição, o plebiscito é realizado e as urnas aprovam, de forma assertiva, a redação de uma nova Constituição que substitua a vigente, elaborada durante a ditadura pinochetista por Jaime Guzmán — e que serve de estrutura jurídica ao neoliberalismo chileno.

Enquanto a luta nas ruas de várias cidades do país e no Wallmapu [território mapuche] continua e se intensifica, o próximo capítulo do processo constituinte aponta para 11 de abril de 2021, data em que se prevê a eleição dos 155 constituintes, os quais terão entre nove e doze meses para discutir e elaborar uma nova Carta. No mesmo dia, os chilenos também deverão escolher vereadores, prefeitos e governadores. Devido à pandemia, porém, haverá um novo adiamento. A votação ocorrerá em 15 e 16 de maio.

Os meses que se seguem ao plebiscito serão marcados por intensas discussões entre a militância, tanto nos partidos de esquerda como nas organizações sociais e nas assembleias territoriais. O que fazer diante de uma Convenção Constitucional desenhada pelos partidos — de direita, sobretudo — segundo seus interesses, mas que, ao mesmo tempo, não se limita a eles, podendo até mesmo ser hegemonizada por grupos que ponham sobre a mesa a agenda de outubro de 2019? É possível costurar uma estratégia comum das forças transformadoras para a convenção constituinte, cuja composição, pela primeira vez, será paritária entre homens e mulheres, com assentos reservados aos povos originários?[12]

Serão meses de muitos esforços para superar os efeitos desagregadores da pandemia; meses nos quais a vontade se concentra na sustentação das articulações territoriais, na construção de redes e critérios e, sobretudo, em neutralizar as desconfianças dentro do amplo espectro que se opõe ao poderio da velha direita neoliberal; meses, também, nos quais se firmam pactos e listas, se viabilizam candidaturas e se desenham campanhas eleitorais que prejudicam os candidatos que dispõem de menos recursos.

Mesmo com o processo constituinte em curso, a repressão e a violência, longe de cessarem, recrudescem, tanto na Plaza de la Dignidad como na Araucanía.[13] Com a proximidade das eleições, partidos, alianças e plataformas independentes lançam suas candidaturas. Tão impopular quanto coesa, a direita se apresenta como Vamos por Chile, um

---

12 Sete para os Mapuche, dois para os Aimara e um para cada um dos seguintes povos: Kawésqar, Rapanui, Yagán, Quéchua, Atacameño, Diaguita, Colla e Chango.

13 Província do sul do Chile, marcada por forte presente mapuche. Araucanía faz referência a "lugar onde habitam os araucanos", termo com que os colonizadores espanhóis designavam os Mapuche. [N.E.]

PIRAÑA ASESINO!!
ya no están BROTARÁN
REBEL DIA y de
LUCHA
EVADE
NO AL DS 19
ánimo
MIGRARPHOTO.COM // @MIGRARPHOTO
CUANTOS
TENDRAN QUE

pacto que aglutina cinco forças próximas ao governo de Sebastián Piñera. Lamentando que "a esquerda está dividida, e isso favorece a direita", a social-democracia neoliberal — representada pelos partidos Socialista e Democrata Cristão, integrantes da Concertación, que governou o Chile entre 1990 e 2010 — se autodenomina como a coalizão do Apruebo [em referência ao resultado do plebiscito inicial]. O Frente Amplio, o Partido Comunista, a Federación Regionalista Verde Social e o Partido Igualdad selam uma aliança chamada Apruebo Dignidad.

O amplo conglomerado "independente", de acordo com um estudo do observatório Nueva Constitución, detém 60% do total de candidatos, embora o sistema eleitoral utilizado para a designação dos cargos beneficie os partidos em detrimento das candidaturas autônomas. A dispersão parece uma característica inevitável desse espaço tão amplo quanto heterogêneo, com mais vínculo territorial do que estrutura nacional. Grande parte das candidaturas é produto de decisões tomadas em assembleias locais ou representa integrantes de movimentos e organizações sociais. Este é o espaço que melhor expressa as reivindicações e os desejos da revolta de outubro de 2019.

Entre os independentes, destacam-se as listas Territorio Constituyente e Voces Constituyentes, que congregam várias lideranças de organizações comunitárias e movimentos sociais que lutam contra o neoliberalismo. A Lista del Pueblo, com forte inspiração antipartidária, surge da primeira linha dos protestos da Plaza de la Dignidad e demonstra uma especial capacidade de articulação, conseguindo formar uma plataforma de candidaturas — próprias ou em apoio a outras listas — em 26 dos 28 distritos eleitorais chilenos. Outro espaço independente de relevância é formado por um grupo de intelectuais progressistas liberais de orientação social-democrata, os Independientes No Neutrales.

O inóspito clima social provocado pela crise sanitária, com limitações à mobilização e à mobilidade, dificuldades de encontro e midiatização da discussão pública, impede que se avalie com clareza a força de cada grupo em disputa. A elite empresarial e os grandes meios de comunicação superestimam as possibilidades da direita ("que não chegará aos dois terços, mas superará amplamente um terço") e dos partidos da ex-Concertación, e minimizam a força das esquerdas ("que estão se consumindo em disputas internas") e dos independentes ("que, devido à falta de unidade, ficarão com apenas 4,4% das cadeiras").

Estaria realmente a pandemia permitindo a recomposição do governo de Sebastián Piñera, como garantem os jornais *El Mercurio* e *La Tercera*? Estará funcionando a estratégia de financiar, com somas multimilionárias, campanhas de candidatos próprios, invisibilizando os independentes?

2021: REFUNDAR O CHILE SOBRE NOVAS BASES CONSTITUCIONAIS

As eleições finalmente se realizam em 15 e 16 de maio de 2021, sábado e domingo. Há muita expectativa pela abertura das urnas, mas paira o temor de que a crise sanitária e a feroz campanha da direita tenham esfriado demais a mobilização, fazendo com que os eleitores prefiram ficar em casa. As filas nos centros de votação, sobretudo nos bairros mais populares, são tímidas, prefigurando um cenário incerto. Na noite de sábado, constata-se que apenas 20% dos eleitores foram às urnas. A foto de Piñera votando no Colégio San Francisco de los Dominicos, no bairro Las Condes, ganha a imprensa. Essas eleições "marcarão o país pelas próximas décadas", diz o presidente. Horas depois, de alguma maneira, suas palavras se confirmam.

No domingo, tanto a esquerda como a direita pedem publicamente aos cidadãos que se dirijam às zonas eleitorais. "Votem pelos manifestantes presos, pelos estudantes que pularam catracas, pelas vítimas das violações de direitos humanos", dizem uns. "Votem pelos candidatos da liberdade", insistem outros. O nervosismo e a ansiedade tomam conta do país. A legitimidade do processo se definirá pelo nível de participação e pela contundência dos resultados.

Quando são divulgados os nomes das 155 pessoas eleitas para redigir a nova Constituição, observa-se um desdobramento histórico para o movimento social chileno.

Os esforços da direita governista para ocultar a própria impopularidade e conseguir um terço das cadeiras — o que lhe daria poder de veto sobre as decisões da convenção — acabam frustrados: em vez de 52 vagas, conseguem apenas 37. As forças que se posicionaram contra Piñera têm um desempenho um pouco melhor: a lista do Apruebo, formada pelas siglas da ex-Concertación, consegue 25 cadeiras; e a esquerda reunida na lista Apruebo con Dignidad, 28. À direita e à esquerda, os partidos políticos obtêm uma representação aquém da esperada.

Por outro lado, se contabilizamos os dezessete assentos reservados aos povos indígenas, as forças independentes assumem mais de dois terços das cadeiras da convenção constitucional, com 105 constituintes. Quarenta deles foram eleitos nas vagas cedidas pelos partidos políticos e 48 em listas totalmente independentes — das quais a Lista del Pueblo conseguiu 27 cadeiras e os Independientes No Neutrales, onze. A composição da Convenção Constitucional demonstra claramente como a crise produzida pela rebelião de 2019 impactou as estruturas partidárias.

Mas a torrente da transformação não se reduz ao processo constituinte em curso. Na mesma data, como já dissemos, realizam-se eleições para vereadores, prefeitos e governadores. E, novamente, o governismo é o grande derrotado: das dezesseis províncias chilenas, vence apenas na Araucanía; perde 57 prefeituras, muitas delas para candidatos independentes e da esquerda: o Frente Amplio ficou com onze (inclusive com a de Maipú, na região metropolitana da capital, após a vitória de Tomás Vodanovic, de trinta anos) e o Partido Comunista, com seis — entre elas, a de Santiago, com Irací Hassler, também de trinta anos.

Sem dúvida, a região de Valparaíso é o epicentro da vitória eleitoral das forças que surgiram em outubro: Jorge Sharp, agora como candidato independente, é reeleito prefeito com 56% dos votos; Macarena Ripamonti vence em Viña del Mar, reduto da direita; e Lorena Olavarría ganha em Melipilla. Além dos triunfos locais, a região passa a ser governada por Rodrigo Mundaca, reconhecido ambientalista e porta-voz do Movimiento de Defensa por el Acceso al Agua, la Tierra y la Protección del Medioambiente (Modatima).

Duas semanas depois, em um segundo turno marcado pela abstenção (menos de 20% de participação), o Frente Amplio vence o governo de Tarapacá, e candidatos independentes garantem os governos de Atacama, Biobío e Coquimbo, com destaque para a arquiteta ecologista e especialista em permacultura Krist Naranjo.

Os resultados confirmam o desejo de mudanças profundas encarnado em grande parte dos chilenos, exigindo que o paradigma empresarial e o patriarcado deixem de reger as relações sociais, e que a multiplicidade social chilena não seja mais sufocada por um Estado nacional centralista. A agenda de outubro, como estratégia, é uma bússola política infalível, que revela o anseio de radicalizar a democracia, desprivatizar e proteger os direitos sociais, e preservar os bens comuns da predação capitalista, empregando-os em benefício da comunidade. Concretamente, grande parte da sociedade — e, como expressão dela, a própria Convenção

Constitucional — concorda em revisar o modelo de desenvolvimento neoliberal que conduziu à crise aguda em que o Chile se encontra. A discussão a ser feita agora é de ordem tática e de composição de forças: trata-se de intensificar a imaginação e inventar as ferramentas políticas adequadas. Como aproveitar a heterogeneidade e a radicalidade dessas forças independentes (de esquerda, destituintes) presentes de maneira transversal na sociedade chilena? Como construir um bloco de contrapoder que permita efetivar as profundas transformações exigidas pela rebelião de 2019?

Nesse contexto, a elite política e empresarial não consegue encontrar mecanismos para bloquear o processo constituinte nem reverter uma correlação de forças políticas desfavorável ao status quo. É uma direita sem ideias, que, despojada de imagens de futuro, se limita a fazer chamados à "seriedade" e à "responsabilidade institucional" dos constituintes, ao respeito às regras do jogo impostas por eles mesmos; uma direita que não consegue traduzir em controle social seu brutal poder econômico. As forças constituintes, por outro lado, exigem soberania para fundar uma nova República livre das desigualdades e dos privilégios que caracterizam a atual.

A grande vitória obtida nas urnas pelas esquerdas e pelos independentes permitirá ampliar, desde o primeiro dia da Convenção Constitucional, os limites impostos naquela madrugada de 15 de novembro de 2019. Algumas discussões são inevitáveis: sobre as normas de funcionamento da convenção e a estrutura orçamentária que viabilizará seu funcionamento; sobre o quórum mínimo de dois terços para encaminhar as votações; sobre os plebiscitos intermediários para decidir sobre pontos nos quais não há acordo dentro da convenção; sobre como revisar e ajustar os tratados internacionais à nova Constituição.

Localmente — e com o apoio dos governos regionais, em alguns casos —, o cenário permite imaginar políticas de desburocratização das prefeituras e de transformação institucional a partir das estruturas existentes; projetos municipalistas, vinculados muito mais aos territórios do que às disputas partidárias; governos que acompanhem o processo constituinte em nível local, que é um espaço privilegiado para expressar as mudanças que vêm ocorrendo na subjetividade política, no imaginário social, no senso comum, na compreensão das democracias e da própria vida nas cidades.

O processo está definitivamente aberto — e a sociedade chilena, mobilizada. Em tempos de pandemia e com intensivo uso do Zoom, conversas e articulações proliferam entre os setores populares, e vão construindo critérios comuns com vistas ao início dos trabalhos da Convenção Constitucional, que deverá ser convocada, no máximo, em julho de 2021, e terá o prazo de um ano para apresentar a nova Carta. Entre as elites, os poderes políticos e empresariais estabelecidos tentam modular o debate a fim de estreitar as possibilidades de transformação. As forças partidárias, por sua vez, se mobilizam para as eleições presidenciais de 21 de novembro de 2021.

Merecem atenção especial, neste momento, os países sul-americanos banhados pelo Pacífico, que passaram ao largo da onda progressista do início do século XXI, mas que agora se desmoronam na esteira de explosões sociais. Estamos nos referindo, claro, à Colômbia e ao Peru, para os quais a experiência constituinte chilena é uma referência incontestável. É nesse contexto que consideramos a relevância deste livro.

Os textos aqui compilados tentam estabelecer um panorama exaustivo das linhas de conflito que alimentaram a explosão social de outubro de 2019 e projetaram o futuro de um processo aberto. São resultado de uma série de conversas que tivemos com militantes e intelectuais chilenos durante aquele dezembro — vários deles, hoje, membros eleitos da Convenção Constitucional. Além disso, estas páginas permanecerão como registro oral da intensidade com que, no fim de 2019, a queda do primeiro e mais sólido dos neoliberalismos latino-americanos foi pensada e impulsionada. Como diz um amigo: ali, onde tudo começou, tudo pode terminar.

EDITORIAL TINTA LIMÓN
Buenos Aires, junho de 2021

“A EXPLOSÃO ABRIU A POSSIBILIDADE DE UM MOMENTO DE IMAGINAÇÃO POLÍTICA RADICAL”

ENTREVISTA COM **COORDINADORA FEMINISTA 8M**

A maré feminista inevitavelmente atingiu as pacíficas costas chilenas antes mesmo da explosão de outubro. Em 2018 e 2019, haviam ocorrido fortes mobilizações, e, já no contexto da revolta, quando a imaginação política começava a minguar, surgiu o grito que acusa e faz com que os corpos se movam: “O Estado estuprador é um macho opressor”. O terceiro ciclo de um movimento feminista que faz tremer o mundo se expressa no seio da revolta até se transformar em uma força determinante. Entre uma atividade e outra, alguns meses após a febril explosão, conversamos com a psicóloga Alondra Carrillo e a socióloga Javiera Manzi, porta-vozes da Coordinadora Feminista 8M.

Alondra conta que a Coordinadora surgiu no marco dos protestos de 8 de março de 2018, quando se mobilizaram mais de oitocentas mil pessoas em todo o país — a maior marcha da história do Chile até aquele momento. A cada ano, criavam-se coordenações para organizar a ação do 8M, que se dissolviam depois. Mas, em 2018, decidiu-se que elas continuariam existindo. O propósito foi trabalhar durante todo o ano na organização de um chamado à greve geral feminista em 2019, isto é, consolidar uma ideia de "greve feminista" que não era óbvia em um país em que não existe direito à greve.[1]

Ademais, afirma que "a Coordinadora é bem heterogênea, são muitas mulheres e dissidências organizadas. Isso não significa que suas organizações estejam dentro da Coordinadora: há organizações que sim, como o Movimiento por el Agua y los Territorios (MAT), e outras que não; a Coordinadora não tem fronteiras tão definidas, é porosa. O que nos obriga a ser bem claras, construir um programa e uma voz própria para nos expressar".

Como vocês caracterizam a explosão de 18 de outubro de 2019 e que papel pensam que teve e tem o movimento feminista nesse processo?

ALONDRA CARRILLO (A.C.) Desde antes da explosão, desde 8 de março pelo menos, nós vemos um processo de rebelião cujo núcleo são os motivos que levam à precarização da vida. Foi isso que expusemos quando convocamos a greve geral feminista como uma mobilização contra a precarização da vida. Isso quer dizer que é uma explosão que contém um núcleo de sentido ancorado na deterioração das condições de vida no Chile. E, ao mesmo tempo, a explosão implica um rechaço geral a tudo aquilo que tem causado essa precarização ao longo dos últimos trinta anos. Por isso a frase "Não são trinta

1 Desde 2018, a Coordinadora é guiada por três objetivos de trabalho: o primeiro é dinamizar, a partir do feminismo, a articulação entre distintas organizações sociais em um país muito fragmentado socialmente; o segundo é transversalizar uma perspectiva feminista dentro dos movimentos sociais e fazer com que o feminismo deixe de ser um espaço entre outros tantos, e que possa ser uma força projetada sobre todos os espaços; e o terceiro é construir uma agenda comum de mobilizações contra a precarização da vida.

pesos, são trinta anos" foi tão importante, porque indica um tempo que não é abstrato, e sim um tempo real, o tempo que durou a política responsável pelas condições de precarização contra as quais as pessoas estão se rebelando hoje.

Nós entendemos que era necessário e possível sair e arriscar tudo em vez de continuar vivendo da maneira que vivemos. Esse rechaço foi crescendo e se multiplicando. Por isso, nossa aposta em 19 de outubro, o dia seguinte à explosão, foi convocar uma greve geral como resposta dos setores organizados a essa explosão de caráter inorgânico, espontâneo, que estava surgindo com uma força inusitada que ninguém podia controlar, conduzir, predizer nem afirmar como tinha que se desenvolver. Nós dissemos: "Bem, o que nós, os setores organizados, temos que fazer é acompanhar essa explosão espontânea e pôr à disposição toda a infraestrutura e organização que fomos capazes de construir como suporte orgânico para que isso siga crescendo, encontrando a própria magnitude, e encontrando, em seu desenvolvimento, os componentes de sua própria força". Isso foi o que dissemos e creio que condensa bem o que pensamos sobre a explosão.

JAVIERA MANZI (J.M.) Creio que a frase "Não são trinta pesos, são trinta anos" explica muito bem o caráter do protesto em curso, o que nós, mulheres, chamamos de "juízo histórico popular", que emerge nesse momento. Um juízo que logo produziu uma historicidade muito potente. Os povos levantaram essa voz que não expressa apenas um mal-estar presente, mas um mal-estar de muito tempo. Encarna uma crítica ao período da transição, a uma administração da precarização da nossa vida ao longo de todos esses anos, com as promessas não cumpridas do que foi o fim pactuado da ditadura que, como sabemos, se deu mediante um plebiscito e com um chamado a uma alegria que nunca chegou. O interessante é como essa historicidade começou a se complexificar. Dizíamos "trin-

NO SON $30
SON 30 AÑOS
#NUEVACONSTITUCIÓN

ta anos" e depois passamos a dizer "47", isto é, falávamos do momento de implantação do neoliberalismo no Chile. Portanto, a explosão é também contra a forma como a economia foi construída, esse "oásis econômico" que é o Chile, a imagem do "jaguar da América Latina" e seu crescimento econômico. Essa demanda é muito potente e se radicaliza, e já não são 47, mas quinhentos anos: é a crítica ao caráter colonial do Estado chileno. O que a explosão rechaça é a imbricação entre políticas econômicas e esse caráter colonial. É um momento de juízo histórico popular, que aparece como um balanço crítico através do qual podemos ler não só a precarização da vida como também as formas da violência policial, institucional, colonial. Além das palavras de ordem que bradamos nas manifestações, para nós são muito significativas as mensagens nas paredes, como a que diz: "O neoliberalismo nasceu e morrerá no Chile". Pode-se ler aí um chamado ético, político, internacionalista; uma ordem sobre como podemos nos engajar nesse processo. Algo que também nos pareceu uma potência radical do movimento foi seu caráter plurinacional, expresso nos lenços e bandeiras que formam parte da mobilização, sobretudo as bandeiras mapuche. No início, a bandeira chilena teve uma presença marcante, mas depois começou a ser substituída pela bandeira preta chilena, que é de luto, e, inclusive, despatriada. É uma bandeira que expressa como se está situando ou construindo, de outra maneira, a ideia de nação nesse momento. Creio que essas são chaves muito significativas do processo — um processo que, como feministas, consideramos destituinte. E, a partir daí, avaliamos as possibilidades que se abrem, os horizontes de transformação em curso.

O que a explosão mostrou, primeiro, foi a necessidade de dizer não: basta dessa vida. Basta de dívida, de abusos, dessa desigualdade, dessa precariedade a que estivemos submetidas e submetidos, basta de violência de gênero. Isto é, uma série de coisas que, de forma explosiva, foram saindo às ruas no dia 18 de outubro com uma enorme voracidade e por meio de milhares de mensagens. Mas, para nós, mulheres, era inevitável voltar a 8 de março e ver que todos esses mal-estares, que apareciam como pontos dispersos, agora, com o povo mobilizado, expressavam a crise estrutural que estamos vivendo. Era muito notável o contraste entre essa força, essa voracidade, e a imagem de Cecilia Morel, esposa de Sebastián Piñera, dizendo que as ruas do Chile haviam sido invadidas por alienígenas, o que mostra o desconhecimento total dessa classe dirigente sobre o que está acontecendo. Quem são essas pessoas? Onde está esse outro Chile a que nos havíamos acostumado? O que aparece aí é uma destituição da vida sob a forma como está sendo atualmente administrada. E também a destituição da forma de governo que, como vemos hoje, só se sustenta por meio da violação sistemática aos direitos humanos.

Nesse sentido, para nós, não é possível falar de um processo constituinte se não se conhece a necessidade de destituir as condições nas quais se sustentou um governo criminoso, responsável pela violação sistemática aos direitos humanos — por cada uma das torturas, mutilações, violações. A luta contra a impunidade, para nós, feministas, é central. Daí nosso grito: "*Piñera, fascista, te va a derrocar una ola feminista*" [Piñera, fascista, vai te derrubar uma onda feminista]. Que feminismo é esse? Um feminismo que não se limita a pensar em termos específicos ou em uma agenda particular, mas, sim, um feminismo que visa a transformação radical da vida.

A.C. Eu concordo. Creio que houve um silenciamento do caráter destituinte da explosão, sobretudo depois da marcha do dia 25 de outubro, quando 1,2 milhão de pessoas se mobilizaram. Essa foi uma marcha claramente contra o governo, contra Sebastián Piñera, apesar do que se tenha declarado posteriormente a respeito. Um dos homens da transição, Alejandro Guillier, candidato do progressismo nas últimas eleições, veio a público dizer que o governo não pode cair, porque, se cai o governo, "caímos todos nós". E vários líderes sindicais, que inicialmente pediam a renúncia de Piñera, depois já não o fizeram. Para nós, mulheres, essa dimensão destituinte era chave, e por isso insistimos tanto na greve geral, que nos permitia seguir aprofundando esse caráter destituinte, dando continuidade à explosão. Fora desse contexto, não era possível pensar em instituir algo distinto. Disse um companheiro — que foi filmado, e por isso está sendo perseguido pela Lei de Segurança Nacional do Chile: "O governo de Sebastián Piñera tem que cair, e, sobre suas cinzas, temos que construir uma assembleia constituinte". Então, vemos aí uma continuidade do silenciamento do afã destituinte que, apesar de tudo, está contido nesse movimento e não deixará de estar, porque emerge o tempo todo. Por isso foi tão necessário que todas as forças da ordem, para além de quem a encarna, adotassem esse silêncio.

Então vocês pensam que o movimento feminista tem — diante desse silenciamento e do chamado à ordem — uma espécie de função e uma capacidade específica: garantir o caráter destituinte da revolta?

J.A. Eu gosto de pensar que nossa insistência em dizer "não" é um traço próprio da política feminista. Para as feministas, o "não" é uma ação política, vinculada à autonomia de nosso corpo e também à autodeterminação de nossos povos. É a forma pela qual reposicionamos e tornamos próprias o enfrentamento da violência e a radicalidade para nos opor às forças da ordem. Porque, ao mesmo tempo, nós, mulheres, vimos que se abriu a possibilidade de um momento de imaginação política radical. Isto é, a possibilidade de imaginar outra vida, de imaginar uma vida para além dessa "normalidade" a que estivemos sujeitas e a que Piñera e outros setores políticos nos pedem para retornar. Convocavam o povo a voltar a acreditar nas instituições, a confiar na delegação do poder, quando o que está em marcha é a possibilidade de construir outras formas de poder: o que se abre como possibilidade é a imaginação radical de outra vida. E creio que isso ainda está aberto, é uma desobediência que persiste, inclusive no curso institucional que tomou o processo constituinte: é a possibilidade de continuar sustentando que queremos imaginar outra coisa distinta daquilo que nos estão oferecendo.

Durante muitos anos, essa imaginação sobre formas de vida alternativas foi impulsionada por setores marginais, ficou de fora dos espaços da política. Mas hoje são essas margens, é a potência "alienígena" que está tomando as ruas, que está tomando a própria vida. Uma ideia que está muito longe de certo "realismo" capitalista, essa ideia de que não há outras vias. E certa confiança. Creio que é muito importante começarmos a confiar em nós mesmas, confiar que podemos criar essa alternativa. Confiar que está também em nós essa capacidade de imaginar, de pensar. E não deixar, como é muito próprio da política chilena, que tudo se reduza a certos setores tecnocráticos, a certas vozes autorizadas. São justamente as vozes que nunca tiveram autoridade, que nunca tiveram esse saber técnico, que hoje em dia estão tomando a palavra. Isso é o que acontece, e é o que nós convocamos a fazer: impulsionar assembleias nas quais se discutam a política e a vida, e de maneira coletiva se imagine o que queremos. E afirmar que nós, como mulheres e dissidentes, nunca mais voltaremos ao segundo plano. O que implicava um desafio, porque significava voltar à assembleia e fazer com que não se tratasse daquela assembleia de sempre, nem que as vozes de sempre tomassem a palavra. Implicava voltar à greve e não permitir que voltassem a falar de uma greve que nos excluísse ou que não fosse necessariamente produtiva e reprodutiva. Então, o chamado era duplo: dizíamos "greve", mas estávamos falando de uma greve de caráter feminista; dizíamos "assembleia", mas nos referíamos a uma assembleia muito distinta daquela da tradição de esquerda.

Esse diagnóstico que vocês fazem sobre o caráter destituinte da explosão, o rechaço a uma classe política que carece de legitimidade, conecta-se com um elemento inovador do movimento, que tem a ver com o modo de organização: a pluralidade de vozes, a horizontalidade, a ideia de ausência de líderes. Que formas de organização o feminismo tem, hoje, para compartilhar, como contribuição específica a um movimento amplo?

A.C. Uma resposta seria olhar para o Encontro de Mulheres. Essa é uma tradição nova em nosso país. Não que antes não houvesse encontros, mas eles não tinham o caráter desse "encontro plurinacional das que lutam". Nesse encontro, tentamos abrir outro momento no processo constituinte — que, tal como o entendemos, não se dá na institucionalidade, mas, sim, como um processo de constituição de classe no qual mulheres e dissidências são protagonistas. Nós entendemos o processo de emergência do feminismo como uma potência de ação de massas, como uma potência de ação da classe trabalhadora que se expressa em toda a sua diversidade e que consegue destituir noções estreitas, como as que a reduzem a pessoas assalariadas em condições de trabalho específicas. Quando dizemos "greve geral feminista", estamos pondo em discussão justamente quem é a classe trabalhadora, onde está, como se constitui. As contribuições específicas organizacionais do feminismo têm essa importância. Pode ser que pareçam pouco relevantes, ou pouco inovadoras, mas, na verdade, estão em um cenário em que as construções democráticas e de caráter militante estão extremamente restringidas em nosso país. Foi uma das questões em que o feminismo insistiu. Participamos de espaços de articulação e de transformação, de marcos de unidade que prescindem absolutamente da construção democrática. Foi no Encontro Plurinacional de Mulheres de 2019 que construímos o programa da greve geral feminista, que hoje é necessário ser concebido em chave constitucional, como um conjunto de emergências que possamos colocar em pauta, como resposta imediata às condições que nos levam às ruas, que nos fazem sair e arriscar tudo — para não dizer queimar tudo — para não seguir vivendo dessa maneira. Essa é uma das apostas orgânicas que partem do feminismo e têm um caráter aberto, fundacional.

J.M. Como dizíamos, algo muito potente desse processo é o desenvolvimento da criatividade popular, que se manifesta nos muros, nas mensagens, em artes gráficas, isto é, em todas as formas através das quais se materializa essa imaginação radical. Mas isso se dá em paralelo a uma violência política também radical. Em seu primeiro momento, a força que teve a explosão do movimento foi de uma violência política total, radical, massiva, que não havíamos visto no Chile em todos esses anos. Vale a pena dizer, porém, que se tratava de um momento de acumulação, porque vínhamos de uma semana de conflito, de mobilização de secundaristas que convocavam a pular as catracas do metrô e eram fortemente reprimidos. E o que apareceu aí foi a voz das pessoas. Pela televisão, perguntavam-lhes: "Bem, senhora, o que pensa dessa violência?". E a senhora respondia: "Violência é a minha pensão, violência é que estejam reprimindo os jovens, violência é outra coisa". Então, a violência ganhou um lugar muito interessante no discurso público, deslocando a hegemonia comunicacional e política que vínhamos vivendo e que apresentava tudo em chave de criminalização. Os primeiros dias, talvez toda a primeira semana, foram marcados pela possibilidade dessa ação direta: as barricadas, os bloqueios de rua, os protestos sem permissão. No Chile, as pessoas pedem permissão para marchar. Não podemos usar a rua sem pedir permissão porque, caso contrário, o governo reprime. Não há direito ao protesto, à marcha, à manifestação. Então, começar a não pedir permissão para ocupar a rua e fazê-lo de maneira massiva, entre vizinhos, entre pessoas que até então se atreviam a fazê-lo, é também muito significativo para o surgimento desse processo.

Alguns setores da esquerda parlamentar, em sua tentativa de institucionalização e em seu chamado permanente à governabilidade, haviam abandonado as ruas e desistido desse tipo de prática de ação direta, que foi, inclusive, criminalizada. É algo que víamos no Frente Amplio, que, em seu chamado para a parlamentarização, terminava dizendo que essa é a via correta, a via da política, das mudanças reais, e todo o resto fica de fora. E fica de fora porque eles diziam que as pessoas não entenderiam e não iriam querer participar; que as mulheres, as senhoras, meninas e meninos não se vinculariam a esse tipo de prática. E a explosão social imprimiu um giro radical a essa discussão. Esse giro está muito claro na reivindicação da primeira linha, isto é, quando um povo assume a necessidade dessa autodefesa. Aí se podem ver pessoas de todas as idades, mas, sobretudo, muitas mulheres; levam alimentos e roupa, preparam comida, em uma tentativa de cuidar, de proteger, constituindo-se, inclusive, como as mães da primeira linha, em uma evocação às Madres de la Plaza de Mayo. Mas essa ação não se reduz ao cuidado. Não acreditamos que a primeira linha seja um setor masculinizado, de domínio masculino. É fundamental essa capacidade de sentir como próprio o que se está fazendo, senti-lo como uma ação necessária, como parte de um desenvolvimento

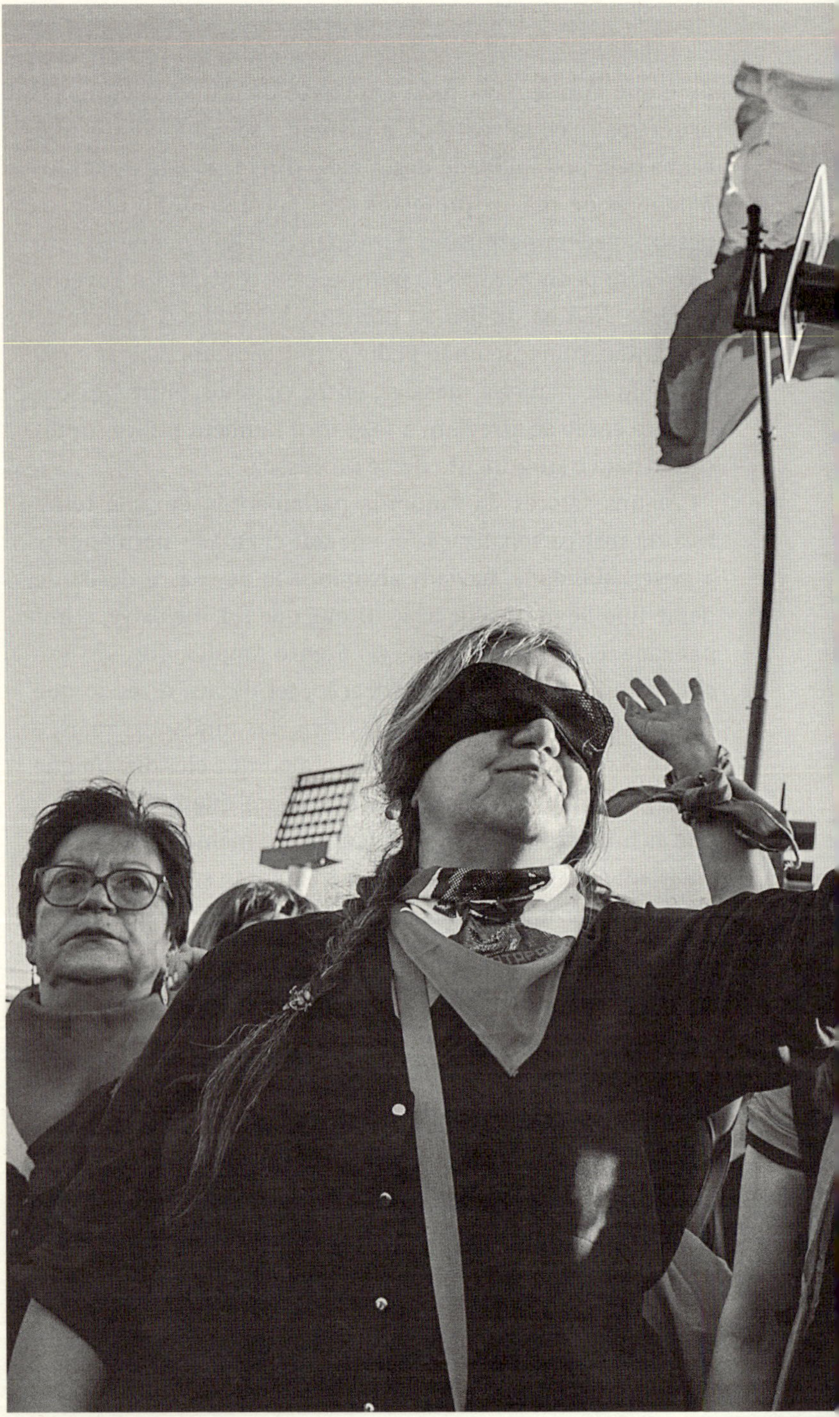

maior. É claro que é importante o que ocorre na Plaza de la Dignidad, mas vimos convocações à participação de muitas maneiras, em todos os bairros e em todos os territórios. Para dar um exemplo, em Florida, que é um bairro residencial, chama-se continuamente à barricada: isso faz parte de um repertório de ação permanente. Terminada a assembleia, que ocorre todos os sábados à tarde, o trabalho de algumas vizinhas mais velhas é armar a barricada ali mesmo.

A.C. Com relação a essas diferentes leituras sobre o que está ocorrendo e quais são as possibilidades de ação, em 2019 demos uma resposta a Sebastián Piñera no Congresso: "Precarizam nossa vida, desordenamos sua casa". Piñera fez uma prestação de contas públicas na qual disse que a função desse governo era iniciar uma segunda transição, e que nesse momento o governo desejava ser o reflexo dos pais da pátria, queria ocupar novamente esse lugar. E, entre muitas medidas menores, anúncios ao léu, as únicas medidas concretas eram repressivas: castigar as pichações nas ruas, as barricadas, os capuzes. Ou seja, eram questões que, até o momento, não eram massivas como agora, mas de alguma forma antecipavam o que iria acontecer.

Nós, nesse momento, dissemos que o discurso de Sebastián Piñera e desse governo não era um discurso político governamental, mas policial, que anunciava um futuro de repressão para a maioria da população. Porque o que se avizinhava era um processo de ajuste, de radicalização das medidas econômicas; isto é, reformas que multiplicariam as razões pelas quais as pessoas haviam saído às ruas. E as coisas aconteceram exatamente como dissemos, por isso convocamos à continuação da ocupação das ruas, das mobilizações, do emprego desse tipo de ferramenta como uma forma de antecipar também o que significaria uma segunda transição. O povo não esquece o que foi a transição no Chile, um acordo dos de cima que se sustenta prejudicando os de baixo para que as elites possam seguir acumulando. Se anunciam uma segunda transição, temos que saber o que significará para nossas organizações, para nossa capacidade de seguir mobilizadas. Isso foi em 1º de junho de 2018, antes da greve geral feminista.

J.M. É que a explosão não pode ser separada das mortes, do massacre, que remete à nossa memória do que foi a ditadura. Vimo-nos enfrentadas pelo negacionismo do governo, pelo obscurantismo de instituições que não davam respostas ao que estava acontecendo com a violência e com as mortes. Nesses primeiros dias, ao contrário, eles as negavam, ou armavam versões sobre a causa dessas mortes. A violência do Estado fez aparecer uma raiva que se somava à existente, à que havia produzido a explosão por conta das condições de vida. No Chile, há uma naturalização muito grande das políticas de repressão, estamos acostumados à ideia de que não há mobilização sem repressão, de que não há marcha que não termine com bombas de gás lacrimogêneo e de que não há forma de protesto popular que não esteja sujeita à ameaça permanente de repressão policial. Hoje em dia, podemos ver novas estratégias de repressão, como o uso de munições e o disparo de bombas de gás lacrimogêneo diretamente sobre o corpo. Também há violência política sexual, instâncias de assédio ou de abuso por parte dos *pacos* que os secundaristas já vinham denunciando.

Nesse contexto, o fato de votarem para aprovar uma lei que criminaliza a manifestação é percebido como uma traição profunda e imperdoável, porque decidiram defender os que estão sendo questionados, e não o povo. Porque, para além de seu pedido de perdão ou das tentativas de remediá-lo, as políticas de criminalização seguiram seu curso. Essas políticas foram discutidas nas assembleias e nos movimentos, e o rechaço foi total e imediato. E isso é algo importante que nunca havia ocorrido. As políticas gestadas dentro do Parlamento estavam envoltas em um hermetismo e pouquíssimas vezes atingiam outros espaços. Hoje, cada uma das coisas relevantes que são aprovadas é discutida fora desse espaço, produzindo um balanço e um posicionamento. Então, o que apareceu com a aprovação dessas leis foi o rechaço transversal e rotundo de todos os setores mobilizados.

Justamente um dos exemplos que os parlamentares de direita e os formadores de opinião na mídia colocavam sobre a mesa para justificar essas leis era o "*el que pasa, baila; el que baila, pasa*" [o que passa, dança; o que dança, passa].[2] Tomavam-no como uma agressão sistemática, como um atropelo à liberdade individual, quando não é difícil ver aí um convite, uma tentativa de chegar a um acordo, de diminuir a distância entre os que protestam nas ruas e aqueles que estão em seus automóveis, de gerar empatia, de torná-los parte de um protesto que é também uma festa, como depois se pôde ver por vários e longos dias na Plaza de la Dignidad.

J.M. Claro! Os vídeos de "*el que baila, pasa*" são, no começo das jornadas, os mais divertidos, porque as pessoas saem do carro, riem, participam, e depois os manifestantes as deixam seguir. Basicamente, era uma forma de fazer com que o bloqueio das ruas não fosse definitivo, que, em certas circunstâncias, fosse possível passar sem problemas. A direita começou rapidamente a denunciar essa estratégia como a expressão máxima do fascismo no movimento: "São como

2 Modalidade de protesto durante as manifestações chilenas que consistia na ocupação de uma rua, impedindo a passagem dos veículos. Para que o motorista conseguisse seguir seu trajeto pela rua ocupada, deveria descer do carro e dançar ao som das palavras de ordem *el que baila, pasa*, entoada pelos manifestantes. [N.E.]

os nazis", diziam, "obrigam a dançar". Obviamente, não mostravam as pessoas se divertindo nem desfrutando a dança. Depois, essa atitude foi penalizada, criminalizada, com a aprovação das leis repressivas na Câmara dos Deputados e no Senado. Algo muito importante é que nós entendemos a relação direta entre esse castigo à mobilização e a assinatura do Acordo pela Paz e pela Nova Constituição. Ambos fazem parte de uma série de acordos nacionais propostos por Piñera, que incluem o chamado a uma agenda social que não passava de uma série de políticas subsidiárias, um acordo pela paz social que não era senão uma forma de criminalizar as mobilizações, porque "a paz" tem como objetivo calar aqueles que se mobilizam e desarticular as lutas.

A.C. Se pensamos na explosão social, há uma necessidade de se produzir formas orgânicas que respondam a essa potência que se desenvolve dentro dos movimentos: do movimento feminista, dos movimentos socioambientais, nos distintos espaços que vêm lutando, de maneira dispersa e fragmentada, contra as múltiplas manifestações do neoliberalismo em nosso país, com sua violência patriarcal, colonial, racista etc. Não há ainda uma organização que prefigure isso — estamos em um momento absolutamente embrionário, de gestação dessa nova organicidade popular. E por isso é tão importante nos perguntarmos onde estão sendo construídas, nesse momento, as condições políticas para a sobrevivência de alguma estrutura mínima que nos permita enfrentar a crise. Porque esta crise é a abertura de um momento de irrupção política radical, mas provavelmente só vamos conhecer suas dimensões mais profundas à medida que se desenvolvam. Estamos assistindo apenas a um primeiro momento de seu desenvolvimento, e será necessário enfrentar o momento mais avançado com uma maior organicidade.

E então nos questionamos sobre as assembleias territoriais, sobre a possibilidade de serem coordenadas em níveis cada vez maiores, e qual o papel do movimento feminista. São perguntas ainda em aberto. Qual será a organicidade que poderá expressar o que está se abrindo nesse contexto? As organizações que temos hoje em dia, inclusive o Frente Amplio, são expressões orgânicas e políticas de outro momento. E não estão conseguindo expressar o que as pessoas desejam atualmente. Porque surgem de outras leituras, de outros cenários políticos que se propuseram a outras tarefas, foram interpretados de outro modo e não puderam prever esse momento. Ninguém podia prever que isso aconteceria. O que há, sim, são chaves de leitura divergentes dentro do Frente Amplio, o que o levou a uma fratura. O Frente Amplio se desmembrou. Importantes setores o deixaram, e isso reconfigurará o cenário político e trará alguns problemas. Qual é a forma de organicidade de que necessitamos? É um partido ou não? Tem caráter de movimento? Quais serão os caminhos dos processos de auto-organização que estamos vivendo? Não sabemos. Temos que inventá-los.

Acreditamos que o movimento feminista inova também em algumas dessas formas de organização e de organicidade. Mas, na medida em que não há um plano prefigurado, não temos claro de antemão aonde temos que ir. E isso é ótimo, porque abre muito mais do que fecha. De qualquer forma, porém, deixa formulada a pergunta: qual será a organicidade resultante desse momento? É uma pergunta que me atormenta.

Dada a leitura que fazem do Acordo pela Paz e pela Nova Constituição, imaginamos que vocês não têm muita expectativa com relação à convocação, "pelos de cima", de uma Convenção Constitucional. A Coordinadora está pensando em alguma política específica vinculada a esse processo?

J.M. Sim, sim, é algo em que pensamos todos esses dias. Acompanhamos também o processo constitucional proposto pelo acordo, embora nos pareça bastante problemático. Inclusive, a partir da discussão sobre a paridade de gênero na Convenção, hasteou-se a bandeira do feminismo, isto é, a ideia de que haja cadeiras reservadas para independentes, povos originários e mulheres. Mas há todo um modo de pensar o feminismo como sujeitos submetidos. São muito reduzidas as possibilidades para a participação independente — a participação que podemos ter como mulheres, por exemplo. A paridade implica que não pode haver listas só de mulheres, o que também nos parece problemático. Nós lemos o processo constituinte de uma forma que extrapola a chave institucional através da qual se pensa a transformação da Constituição. Entendemos que está em jogo um sentido constituinte muito mais profundo e radical; que estamos nos constituindo como movimento, como povos; que estamos nos reconstituindo através da possibilidade de nos politizarmos, de imaginar outra vida.

Então, o que nos interessa aprofundar é esse processo constituinte que se abriu em 18 de outubro — esse é seu marco inicial e, a partir de então, ele se desenvolveu em cada uma das assembleias territoriais, em cada um dos encontros impulsionados pela explosão do protesto. A constituinte, nesse sentido, já está declarada: não é nada mais nada menos que a possibilidade de pensar, de baixo para cima, a vida que queremos. É um processo constituinte imediatamente feminista, plurinacional, popular. Para nós, é importante insistir que o que está em curso é muito mais do que a institucionalidade pode oferecer. O que está em curso é a possibilidade de imaginar outra vida. Nossa aposta é aprofundar essa construção, aprofundar processos de deliberação política que estão sendo criados a partir de baixo, da base, dos bairros, em distintos pontos do país. O que está sendo construído são esses movimentos

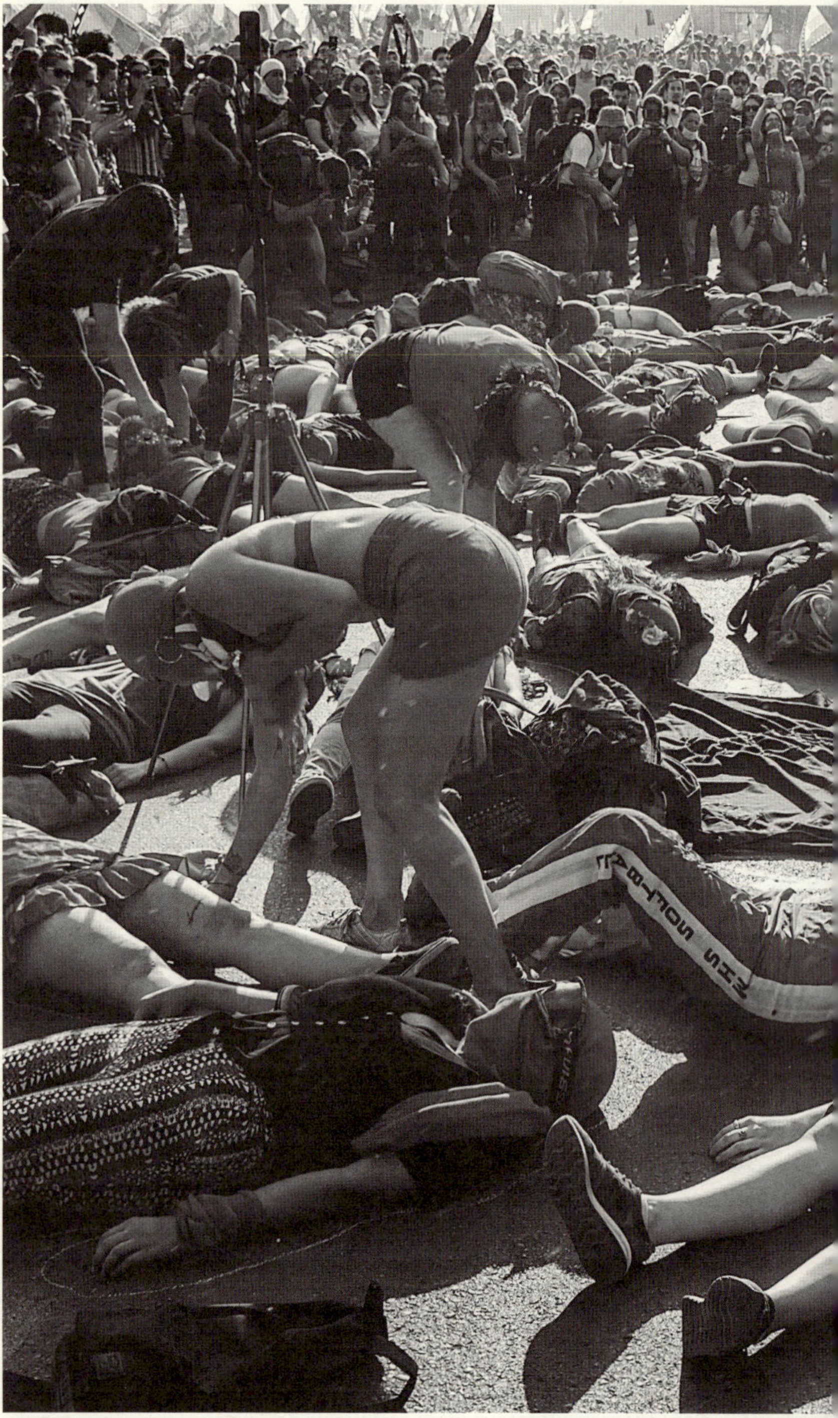

que hoje se levantam nas assembleias, que estão levantando uma voz. Há um processo constituinte nosso, como feministas, como movimento, e sugerimos pensá-lo como um momento de imaginação política, como produção, como criação de alternativas. Temos algo a dizer, temos ideia da vida que queremos construir. E apresentamos essa ideia não na condição de especialistas ou técnicas, mas em assembleias. É também uma voz de crítica às formas como foi conduzida, por meio das instituições, essa via pactuada.

A.C. Novamente, creio que a pergunta fundamental é que forma está ganhando esse processo em curso. Não é que estejamos invocando algo que não está presente, mas, sim, que é preciso dar forma a esse rechaço, de modo que se possa projetar o processo para além de si. Um processo que acrescente a potência de tal maneira que subordine os marcos do calendário. Assim o propúnhamos na assembleia: subordinar os marcos do calendário institucional aos marcos de um calendário popular para poder perguntar em que medida nos é útil o plebiscito. É útil para nós, realmente? Sabemos que as pessoas votarão de forma massiva nesse plebiscito. Isso acontecerá necessariamente, porque assim se conduziu esse protesto: por todas as formas possíveis. Ao mesmo tempo, são as próprias pessoas que bloqueiam as ruas, que estão nas assembleias, que estão enfrentando os *pacos* na primeira linha. São as próprias pessoas que votarão no plebiscito, que farão campanha por ele e farão campanha também, provavelmente, por uma Constituinte.

Portanto, é fundamental, primeiro, reconhecer essa força, pois a institucionalidade, os meios de comunicação e as forças políticas nos fazem crer, o tempo todo, que essa força não é grande. Fazem-nos imaginar que esse calendário é o único possível e que o nosso calendário terá que se subordinar a essas organizações temporais. Reconhecer a potência dessa força implica para nós, necessariamente, avançar às cegas, no escuro, porque não temos ninguém que nos forneça essa imagem; e são poucos os momentos em que podemos produzir essa imagem para nós mesmas: imagens de nossa própria massividade, de nossa própria força, de nossa própria potência. A pergunta é, então, uma vez que desenvolvamos uma forma que possa canalizar essa potência, como organizar os marcos temporais de nosso próprio processo, subordinando todos os marcos do calendário institucional ao calendário popular? Essa é a pergunta que nos fazemos.

Mas em que consiste um calendário popular? Não sabemos, não sabemos quais seriam os marcos necessários. Provavelmente muito disso já esteja ocorrendo e não depende de decisão nossa ou de alguém. É necessário superar essa imagem de que são as decisões políticas que tomamos em algum espaço, em alguma reunião, as conversas que vamos tendo, que resolverão como se fazem as coisas. Ao contrário, nos predispomos a ver e escutar de modo que possamos enxergar o surgimento do processo e ir reconhecendo a própria forma que vai assumindo seu desenvolvimento. Essa é a tarefa que enfrentaremos. Em alguma medida, é um exercício de imaginação política, porque se trata de poder reconhecer o que já está acontecendo e, ao mesmo tempo, produzir esses contornos, o caráter desse processo.

Dentro do movimento feminista argentino — que foi, sem dúvida, o movimento mais potente dos últimos anos —, houve uma linha que enfrentou muito fortemente o endividamento popular. O movimento feminista chileno também põe em discussão a dívida?

J.M. Uma de nossas primeiras mensagens foi: "Devem-nos uma vida". Devem-nos uma vida e vamos recuperá-la: disso se tratou o processo em curso. Sua radicalidade situa a própria possibilidade da vida no centro da discussão: "Até que valha a pena viver". Um sentido muito vitalista. Falamos de uma precarização da vida, e isso significava dizer que "o precário" não se refere apenas a nossos trabalhos, mas a todas as ordens da vida, à forma de nos relacionarmos. Aqui, há alguns movimentos que começaram a discutir a dívida, por exemplo, a dívida educacional. Mas a dívida está enraizada em nossa vida de maneira muito profunda. Uma imagem muito pessoal, familiar: quando minha avó morreu, não pôde ser enterrada no cemitério, porque tanto meu pai quanto seus sete irmãos estavam todos no Directorio de Información Comercial (Dicom), que é o registro de devedores, e isso impedia que eles tivessem acesso ao cemitério. Chega-se a esse nível de violência. É muito doloroso ver como a dívida está presente e naturalizada em nossa vida.

A dívida permite muitas leituras, em diferentes escalas. O Chile é um país brutalmente endividado. Até o dia 18 de outubro, primava a sensação de que todos no Chile eram de classe média. A classe política se dirigia à classe média, todos se reconheciam como classe média. Mas isso era possível, precisamente, por uma vida construída por meio do crédito. As pessoas se endividam para comer, para se educar, para ter saúde, para poder reproduzir as próprias condições de vida. A população se endivida no supermercado, na farmácia, em todo lugar. E é algo que atravessa a todos, é a profundidade do neoliberalismo no Chile. É muito constitutivo. Aqui existem essa internalização da dívida e uma vida que gira em torno dela. Se não fosse pelo crédito, a linha de pobreza estaria em outro patamar, a fome estaria em outro patamar.

Uma companheira nossa fala de como se está constituindo ou subjetivando a classe neste momento. E, como eu dizia havia pouco, o modo de subjetivação da classe média através do crédito entrou em crise. Por isso, não me estranharia que esse problema tão "privado" começasse a ter visibilidade.

Creio que aí também radica a potência do feminismo, em sua capacidade para desprivatizar esses problemas, os problemas da vergonha. Neste país, isso está muito internalizado: não há nada mais próprio que a vergonha da dívida contraída. A dinâmica da dívida é que ela se constitui aumentando, a pessoa se endivida para pagar outra dívida, e assim se sustenta a vida, de forma bastante precária.

A.C. A dívida é uma dimensão da carência, mas também daquilo que é acessível. Muito do que antes não era acessível agora o é por causa do crédito. À medida que foram se desmantelando todos os serviços sociais, foi-se incorporando a dívida como um mecanismo paralelo que permitia resolver, de algum modo, o acesso aos serviços que estavam sendo privatizados, em um processo que foi muito brutal, de privatização de praticamente todos os âmbitos da vida. Nessas condições de endividamento, aquilo ao que se acede é igualmente miserável. As pessoas se endividam para pagar um sistema de saúde, por exemplo, que é miserável, que chega tarde ou que nunca chega. Ou que chega quando as pessoas já morreram. Temos um sistema de saúde que empurra para a morte uma porcentagem altíssima da população. E que mostra também o caráter excedente de todo um setor da população diante do que requer a organização capitalista de nosso país. Eu tenderia a pensar que isso é o que apareceu com mais relevo: o caráter cru e extremamente violento da própria existência. O caráter sensível desta crise capitalista em nosso país é a brutalidade com que a miséria se instalou na vida. Não se trata, necessariamente, da fome, mas da presença imediata da morte, da presença iminente do terror com relação ao futuro. De repente, tornou-se visível uma imagem que não havia se configurado até o momento: a primeira geração das AFP está se aposentando, a geração de nossos pais, e estamos vendo nossos pais e mães se aposentarem na miséria. Ao mesmo tempo, vemos nossas próprias condições precárias de existência. E estamos vendo a perseguição política que sofre a geração mais jovem que a nossa, nossos irmãos mais novos e, em alguns casos, filhos. A repressão policial avança sobre os espaços de maior subjetivação política dos últimos anos, os colégios.

Fez-se presente, então, uma imagem do conjunto do ciclo vital em toda sua deterioração. E essa é a imagem que cristaliza esse momento: vemos nosso próprio futuro de miséria e as possibilidades de combater essa situação cada vez mais debilitadas. Creio que a visualização desse limite é o que leva as pessoas às ruas — até que viver valha a pena. Ou a ideia de dignidade, que é uma das mais fortes na explosão dos protestos. A própria praça é a Plaza de la Dignidad. Ou "até que a dignidade seja um costume". Essas não são ideias novas, são frases que existem desde antes das manifestações. Mas elas conseguem expressar essa sensação de absoluta indignidade diante das condições de existência, até mais do que as condições de sujeição que a dívida implica.

DA EXPLOSÃO À COMUNIDADE ORGANIZADA

ENTREVISTA COM **JORGE SHARP**

Jorge Sharp Fajardo nasceu em Punta Arenas, na província de Magallanes, sul do Chile. Ao lado de Gabriel Boric, fundou o movimento Izquierda Autónoma, uma das expressões do movimento estudantil que ao longo das últimas duas décadas questionaram o ferrenho neoliberalismo chileno.

Com 35 anos, ele governa Valparaíso desde 2016 e segue um projeto municipalista centrado na participação cidadã que tem como modelo a Red de Salud Popular: "As municipalidades foram o instrumento da política tradicional para desmobilizar a cidadania e construir relações de caráter clientelista com as organizações sociais. Nós trabalhamos para transformar o município em uma ferramenta das comunidades organizadas. Acreditamos que a explosão dos protestos sociais abre uma oportunidade para alavancar um novo municipalismo no Chile", afirma. Para Sharp, a chave está na produtividade dos territórios, na capacidade de seus habitantes para instituir novos mundos que garantam vida digna e direitos comuns. Assim, afirma ele, a municipalidade deve se constituir como uma ferramenta estratégica para desenvolver essa produtividade.

Durante a pandemia, a prefeitura destinou parte do orçamento para apoiar as *ollas comunes*, que forneciam alimentação comunitária a centenas de famílias de setores populares.

Em 15 de novembro de 2019, em meio à revolta popular, Sharp deixou o partido Convergencia Social por suas diferenças com Boric e por causa do Acordo pela Paz e pela Nova Constituição, assinado pelo Frente Amplio. Por volta dessa data, entrevistamos Sharp na sede da prefeitura, em Valparaíso. Nesses dias, os incêndios florestais arrasavam as periferias da cidade portuária e a revolta durava mais de dois meses. As ruas estavam inundadas de gás lacrimogêneo e era muito difícil respirar. Falamos sobre a explosão dos protestos, suas causas, suas derivas, o papel da esquerda e seu projeto político local. Para a direita, diz ele, "a explosão de 18 de outubro constitui um problema de segurança pública. Não o veem como um problema de cunho político, social ou econômico".

Em meados de novembro de 2019, você dizia que havia ocorrido um estouro social e que o valorizava como um momento de abertura. Você ainda vê essa abertura, ou pensa que ela tende a se fechar?

O que se abre em 18 de outubro é de tal intensidade que é difícil pensar que possa se fechar no curto ou médio prazo. Houve uma tentativa de fechamento "institucional" por parte de um setor do sistema político, através de um acordo constitucional envolvendo uma parcela do Frente Amplio, que acreditou ver nesse acordo precisamente uma possibilidade de saída. O que faz esse acordo, no fim das contas, é fixar uma agenda institucional para 2020 com foco na possibilidade de mudança constitucional. Mas nós pensamos que isso está longe de configurar um fechamento. Em nossa reflexão, o momento que chamamos de destituinte é muito radical e profundo. Atravessa o sistema social por inteiro: as instituições, os partidos políticos, a democracia, a necessidade de entender o espaço público, as formas de representação. É um contexto que também traz de volta à cena diferentes mundos, visões, posições como a dos ambientalistas, das feministas, dos povos originários. Muitos dias depois do 18 de outubro, essa profundidade destituinte se mantém aberta e latente.

E como se vive essa abertura a partir de uma posição tão delicada como a de prefeito de Valparaíso? Um lugar privilegiado para analisar e intervir no que acontece, mas também um cargo que pode evidenciar certa fragilidade perante a mobilização social e sua capacidade destituinte.

Sim, o lugar em que estamos é muito contraditório, porque, por um lado, as municipalidades, ao menos no Chile, são parte do problema. Não são — ou não foram — parte da solução. Ao mesmo tempo, nos últimos anos, houve — nos movimentos sociais, nas organizações cidadãs, nos movimentos de esquerda — a necessidade de construir uma estratégia de conquista do poder local com uma perspectiva transformadora. Mas isso não está estruturado no campo crítico chileno. É algo que vem sendo gestado nos últimos anos com muito mais força, precisamente porque as municipalidades têm sido parte do problema. São instituições nas quais a mescla entre os interesses públicos e privados está na ordem do dia. As práticas de corrupção reproduzidas nos municípios são tão graves e ultrajantes quanto em nível nacional. As instituições municipais foram instrumento da política tradicional para desmobilizar a cidadania e construir uma relação de caráter clientelista com as organizações sociais. Estiveram a serviço de interesses poderosos, como os das grandes imobiliárias ou portos, algo notório em uma cidade como Valparaíso. É contraditório, porque essa instituição é parte disso, ao mesmo tempo que abre uma oportunidade. Nós acreditamos que essa explosão de protestos é fortemente territorial. No fim das contas, quem alavanca, quem apoia, quem desenvolve, quem tenta liderar esses protestos são os territórios, como no caso das assembleias autoconvocadas, que estiveram ativas por várias semanas, com mais ou menos participação popular. Foi essa instituição autogerida que deu início ao processo constituinte. No Chile, o processo constituinte começa quando se forma a primeira assembleia autoconvocada. Não sabemos onde nem quando isso aconteceu, mas esse é o marco zero do processo. O espaço público foi um território que esteve sob disputa permanente. Basta ver o que ocorreu em cidades como Santiago, Valparaíso, Concepción, Antofagasta, Iquique e outras mais. As ruas foram protagonistas da mobilização. Nesse sentido, os municípios se conectam com a questão territorial. Nós estávamos desenvolvendo uma prática política desde que assumimos em 2016: converter a municipalidade, essa parte do Estado, em uma ferramenta das comunidades organizadas, tendo em vista a transformação democrática do território. O problema político central é a maneira como as municipalidades se põem a serviço de um conjunto de ações, planos, propostas e lutas dos habitantes dos territórios, entendendo essa população, essa comunidade organizada, como um ator de caráter produtivo: não apenas de caráter contestatório ou testemunhal, mas com capacidade crítica, técnica e social para produzir novos mundos, novas situações, para poder construir junto com a comunidade ações no âmbito do bairro, ou da cidade, que garantam vida digna, isto é, que garantam direitos comuns e investimento público para o desenvolvimento dos bairros; que entendam a ramificação urbana de acordo com a escala humana; que não tenham uma relação submissa com os interesses econômicos, mas, sim, de diálogo, de acordo ou de disputa, dependendo do caso; com uma voz nacional muito forte e própria no que se refere aos temas locais e nacionais; que erradiquem a corrupção, a falta de ética e transparência na gestão pública; que destravem projetos há muito esquecidos nas cidades. Enfim, de alguma maneira, aquilo que vínhamos fazendo como prática institucional nos dá uma base que se relaciona com o que está ocorrendo no Chile. Aí há uma contradição diária que devemos enfrentar.

Como você diz, equilibrando-se sobre essa contradição, a explosão de protestos, de algum modo, permite fortalecer os traços mais democráticos e inovadores da gestão municipal, e isso seguramente impulsiona novos desafios. Mas, ao mesmo tempo, essa mesma explosão também reorganiza a direita, a torna mais agressiva, dá a ela mais espaço para atacar uma gestão institucional que seguramente tem tempos e processos mais longos que os da própria explosão.

As municipalidades no Chile têm poucos poderes. Não são como na Argentina, na Espanha, no Brasil, onde gozam de autonomia, de plenos poderes. Temos baixa autonomia financeira, nenhum controle sobre a ordem pública, uma dependência extrema do poder central. Impulsionar um projeto com características similares ao da prefeitura cidadã já é difícil em um contexto normal. Em uma situação extraordinária, apresenta uma dificuldade ainda maior, porque também se produz uma segunda contradição: o governo local não é apenas o governo local de um setor, mas de toda a cidade. Então governamos com a perspectiva, as prioridades, as orientações das comunidades organizadas, dos movimentos cidadãos, não dos setores da elite política local nem dos partidos tradicionais ou dos principais meios de comunicação. Ao fim e ao cabo, governamos para todos: para o mundo empresarial, para o comércio local — que padeceu bastante com essa mobilização — e para aqueles que têm ou não a mesma perspectiva que a prefeitura. Há aí também um complexo equilíbrio que, diariamente, é preciso saber como manejar.

Quanto à direita: no Chile, há um setor muito grande de

MATADEROS

direita que não tem vontade democrática. Não é justo dizer que é toda a direita, mas há, sim, um setor bem importante e influente dessa direita, de tradição pinochetista e muito conectado com os grandes poderes econômicos que se construíram na ditadura. Eles têm uma vontade democrática de baixa intensidade, e isso, de alguma maneira, se viu refletido com muita clareza de outubro até hoje. Para o governo, para Piñera, para a Unión Demócrata Independiente, para um setor importante da direita no Chile, a explosão de 18 de outubro constitui um problema de segurança pública. Não a veem como um problema de ordem política, social ou econômica. Tanto é assim que, quando o presidente foi perguntado sobre a possibilidade de mudar o modelo de governança, o discurso automático dessa direita foi: "Você está falando da Venezuela, de Cuba?". Essa direita também tem baixa capacidade analítica e interpretativa sobre o que está acontecendo. Sua bagagem hermenêutica não é suficiente para entender o que está ocorrendo no país para além de um problema de segurança.

E, quando a direita detecta, em certas lideranças, em certos projetos, em certas gestões, uma prática e um discurso distintos do resto, tanto em meios de comunicação tradicionais quanto nas redes sociais, ela se torna muito mais virulenta, muito mais dura. Isso acontece porque temos uma direita não muito diferente da direita latino-americana: da direita brasileira, da peruana, da colombiana, sem falar na venezuelana ou na argentina. E aí você tem, então, o legado em matéria de direitos humanos deixado por esse governo, com jovens que perderam a visão. Aqui em Valparaíso, tivemos o caso de Matías Orellana, um jovem que estava comemorando o Ano-Novo, quando, em um descumprimento absoluto dos protocolos, os *carabineros* lançaram gás lacrimogêneo em seu rosto. Temos mortos, torturados. Os informes da Comissão Interamericana de Direitos Humanos

(CIDH), do sistema da Organização das Nações Unidas (ONU) e da Human Rights Watch (HRW) são categóricos em apontar que as violações aos direitos humanos no Chile são graves e generalizadas. E a esta altura, creio eu, é possível afirmar que são sistemáticas. Caso contrário, não seria possível que quatrocentas pessoas tenham sido vítimas de algum tipo de problema ocular, incluindo as que perderam um ou os dois olhos.

No começo, você mencionava o Acordo pela Paz e pela Nova Constituição como uma tentativa de fechamento institucional. Por sua vez, a consulta cidadã feita em Valparaíso teve como resultado uma quantidade de votos surpreendente a favor de uma assembleia constituinte.[1] Essas duas saídas, uma por cima e outra por baixo, são incompatíveis?

Boa pergunta. O Acordo padece de um vício de origem bastante profundo. Isso foi indicado com muita clareza por uma pluralidade de organizações sociais que não foram sequer consultadas sobre o que foi acordado. Quer dizer, toda a rede de assembleias autoconvocadas assistiu pela televisão ao modo como se chegava a esse acordo. Em segundo lugar, a Convenção Constitucional talvez seja o órgão constitucional mais parecido com a assembleia constituinte. Do ponto de vista da teoria do direito constitucional, aliás, uma assembleia é um órgão soberano com plenos poderes. Não é um órgão constituído como a Convenção. Constitui-se a si mesma e, entre outras funções, pode assumir poderes legislativos, como ocor-

1 Entre 11 e 15 de dezembro de 2019, a municipalidade de Valparaíso, junto com outras 225 comunas do Chile, realizou uma consulta cidadã na qual se perguntava sobre a vontade de mudar a Constituição e sobre como fazê-lo. Os resultados mostraram que 80% das pessoas que participaram da consulta optaram por impulsionar uma nova Constituição.

reu no Equador, ou até definir suas formas de funcionamento, como em alguns países nórdicos europeus. Em terceiro lugar, para mim, o problema não está no marco institucional, mas no processo constituinte e no desafio aberto em 18 de outubro, isto é, a mudança de modelo. Esse é o problema que está como pano de fundo. O processo constitucional o complexifica, porque abre portas para a direita, a impulsiona, oferece caminhos para evitar que o processo constituinte tenha essa capacidade transformadora, e seja, ao contrário, inofensivo perante a possibilidade de abordar de fato o problema da estrutura de desigualdade que há no Chile. Além disso, a força política e social chamada a alavancar essa proposta de mudança de modelo não está desenhada. Então se coloca, para as forças de esquerda, progressistas, para os movimentos sociais, para a cidadania organizada, o desafio de resolver esse problema.

Para avançarmos ao máximo a possibilidade de mudança de modelo, nós pensamos que essa força tem que ser composta de uma variedade de forças políticas e sociais. Organizações de trabalhadores públicos e privados, de professores e professoras, de funcionários da saúde estatal e municipal, funcionários das municipalidades, movimentos como o No+AFP. Essa força política tem que estar composta, também, de forças de caráter territorial, que são aquelas que precisamente apoiaram todas as mobilizações que se deram nesses meses. Há aí um desafio a que nos propusemos: tentar constituir nacionalmente uma força de caráter territorial a partir das assembleias e das coordenações territoriais que foram sendo construídas. Um espaço nacional que hoje não existe com nitidez, mas é fundamental que passe a existir o mais rápido possível. É o novo ator que foi surgindo dessa mobilização. Um ator que não integra o Frente Amplio, e menos ainda a Concertación, mas tampouco as mesas de Unidad Social [agrupamento com mais de cem movimentos sociais chilenos].

Vimos imagens de fortes enfrentamentos com a polícia em Valparaíso porque um jovem teve seu olho ferido depois de atear fogo à bandeira nacional. Que leitura você faz desses fatos?

Há um processo de desafetação da gente com respeito a certos símbolos. Talvez nunca tenha havido uma afetação, mas a derrubada de monumentos em algumas cidades do Chile, como a estátua em homenagem a Pedro de Valdivia, em Concepción, é um exemplo disso. Pedro de Valdivia é o personagem mítico que impulsionou a conquista do Chile. Há um significado na derrubada desse tipo de monumento nas praças do sul, na presença de bandeiras tanto chilenas quanto mapuche nas ruas, no fato de que, para muitos, hoje a bandeira chilena esteja tapada completamente pela cor preta, ou ainda na canção do movimento Las Tesis, entoando que "O Estado é um estuprador". Também é expressivo que as pessoas tenham, por iniciativa própria, tomado a decisão de refundar certos espaços públicos e mudar seu nome, como no caso da ex-Plaza Italia, hoje Plaza de la Dignidad, em Santiago. Creio que esse plano simbólico é mais uma das arestas dessa dimensão destituinte, que é bastante profunda. Não sei se em algum país da América Latina ocorreu algo com essas características nos últimos tempos, com essa radicalidade. Também é interessante analisar que essa dimensão destituinte tem uma relação muito tensa com a ideia de liderança. A ideia de um ou uma líder que, diante de uma multidão, propõe um ou outro caminho. Hoje em dia, não existem lideranças ou legitimidades nacionais. O que existe, antes, são algumas legitimidades parciais. Legitimidades territoriais, de bairro. Não há nada de mal nisso. Essas são as condições para se construir um projeto de transformação no Chile de hoje. E são condições mais interessantes em relação às que existiam há alguns anos.

Essa inexistência de lideranças legítimas e reconhecidas dificulta, como munícipio, a interlocução com as experiências territoriais?

Dificulta bastante. No caso de Valparaíso, não acabou sendo tão complexa a interlocução com esse ator territorial porque nós vínhamos dialogando com esse setor. Tampouco é uma relação isenta de diferenças, de críticas. Porque, finalmente, as instituições no Chile estão carregadas de desprestígio, de ausência de legitimidade, em particular a municipalidade de Valparaíso, que por muitos anos foi uma instituição coberta por um manto de dúvidas relativas a casos de corrupção. Então é difícil que os cidadãos, de um momento para outro, confiem na questão institucional. Vai ser um processo. E esse processo, em primeiro lugar, guarda relação com a origem, com a vontade, com a orientação dos projetos de conquista do poder local, a lógica "de baixo para cima". E, em segundo, uma vez que se conquista o poder local, manter uma prática política que se oriente de baixo para cima. A instituição está feita, tanto em sua estrutura legal quanto em sua dinâmica funcional, em seus limites, para conspirar contra essa ideia. Está feita para que tudo siga exatamente igual. Por isso, é muito importante contar com uma prática que desenhe a relação de baixo para cima. Não apenas a lógica contestatória mas também a produtiva, a que permite a constituição ou instituição de situações novas. É o que fizemos na cidade, em alguns casos, com êxito, em outros, com problemas.

Que mecanismos de participação foram construídos, no nível municipal, para que essa relação de baixo para cima possa fluir, para que os impulsos das forças territoriais encontrem modos de canalização institucional?

Impulsionamos várias lógicas participativas que determinaram momentos de mudança na cidade. Uma de nossas primeiras ações como gestão — em conjunto com atores territoriais que, por anos, haviam lutado contra as edificações altas nas colinas da cidade — foi impulsionar modificações substanciais no Plan Regulador Comunal. Foi um processo inédito na história participativa de Valparaíso. Passamos de alturas ilimitadas de construção nas colinas, com média de sete, nove e doze metros, a construções de dois, três e quatro andares, para resguardar os bairros. Apresentamos ao Consejo Municipal, para sua votação, a proposta que construímos com a comunidade. E com a comunidade a impulsionamos, apesar de não ter maioria no Consejo, e conseguimos que se impusesse. Foi um avanço substancial nessa dimensão. Por outro lado, trabalhamos em um segundo processo de planificação participativa, relacionado ao Plan de Desarrollo Comunal, o instrumento orientador que toda municipalidade deve ter. Há sete anos não existe Plan de Desarrollo Comunal em Valparaíso. A administração anterior não o elaborou. Vínhamos desenvolvendo um processo participativo em assembleias territoriais muito interessantes, das quais participaram mais de três mil pessoas, mas não pudemos concluí-lo porque eclodiu o 18 de outubro. E os incêndios florestais, e tudo o que vocês possam imaginar. Depois, também desenvolvemos alguns processos participativos para avançar na garantia de condições de vida digna ou direitos comuns, como os chamamos aqui. Em Valparaíso, existe uma rede de saúde popular complementar à rede de saúde pública municipal, com quatro farmácias populares, duas óticas populares, um centro de saúde para os mais velhos e uma ortopedia popular. E, neste ano [2020], vamos inaugurar um laboratório popular. A maioria desses dispositivos de saúde é impulsionada por processos participativos, que pressionam para que se avance, mas também é parte importante a população, as organizações sociais, que ocupam um lugar na administração ou na gestão de alguns desses dispositivos. Portanto, funciona a lógica da coparticipação e da cogestão. Isto é, a existência — como diria Pierre Dardot — de serviços públicos com controle comunitário. De cima, claro, você vê o Estado criando uma farmácia popular, mas, de baixo, você vê um processo participativo. Não é simples: as comunidades incidem na forma como o serviço é oferecido.

Fizemos o mesmo com um projeto de moradia inédito em nossa cidade, que é o projeto Nuevo Amanecer. Em 2 de janeiro de 2017, assumimos a prefeitura e havia um incêndio, quinhentas casas em chamas. E, com um grupo de famílias, que totalizaram 48, impulsionamos um processo de desenho participativo de casas. Estamos falando de 48 moradias, de 64 metros quadrados, de dois andares, dois banheiros, quatro dormitórios, acesso universal, painéis solares. Como essas casas estão localizadas em uma região de muito vento em Valparaíso, o projeto prevê janelas de termopainel. Serão construídas em um terreno municipal. O padrão de metragem das moradias sociais do Estado é de 55 metros quadrados, mas nós conseguimos fazer algo melhor. As planificações, em matéria de saúde ou educação, são realizadas todos os anos, de forma sistemática, mediante mecanismos de participação dos trabalhadores, das comunidades educativas. Fomos nessa direção. Propusemos a nós mesmos e à população avançar na lógica do cogoverno local. E estamos nesse processo. Ainda não estão claros, para nós, os alcances dessa manifestação de nossa vontade, dessa orientação, mas pensamos que é preciso avançar nesse sentido. Outra forma pela qual se expressa essa participação é o controle que algumas comunidades exercem sobre certos recursos do território, como os campos de futebol daqui, nos quais as associações esportivas têm incidência nas programações, na forma pela qual se realizam melhorias, na designação dos funcionários a cargo do controle dos espaços.

Esses exemplos não são casos isolados, representam uma

prática que permite que as cidades se constituam em fábricas de democracia participativa. Isso é o que tentamos fazer. Agora, assim como há um livro a ser escrito sobre todas as coisas interessantes que fizemos, há também um outro que nos indica todos os problemas, os erros, as aprendizagens que esta gestão teve que assumir aos solavancos para poder manter nossa orientação. Se nos descuidamos, e não posso assegurar que isso já não tenha acontecido, podemos nos converter no que não queremos ser. Ou seja, a instituição absorve muito, tem uma força bastante potente para que tudo siga exatamente como está.

Por último, e agora pensando no processo constituinte aberto: quais nós políticos poderiam existir em uma nova Constituição para fortalecer essas políticas a partir de baixo?

A pergunta tem duas dimensões. A primeira é que todos os que estamos nos territórios, em distintos planos, no plano institucional, da condução social, do ativismo cidadão, da militância política — todos e todas temos que apoiar, com muita força, o processo de constituição de um ator territorial em nível nacional. Esse ator, em nível nacional, e enquanto ator coordenado, esteve ausente. E o cenário demanda sua irrupção. Se esse ator estivesse presente em novembro [de 2019], quando se apoiou esse famoso Acordo Constitucional, teríamos outro cenário no Chile. Sua relevância é grande. Agora, esse ator por si só não poderá levar adiante um processo de transformação democrática nacional. Deve pôr-se necessariamente em articulação, em uma lógica de coalizão, com outras forças políticas, com outras forças sociais, que também cumpriram e continuarão cumprindo um papel muito importante, como as mesas sociais, que agrupam principalmente as organizações sindicais ou organizações que lutam por certos direitos, como o movimento No+AFP, para o caso das pensões. Ou com o tecido estudantil universitário e secundário. E também ter uma posição, um diálogo com aquelas forças políticas que estejam igualmente comprometidas com a mudança do modelo. É necessário desenhar um espaço. São dois movimentos: por um lado, a irrupção desse ator territorial; por outro, o estabelecimento de um diálogo desse ator com outros mundos, com outras forças que cumpriram um papel relevante nessas jornadas de protestos.

Em segundo lugar, já mais orientado à lógica das propostas, o processo constituinte pode ser uma oportunidade para poder reconceitualizar o Estado em uma lógica mais próxima à ideia de esferas ou dimensões de poder. Pensamos que se abre uma oportunidade para alavancar algo como um novo municipalismo no Chile, em que as municipalidades não sejam administradoras de pobreza, mas, sim, efetivos governos locais com capacidade de produzir situações novas nos territórios. Instituições com poder de impulsionar projetos de desenvolvimento que interpretem os interesses das maiorias. Governos locais com capacidade para se encarregar de desafios-chave para o futuro global, como a emergência climática, que já teve um impacto gigantesco no Chile, e que em Valparaíso, em particular, se reflete na crise hídrica. Os setores que se incendiaram em Valparaíso são setores que há quarenta anos reivindicam água potável. Perante esse desafio, as municipalidades estão em uma posição extremamente complexa. Estão mais em uma lógica de demanda ao Estado do que em uma lógica de resolução própria. Também se abrem oportunidades para reconceitualizar a democracia. A democracia tem que ser um instrumento vivo que suponha o voto em autoridades, mas também lógicas de participação e incidência. Isso esteve muito presente no 18 de outubro e até agora não existe. As pessoas exigem poder influenciar, ser escutadas, participar da tomada de decisões do bairro, da cidade e do país — o que vai muito além do que hoje em dia a democracia chilena, tradicionalmente neoliberal, outorga como possibilidade.

BROOKLYN

"O CONGRESSO, TAL COMO O DESENHOU A CONSTITUIÇÃO DE 1980, É UM ÓRGÃO IMPOTENTE"

ENTREVISTA COM **CAMILA ROJAS**

Camila Rojas Valderrama nasceu na cidade de San Antonio, na região de Valparaíso, em uma família de trabalhadores: seu pai é operário da construção e sua mãe, costureira. Chegou à política através da Revolta dos Pinguins (2006), uma grande mobilização estudantil com ocupações e protestos a favor do direito à educação e contra a privatização imposta durante a ditadura de Augusto Pinochet. Em 2016, como membro da Izquierda Autónoma, foi presidenta da Confederación de Estudiantes de Chile (Confech). Em 2018, assumiu como deputada do Distrito 7, na região de Valparaíso, pelo partido Comunes, do Frente Amplio, e converteu-se, aos 26 anos, na parlamentar mais jovem do Congresso. Não encontrou uma conjuntura fácil pela frente.

A experiência das lutas estudantis contra a mercantilização da educação continuou em sua prática legislativa. Durante o último ano e meio, foi presidenta da Comissão de Educação da Câmara dos Deputados, na qual apresentou uma centena de propostas e trabalhou especialmente em projetos para desarmar o sistema de financiamento da educação superior, feito através do Crédito con Aval del Estado (CAE), uma máquina de endividamento massivo dos jovens que ingressam na universidade. "Hoje se investe mais em educação do que nos anos 1990. Mas o que se investe vai parar nas mãos de particulares que proveem esses serviços. Tudo é um negócio baseado em um tipo de Estado 'subsidiário', que é um Estado muito grande, mas para entregar subsídios ao setor privado", explica.

Encontramos com ela no café do Congresso da Nação, na cidade de Valparaíso, e conversamos sobre as razões da explosão dos protestos, a tensão crescente entre o governo e os estudantes durante os meses prévios, a política institucional, a esquerda e a perspectiva de futuro: "A explosão está vinculada ao esgotamento de um sistema que se instalou durante a ditadura, que se aprofundou nos governos posteriores e que sufoca a vida. A sociedade chilena foi muito paciente esperando que as coisas se ajeitassem, mas chegou um ponto em que não se tolerou mais o abuso", diz.

Em uma explosão social como a de 18 de outubro de 2019, há mal-estares muito concretos e palpáveis que eclodem, mas também um acumulado de lutas e de organizações que podem ser rastreadas nos últimos anos. O que está na base das revoltas?

É inevitável pensar a explosão de 18 de outubro e tudo o que se seguiu como fenômenos vinculados a pelo menos quinze anos de mobilizações muito massivas, desde 2006, com a Revolta dos Pinguins, e depois em 2011, com a mobilização estudantil universitária. O movimento No+AFP começa a se organizar em 2013, mas, em 2016, armou um plebiscito autoconvocado que mobilizou mais de um milhão de pessoas. Há também o movimento feminista com o 8M, de 2018. São vários momentos prévios que se conectam entre si. Havia muito mal-estar acumulado no Chile; muito mal-estar com o modelo de mercantilização dos serviços sociais mais básicos — a água, as pensões, a saúde. Tudo no Chile é um negócio: os recursos naturais e os direitos sociais. Mas isso não significa que o Estado não invista muito dinheiro em cada um desses temas: observando os últimos trinta anos, percebe-se que há mais investimento em educação hoje que nos anos 1990. Mas o que se investe vai parar nas mãos da iniciativa privada, que provê esses serviços. Tudo é um negócio baseado em um tipo de Estado "subsidiário", que é um Estado muito grande, mas apenas para entregar subsídios ao setor privado. E tudo isso foi gestando um mal-estar que se acumulou.

Houve um estopim. O preço da passagem do metrô em Santiago aumentou, o que gerou certa convulsão. Os secundaristas se organizaram para pular as catracas, cada vez mais gente começou a aderir, e o governo preferiu não escutar. O governo foi um fator decisivo para que o conflito tenha chegado ao nível que chegou, porque houve uma disposição muito negativa em relação às reivindicações. Poderia ter segurado, de imediato, o aumento das tarifas, e talvez tudo terminasse aí mesmo. Mas o governo preferiu não escutar, não prestar atenção. E o conflito se agudizou, foi crescendo, e, na explosão dos protestos, se juntam os mal-estares. Já não é apenas um problema setorial, mas do sistema em seu conjunto.

De qualquer forma, essa atitude do governo de Sebastián Piñera não é uma novidade, já que, desde o começo, seus ministros se caracterizaram por estar alheios à realidade cotidiana das pessoas comuns. Disseram muitas frases infelizes nesses últimos tempos, como a do subsecretário de saúde, Luis Castillo: quando interpelado a propósito das esperas para atendimento nos sistemas de saúde, ele disse que as pessoas iam cedo aos consultórios porque gostavam de conversar. Entendeu? Essa é uma das mais icônicas, mas é apenas uma entre tantas que mostram muito descaso em relação à sociedade, ao mal-estar gerado pela falta de acesso à saúde ou a uma educação digna quando não se tem dinheiro. Piñera é um empresário, e seu governo tem uma relação fortemente marcada com o grande empresariado, setor que, nos últimos trinta anos, foi muito favorecido no Chile, em detrimento do resto da população. Mas chegou um momento em que essa população disse basta, já não toleramos mais essa situação de injustiça, de abuso, de corrupção.

Ultimamente, vieram à tona muitos casos de abuso empresarial, como o conluio dos preços do frango e do papel higiênico Confort. Ou seja, além de terem todas as facilidades, os empresários abusam. Houve casos de corrupção também em instituições em crise, como as Forças Armadas ou o Congresso. Leis foram compradas, como a Lei de Pesca. Essas crises, esse abuso, essa injustiça geraram uma espécie de panela de pressão. A sociedade chilena foi muito paciente esperando que as coisas se ajeitassem, mas chegou um ponto em que o abuso não foi mais tolerado. Houve, ademais, um discurso muito potente das elites governantes e empresariais, que diziam que estávamos bem, éramos os "jaguares da América Latina". Isso está muito entranhado.

Então você acha que o governo teve uma oportunidade de entender e gerir o conflito, e apelou à criminalização e à repressão como principais recursos para lidar com o que estava acontecendo?

Sim, sem dúvida. Não se pode perder de vista que foi um ano muito marcado pelas medidas repressivas contra os estudantes secundaristas, sobretudo os da região metropolitana, especialmente por meio da Lei Aula Segura, implantada especificamente para uma categoria de colégios muito própria do modelo chileno, os chamados colégios "emblemáticos": escolas bem antigas, de excelência, que historicamente selecionaram estudantes exitosos. Funcionavam como uma linha de mobilidade social, porque entrar em um desses colégios era certeza de êxito no processo seletivo de ingresso à universidade e, portanto, de um futuro mais "seguro".

Há décadas, a educação pública no Chile está em uma situação muito crítica, com poucos estudantes, mas esses colégios são exceção. São, aliás, os colégios que mais recebem dinheiro do governo. Durante o primeiro mandato de Sebastián Piñera (2010-2014), estendeu-se esse modelo de colégios emblemáticos da região metropolitana às demais regiões, com a ideia de que houvesse um colégio bom por cidade, que recebesse os estudantes, que os selecionasse, que extraísse deles seu máximo potencial e os preparasse para que fossem bem-sucedidos no ingresso à universidade. Foram chamados de Liceos Bicentenario. Posteriormente, no segundo governo de Michelle Bachelet (2014-2018), promulgou-se uma série de leis que impediram essa seleção de estudantes para colégios "de excelência" que, na realidade, são muito excludentes para crianças que não têm as melhores condições.

Os colégios emblemáticos da região metropolitana — como o Instituto Nacional, o liceu Barros Borgoño, o Barros Arana, o Liceo 1, de meninas, o Carmela Carvajal etc. — foram protagonistas de todas as mobilizações estudantis, principalmente os colégios masculinos. Essas escolas têm a estrutura do Chile do século XIX, momento em que se começa a expandir a educação em nosso país, e estão divididas em instituições masculinas e femininas.

Durante os últimos meses de 2019, tudo começou a ganhar um aspecto muito cru, cada vez mais tenso, como em um jogo: quanto mais repressão, mais mobilização. O certo é que, no começo, eram grupos pequenos, mas o governo optou por uma criminalização massiva desses estudantes. Nesse marco, o oficialismo apresenta a Lei Aula Segura, que nós rechaçamos no Frente Amplio, mas que, mesmo assim, foi aprovada. A lei dá mais poderes aos diretores dos colégios para suspender ou expulsar estudantes "problemáticos". Nós nos opusemos porque pensamos que, no Chile, já estão regulados os delitos que se tomaram como fundamentos da lei. Por exemplo, se você lança um coquetel molotov, está cometendo um delito passível de penalização — no Chile, há responsabilidade penal adolescente. Mas o governo insistiu em apresentá-lo como um tema de prioridade nacional, quando a realidade dos colégios chilenos não é a desse pequeno grupo de colégios, três ou quatro, dentro dos colégios emblemáticos.

Uma vez que se aprovou a lei, tudo começou a se agravar e o conflito foi se expandindo. Os jovens foram provocados, e os *carabineros* foram acionados para enfrentá-los. Em vez de tentarem identificar os grupos mais conflituosos, os mais violentos, revistavam as mochilas de todos os estudantes na entrada das escolas e, inclusive, no metrô — um procedimento ilegal, conforme denunciado pela Defensoria da Infância, uma instituição nova no Chile. O último episódio havia sido o pedido do prefeito de Santiago, Felipe Alessandri, um político de direita, para que os *carabineros* ocupassem o telhado do Instituto Nacional. Esse era o nível de tensão antes da explosão.

Do lado dos estudantes, tudo era mais espontâneo e não havia, necessariamente, líderes. Havia os grupos tradicionais estudantis, mas havia, sobretudo, uma situação massiva de espontaneidade, muito diferente de 2006 ou 2011, quando havia certa organicidade, assembleias e dirigentes. Falei com os jovens secundaristas, e a dinâmica tem muito a ver com a dinâmica do Instagram: envia-se uma mensagem, vamos e pulamos as catracas. E se funcionava, ok; se não, não. E começou a funcionar. Mas não há uma organicidade militante, como era entendida tradicionalmente. A crise das instituições não impacta apenas o Congresso, a Igreja ou as Forças Armadas; também tem a ver com os sindicatos. No Chile, as taxas de sindicalização são muito baixas. É um setor que não pôde se sobrepor à ditadura. Na realidade, o rechaço refere-se a todas as organizações. Nesse marco, a organização estudantil tampouco assume um lugar de liderança, de dar rosto a um líder. É muito diferente de 2011, quando tínhamos Giorgio Jackson e Camila Vallejo. Eu tenho 28 anos e sou a deputada mais jovem da Câmara, e acho que consigo entender, ainda que me custe, essas novas formas de mobilização. Mas pensem nas pessoas mais velhas — para elas, parece uma loucura! Todos esperam poder falar com alguém, negociar com alguém, e aqui não há nada disso. Em certo sentido, isso começou com as mobilizações feministas, com a onda feminista de 2018 e com as ocupações que aconteceram nesse momento. Aí não havia líderes evidentes, não havia jovens que assumissem a posição de liderança, tudo era muito horizontal. De uma perspectiva mais tradicional da política, é muito difícil entender isso.

Entre esse traço mais espontâneo do movimento estudantil e essa perspectiva mais tradicional da política, há também outros movimentos com maior capacidade de fazer essa tradução, seja em práticas, seja em saberes políticos e militantes. Penso no movimento feminista, ou na No+AFP, que, de certo modo, dialoga com a tradição sindical, com as atuais organizações gremiais e com o mundo do trabalho. Você vê aí formas massivas de organizar os mal-estares e dar vazão aos desejos de participação?

Sim, claro que o movimento estudantil é sempre dos mais jovens e tem essa característica da horizontalidade muito marcada. A No+AFP, por outro lado, oferece ao movimento

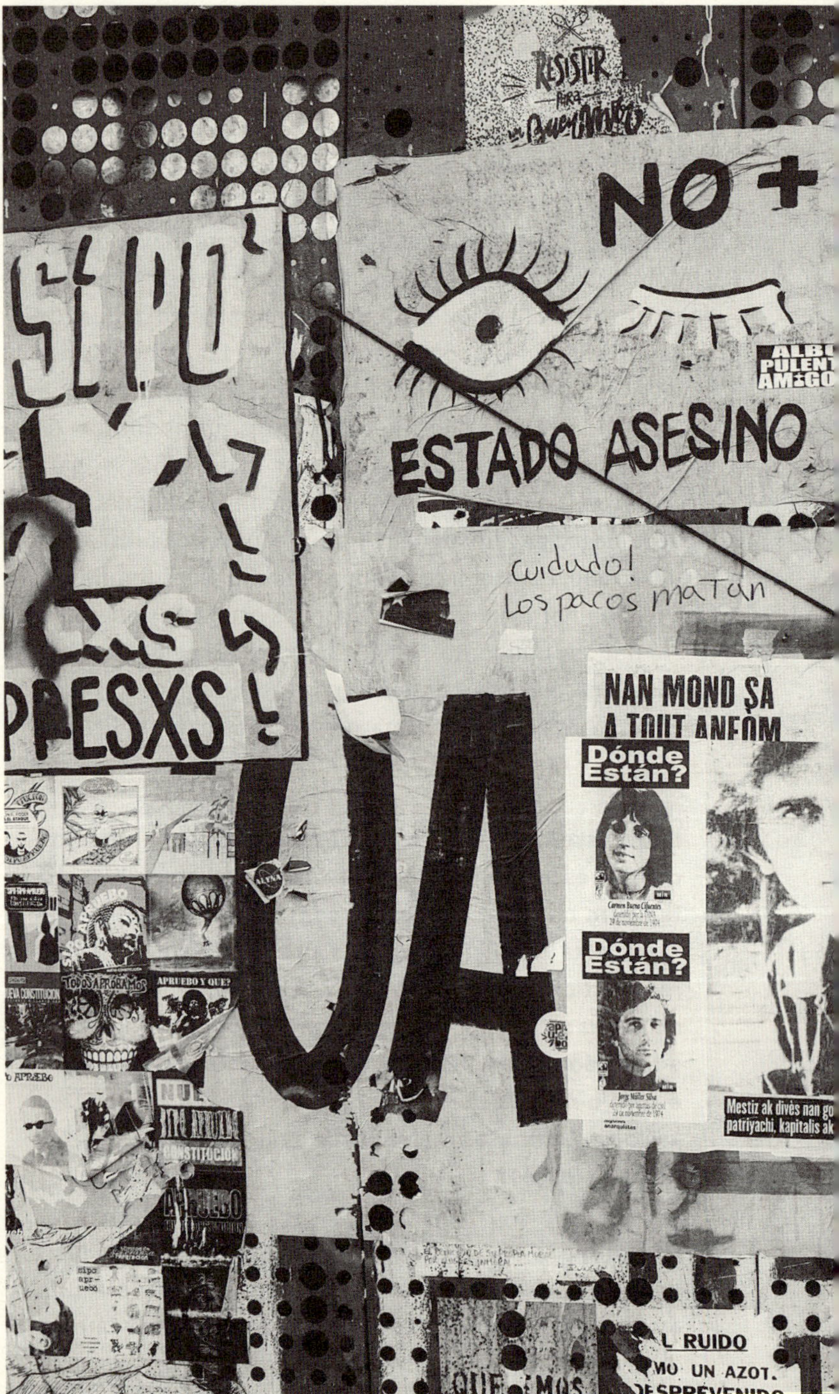
RESISTIR
NO+
SÍ PO
ALBI
PULENT
AMIGO
ESTADO ASESINO
cuidado!
Los pacos matan
PRESXS
NAN MOND ŞA
Dónde
Están?
Dónde
Están?
APRUEBO Y QUE?
TODOS APROBAMOS
CONSTITUCION
Mestiz ak divès nan go
patriyachi, kapitalis ak
L RUIDO
MO UN AZOT.
DESPREVENIDO
QUE MOS

Todos los canales de T.V. APOYAN al GOBIERNO
NO+ CICLISTAS MUERTOS
CARDUM
ORGANIZ
DÍA DEL 29.NOV
CINE 2020 CHILENO
Federico Engels
200 años
1820-2020
"La violencia es el instrumento con la ayuda del cual el movimiento social se abre camino y rompe las formas políticas muertas y fosilizadas."
Anti Dühring, 1877
¡Proletarios de todos los países, uníos!
Dónde Están?
Dónde Están?
por si se hace

uma questão geracional, a possibilidade de somar gente adulta, mais velha. O movimento feminista também, porque, no Chile, o movimento feminista não nasceu em 2018. O movimento feminista e a No+AFP incorporam um componente intergeracional muito relevante, que faz com que os mal-estares e as reivindicações sejam muito transversais, e não apenas dos mais jovens. Os mais jovens estão aí, na primeira linha, com mais força, mas você pode perguntar às pessoas mais velhas, e elas não são indiferentes aos abusos e às injustiças, e se identificam com as reivindicações desse movimento.

Com respeito à No+AFP, eu a conheço bem e sou fã de seu trabalho. Como organização e como reivindicação, explodiu justamente no momento em que presidi a Federación de Estudiantes de la Universidad de Chile (Fech). Tratei bastante com Luis Mesina e conheci sua organização. Eu venho de San Antonio e vi ali a formação da No+AFP. De fato, participava muita gente. Todas as regiões têm uma coordenação, que por sua vez forma diversas assembleias em nível nacional. E seus integrantes fazem forte militância. Não é um espaço partidário, mas, sim, muito político, de organização de base. E, ao mesmo tempo, é um movimento potente em ações diretas. Por exemplo, como as pensões no Chile se organizam em distintos fundos, de maior a menor risco, uma vez convocaram as pessoas a migrar para um fundo determinado, e muita gente o fez. Ou, em outro momento, convocaram os beneficiários a sair de uma AFP, porque essa AFP havia cometido abusos, e também o fizeram. Nesse sentido, não deixa de ser surpreendente o que conseguiram como organização. Porque, como dizíamos, além de tudo, trata-se de gente mais velha, não são como nós, que vínhamos do mundo estudantil. O campo universitário é muito privilegiado do ponto de vista das possibilidades de de organização. Há espaços reservados para isso dentro da universidade, cronogramas mais flexíveis. No mundo do trabalho, de onde vem muita gente que participa da No+AFP, são vidas bastante sufocadas. No Chile, a vida é muito cara, os salários são baixos, as aposentadorias e pensões são baixas. Organizar-se é três vezes mais difícil. E eles conseguiram que as pessoas assumissem sua participação na No+AFP como uma militância. E existe desde 2016. Como todo movimento, houve um refluxo, um momento de menos participação, mas, quando fazem o plebiscito, participam mais de um milhão de pessoas. Isso também permite entender o absurdo de um governo que diz não saber de certas reivindicações, certos mal-estares na população. Um milhão de pessoas se mobilizaram pelo fim do sistema de pensões.

Em uma entrevista, dois meses depois da explosão social, o sociólogo Carlos Ruiz Encina propôs uma fórmula que dizia: "No Chile, há um povo sem esquerda e uma esquerda sem povo". Também pudemos perceber um pouco disso nas ruas, nas assembleias, na Plaza de la Dignidad, onde escutamos muitas críticas ao distanciamento entre a esquerda e os descontentamentos que estão na base da revolta de 18 de outubro. Você acha que essa distinção existe? E como imagina que essa situação pode ser resolvida?

Eu sou do mesmo grupo que o Carlos, me formei com ele, então temos uma visão muito parecida. O Carlos publicou um livro há alguns anos, *De nuevo la sociedad* (LOM, 2015), no qual pensa essa crise de legitimidade da política chilena, um livro de referência para vários de nós. A tese principal, precisamente, é a de que há um distanciamento entre a sociedade e a política, que operam como duas esferas distintas, a ponto de a política institucional não conseguir visibilizar nem resolver os problemas da sociedade. Eu compartilho dessa tese. Mas me parece que, como dizia, é preciso estendê-la a outras instituições; das Forças Armadas aos sindicatos, ela atravessa todas as organizações. Com graus distintos — porque, obviamente, nós, que ingressamos recentemente ao âmbito institucional, temos uma responsabilidade diferente dos que já estão ali há trinta anos —, mas todos estamos sendo questionados neste momento, não há exceção.

Por outro lado, também é problemático quando se diz "a esquerda"; não apenas pela dificuldade de rearticulação depois do golpe de 1973 e da repressão que implicou a ditadura, mas porque os governos da Concertación, que foram muito neoliberais, identificavam-se como de centro-esquerda: o Partido Socialista, historicamente reconhecido como um partido de esquerda ou de centro-esquerda, junto com a Democracia Cristiana, que está mais para o centro. Tudo isso gera uma crise de valores e de sentido.

Se pensamos no plano da educação, é verdade que foi a ditadura de Pinochet que privatizou, que municipalizou as escolas e gerou as condições para a situação crítica que vive a educação pública há décadas. Mas, depois, a crise se dá com os governos da Concertación. É quando houve a maior redução da matrícula pública nas escolas, nos liceus e também na educação superior. Foi durante a gestão da Concertación que mais se criaram universidades privadas. Durante os vinte anos em que governou, a Concertación gestou políticas muito neoliberais. E isso ocorreu em todos os setores.

Se formulado como uma crise de identidade da esquerda, creio que o problema fica evidente. Há uma esquerda que foi extraparlamentar por muito tempo, que é o Partido Comunista. E também estamos nós, o Frente Amplio, que fomos eleitos depois de forjados sob o calor das mobilizações estudantis que vão da década de 2000 até agora. Mas há uma dificuldade grande, porque chegamos aqui e a situação do Congresso Nacional é de alta deslegitimação. Piñera tem um nível de aprovação muito baixo, mas o Congresso também.

Digo: não é apenas a esquerda que está em crise, e sim toda a política institucional.

Seja como for, estamos no Congresso, e o Congresso tem que responder às demandas sociais. Esse Congresso é um órgão impotente, muito limitado no que diz respeito a projetos que poderiam ser apresentados e a suas áreas de incumbência, tal como o pensou e estruturou a Constituição neoliberal de 1980, de Jaime Guzmán. Foi muito bem-feita a Constituição chilena, opera com competência a favor das elites governantes. O Chile é um país muito presidencialista. É a presidência que decide a prioridade dos projetos; é a presidência que apresenta tudo o que tem a ver com o dinheiro, com o orçamento, com as modificações no setor público; tudo o que tem a ver com o trabalho, com o direito à greve, com as pensões; só a presidência pode apresentá-los. Então, você pode ter um ótimo projeto que nunca será pautado, porque é a presidência que define as urgências e os cronogramas. O Congresso não é um contrapeso real à presidência. E se hoje em dia, em alguma medida, consegue sê-lo, canalizando as demandas sociais, é porque o governo está em uma situação crítica, e a pressão social é muito forte.

Nesse contexto, não foi fácil sustentar uma estratégia "institucional", sobretudo porque, como dizia, o Congresso é uma instituição impotente e em crise. Não é fácil diferenciar-se aí dentro. E quando você se mete aí, é bem difícil manter a conexão com o lado de fora – para conseguir, é preciso fazer um exercício muito consciente de conexão com a sociedade. No caso do Partido Comunista ou do Frente Amplio, nós nunca deixamos de participar das mobilizações. Ainda assim, é muito difícil lidar com essa dualidade de estar nas mobilizações e no Congresso. É um caminho que tem suas dificuldades. A esquerda não foi capaz de avançar tão rápido quanto a sociedade em organicidade, em relação a ocupar a posição de "vanguarda", para identificar quais são as demandas sociais e avançar nessa direção sem se desviar no caminho. Mas, apesar de todas essas dificuldades, penso em termos pragmáticos e digo que, se não estivéssemos lá, se não existisse o Partido Comunista, o funcionamento desse Congresso seria ainda pior. Até os partidos de centro-esquerda, como o Partido Socialista, se viram tensionados e reagiram diante das demandas sociais. A isso se soma o que eu dizia no início: durante muito tempo, os governantes se definiam como de centro-esquerda, mas o que estavam fazendo era comportar-se como a direita, ainda que houvesse algumas diferenças. Por isso, a impugnação se refere a tudo o que aconteceu nesses trinta anos.

Evidentemente, há uma crise do sistema em sua totalidade. Há aqueles que preferem — por uma questão ideológica e partidária — não pensar que se trata de uma crise do sistema, mas parece-me claro que esta crise é parte de algo maior. As sociedades sempre têm conflitos, situações críticas, necessidade de mudanças. Mas a situação chilena está completamente vinculada ao esgotamento de um sistema que se instalou durante a ditadura, que se aprofundou nos governos posteriores e que sufoca a vida. Então, era mais ou menos evidente que iria ocorrer, mais cedo ou mais tarde, uma explosão social como essa.

Você começou a sua longa trajetória no movimento estudantil em 2006, lutando contra o endividamento dos estudantes universitários através dos CAE. Depois, como presidenta da Comissão de Educação da Câmara dos Deputados, apresentou um projeto fundamental que tem a mesma orientação daquelas lutas, o projeto Chao Dicom [Tchau, Diretório de informação comercial].[1] Que problema básico esse projeto busca solucionar?

1 Aprovado em janeiro e implementado em setembro de 2020.

Acho que é um projeto importante. Não soluciona todos os problemas da educação chilena, mas acho que soluciona uma questão muito concreta: hoje, se você tem uma dívida educacional, você se dirige ao Dicom,[2] como ocorre com qualquer outra dívida, como se fosse uma dívida comercial ou pela compra de um automóvel. E são situações muito diferentes, porque esses jovens se endividaram para educar-se. Quando você assina, aos dezoito anos, não sabe o que está assinando, porque lhe dizem: "Veja, é um benefício, você poderá estudar gratuitamente durante esse tempo, podem passar dois anos sem que você pague e depois começará a pagar em parcelas muito pequenas". Então os jovens assinam e, mais tarde, se dão conta das consequências disso. De fato, o Serviço Nacional do Consumidor — que, embora pareça ridículo, termina atuando muitas vezes como protetor nos casos de estudantes endividados — caracterizou como "vulnerável" a situação de jovens que, aos dezoito ou dezenove anos, foram incitados a se endividar, em alguns casos a taxas altas e, por muito tempo, com a promessa de uma ascensão social improvável.

Quando os estudantes não pagam, ingressam no Boletim Comercial. E estar ali os impede, entre outras coisas, de ter um crédito hipotecário. Não se está endividado apenas com a educação: também não se pode ter uma casa. Fica limitada ainda a possibilidade de conseguir trabalho, pois muitas vezes é um requisito não estar no Boletim Comercial. E houve casos de jovens que não puderam ser operados em uma clínica porque estavam listados no Dicom. A questão tem um impacto transversal na vida de quem figura nesse

2 O Directorio de Información Comercial (Dicom) atualmente depende da Equifax Chile, filial da empresa estadunidense Equifax. Fundada em 1976, obriga bancos, tabeliões, juizados civis, cartórios imobiliários, entre outras entidades públicas e privadas, a prover quinzenalmente informações sobre devedores nacionais à Câmara de Comércio de Santiago.

boletim de devedores, algo que evidentemente não se considerou quando o crédito foi criado. A dívida não é apenas educacional: a vida por inteiro acaba impactada, porque funciona como um crédito ao consumo, e se você tem uma dívida por um crédito de consumo, significa que você não pode acessar uma série de outras coisas. No Chile, a vida é muito cara, e os salários e as pensões são baixos, ou seja, o endividamento geral é ainda maior. Mescla-se a situação do endividamento educacional com todas as outras possíveis dívidas que tenha um grupo familiar.

Mas o problema não começou agora: estava na raiz de minha participação no movimento estudantil. Desde 2013, vínhamos trabalhando com grupos de endividados e endividadas quando isso já se antevia como um problema, mas não tinha o grande alcance que tem hoje. Nesse momento, nós nos mobilizamos e denunciamos publicamente a situação. Em 2016, cumpriu-se uma década da instauração do Crédito con Aval del Estado (CAE) — criado em 2006, no governo de Ricardo Lagos, para financiar o ingresso dos estudantes nas universidades —, o que sinaliza já haver hordas de endividados. A dívida havia se tornado um problema massivo. Caía aos pedaços a promessa de futuro assegurado com a qual fora associada a educação superior nos anos 1990 e no início dos anos 2000, que justificou a criação do CAE e que fez com que os jovens e suas famílias se endividassem.

O certo é que hoje há muita gente que estudou, mas que não trabalha no que estudou; muita gente que não terminou sua faculdade, mas que mesmo assim está endividada; muitas pessoas que trabalham no que estudaram, mas seus salários são baixos ou suas condições de trabalho, muito precárias.

Quando Lagos criou o CAE, dizia que ele permitiria a incorporação de trezentos mil novos estudantes à educação superior. Mas a cifra foi de 1,2 milhão. As matrículas aumentaram.

Quintuplicou-se esse número inicial, mas sem planificação nem regulação, com cursos e universidades que abriram e fecharam: a Universidad del Mar, a Universidad Iberoamericana, a Universidad del Pacifico. Há muitos estudantes endividados que não puderam terminar seus cursos nas instituições em que começaram. Além disso, valendo-se dessa desregulação, há universidades muito boas, outras, nem tanto. No Chile, a heterogeneidade da educação superior e dos institutos de formação técnica é brutal. Isto é, foi menos a ampliação de um direito que uma possibilidade de negócios privados. Massificou-se a educação superior de um modo não planificado, ou planificado pelo mercado. Tudo isso está documentado.

Um problema é que os estudantes endividados pelo CAE não estão amparados pela Lei de Crédito, porque o CAE é regulado por uma lei especial, específica. Os endividados educacionais no Chile têm uma situação pior que qualquer outro endividado, porque os outros endividados — por um crédito hipotecário, por um crédito de consumo — estão amparados pela Lei de Crédito e defendidos pelo Serviço Nacional do Consumidor. No CAE, não há contrapeso às cláusulas abusivas dos contratos.

No começo de 2018, impulsionamos, como Frente Amplio, a formação de uma comissão de investigadores na Câmara dos Deputados para recompilar informações sobre devedores e estudantes afetados pelo CAE. Havia denúncias, e nós vínhamos detectando uma série de abusos por parte dos bancos que outorgam e cobram os créditos. E, ao mesmo tempo, nos parecia que o Estado — que havia proposto a referida lei, desenhado e promovido essa modalidade — não podia se isentar dos efeitos que essa política tem sobre os estudantes endividados e suas famílias. Por isso, quando fizemos essa investigação, nós a dividimos em cláusulas abusivas, que são do contrato, e outras que são situações que a lei permite. Os bancos se valem bastante de práticas abusi-

vas. Por exemplo, desenvolvem táticas para dificultar o pagamento, impedindo que seja feito pela internet, ainda que todas as transações ocorram on-line atualmente. É preciso ir ao banco, perder seu tempo. Por quê? Para impedir que os estudantes façam uso de um benefício obtido durante o primeiro mandato de Piñera: se o pagamento é feito dentro dos primeiros cinco dias, pagam-se menos juros. A partir de toda essa situação e do contato com os devedores, começamos a pensar sobre o que se podia fazer dentro do Congresso, com todos os limites que há ali — não podemos perdoar as dívidas, por exemplo, porque essa é uma atribuição do governo.

Nesse contexto, apresentamos o projeto de lei que se conhece como Chao Dicom, que proíbe informações sobre as dívidas contraídas para financiar a educação em quaisquer de seus níveis, seja uma dívida contraída com um banco, seja com um centro educacional. Os devedores, por razões educacionais, devem ser removidos da lista do Dicom. Também apresentamos ao Senado um projeto de despenalização da dívida educacional, aproveitando uma brecha legal para anulá-la e evitar todos os prejuízos que mencionava.

No Chile, há muita gente endividada, e essa situação tem a ver com o fato de que os serviços sociais não são um direito, e sim um negócio. São vistos como bens de consumo. De fato, Piñera disse que a educação é um bem de consumo e quando fala da educação se refere à "indústria da educação".

Está aberto um processo constituinte. Você acha que ele oferece uma oportunidade para reconectar a política institucional com o que ocorre nas ruas? Essa é uma estratégia possível?

Sim, acho que é uma boa forma de definir a situação. É uma oportunidade para gerar ou regenerar esse vínculo entre a sociedade e a política, que, de algum modo, hoje parecem rearticular-se. Observando os últimos anos, vê-se que há muita disposição para mobilizações, mas pouca capacidade de organização. A capacidade de se organizar, de acompanhar os problemas públicos, de ser uma sociedade que atue como contrapeso a todo esse sistema que opera de forma perversa, ou que opera em função dos interesses de um grupo de grandes empresários, não funciona tão bem. Então, creio que é uma oportunidade de impulsionar uma sociedade mais organizada, que funcione como contrapeso a esses poderes em uma democracia sã. E não tínhamos isso havia tempo. Creio que esse processo constituinte tem muito a ver com isso. No Chile, por exemplo, a quantidade de pessoas que votava nas eleições era muito baixa.

Nesse sentido, o 18 de outubro é como um despertar, em que aparece uma disposição de aderir ao que está acontecendo e tomar decisões. O contrário da ideia de que, a cada quatro anos, procuro por você, para que você vote. Porque, durante esses quatro anos, acontecem todas as coisas que vimos ocorrer e há essa experiência também. Em meu ponto de vista, o processo constituinte é uma oportunidade que aparece pela mobilização, e não seria possível de outra maneira, porque não estava de nenhum modo no programa de Sebastián Piñera. Eles tiveram que ceder porque viram a situação de transbordamento social. Aproveitou-se bem o momento nesse sentido. Agora, é claro que tudo isso tem suas dificuldades, porque um processo como esse também é canalizado pelas mesmas instituições que estão desprestigiadas. Mas, como a mobilização foi tão potente, tão grande, conseguimos, por exemplo, que o órgão constituinte seja paritário, que tenha cadeiras reservadas para independentes em condições iguais aos representantes dos partidos. Porque esse Congresso ensimesmado gerou uma situação de reprodução de si mesmo pouquíssimo representativa da sociedade. Embora haja quem critique legitimamente como se forja o acordo, há muitos que estão empenhados para que essa abertura não se feche, estão participando para que esse processo avance e possa manter-se aberto à maior quantidade de gente.

A Constituição é uma questão muito importante: já falamos dos entraves impostos pela Constituição de Pinochet, sua capacidade de veto constante que impede qualquer mudança, o que significa para o funcionamento do Congresso, o que significa para os direitos sociais etc. Certamente, há também que se construir essa nova Constituição, mas, para isso, é preciso organizar-se em condições distintas das que tivemos durante todo esse tempo — porque, quando as condições de vida são muito precárias, é difícil se organizar. Nesse sentido, é necessário pensar em objetivos de médio e longo prazos; incluindo a nova Constituição, óbvio, mas também temos que alcançar um Estado de maior bem-estar social, com direitos sociais e humanos assegurados, com proteção aos recursos naturais. Ao mesmo tempo, parece-me muito importante que haja avanços institucionais, porque o constitucional, por si só, não dá resposta aos salários, às pensões, à questão mais sentida socialmente; isso lhe confere transversalidade e sustenta a quantidade de pessoas que estão se mobilizando. Avançou-se nas questões financeiras (por exemplo, o congelamento das tarifas de energia, a redução do preço das passagens para idosos), mas não nas estruturais. É uma tarefa árdua, porque o governo é um governo de direita, essa não era a sua agenda, e ele não estará muito disposto a tais mudanças. Mesmo com nível de aprovação bem baixo, continua sendo o governo.

HUAWEI

“ESTAMOS DIANTE DE UM MOMENTO INÉDITO, TUDO ESTÁ EM DISPUTA”

ENTREVISTA COM **LUIS MESINA**

O movimento No+AFP é liderado por Luis Mesina, professor, bancário e reconhecido militante pela abolição do sistema previdenciário chileno, pilar do sistema econômico e financeiro do país. Lançou-se como candidato à Convenção Constitucional, mas não foi eleito. “As pessoas se cansaram da democracia representativa e exigem participação”, assegura. Conversamos com ele sobre a explosão social, as razões que a motivaram e a disputa que virá.

Leitor de Nietzsche e herdeiro de Clotario Blest — o mítico fundador do socialismo chileno —, Luis Mesina é secretário-geral da Confederación de Sindicatos Bancarios y Afines e porta-voz da No+AFP, organização que esteve no cerne do movimento que alcançou, em julho de 2020, uma vitória histórica: milhões de chilenos puderam retirar do setor privado uma parte de seus fundos de pensões: “É a primeira derrota que se inflige à direita desde a ditadura”, afirma.

Há mais de dez anos, Luis Mesina teimou em disputar com a monolítica burguesia chilena sua joia mais preciosa: a caixa de pensões. Um sistema idealizado pelo economista José Piñera — irmão mais velho do atual presidente — e implantado em 1980 por Augusto Pinochet. Esse sistema permitiu a criação de instituições privadas, as AFP, dedicadas a investir as poupanças previdenciárias individuais, depositadas pelas trabalhadoras e pelos trabalhadores chilenos para sua aposentadoria, com a seguinte particularidade: os depositantes não têm participação alguma nos lucros desses investimentos, mas nas perdas, sim. É um cartão-postal do abusivo neoliberalismo chileno. Depois de anos de ativismo da No+AFP, de um plebiscito autoconvocado que mobilizou mais de um milhão de pessoas, de infinitas marchas e assembleias ao longo de todo o país, a revogação do sistema previdenciário de capitalização individual encabeçou a longa lista de reivindicações que visibilizou a explosão de protestos em outubro de 2019.

Depois do categórico triunfo no plebiscito em 25 de outubro de 2020, Mesina sustenta que hoje está em jogo a possibilidade de que a cidadania derrote o paradigmático neoliberalismo chileno. "Temos a possibilidade de derrubar a Constituição política de Pinochet", assegura.

A MARCA CHILE (E A AVIDEZ DE SUA BURGUESIA)

Para decifrar o que está ocorrendo hoje no Chile, é preciso ter um olhar um pouco mais amplo e observar, no mínimo, a última década, ou até mesmo um cenário anterior. Esse viés foi muito bem sintetizado pela mensagem que se repetiu durante os protestos: "Não são trinta pesos, são trinta anos". E talvez não sejam trinta anos — ou seja, tudo o que fizeram os governos da Concertación —, mas 47, isto é, incluindo os anos da ditadura. Há 47 anos, o povo vem sofrendo uma arremetida sistemática e duradoura por parte da burguesia.

A estratégia neoliberal da burguesia chilena é um modelo para as elites latino-americanas. É sabido que a burguesia chilena tem uma peculiaridade em relação a outras burguesias regionais, pois, desde a "recuperação" da democracia, conformou um Estado monolítico. É uma burguesia que não se fragmentou por interesses contrapostos ou por casos de corrupção e que, aliás, assume uma postura de "probidade", alheia a escândalos. E sempre defendeu um Estado centralizado, inclusive com um profundo desprezo pela forma federal de organização política brasileira, argentina, uruguaia etc.

Desde a década de 1990, começou a encontrar eco a ideia de que o Chile era o "jaguar da América Latina". Éramos comparados não com os países da região, mas com os do Sudeste Asiático, como Indonésia, Malásia, Singapura. E, efetivamente, o Chile apresentava uma boa taxa de retorno, era um lugar ideal para a compra de ações. Assim, investidores estrangeiros começaram a entrar em grandes companhias chilenas, que viram aumentar seu valor de mercado, tornar-se independentes do sistema bancário e passar a emitir ações na bolsa de Nova York, a ter boas notas nas qualificadoras de risco. Forjou-se um país que começou a crescer em termos de mercado, da bolsa de valores, que prosperava do ponto de vista do capital financeiro — um capital especulativo, que não investe em áreas que agreguem valor ao trabalho.

O problema é que, quando se compara o Chile atual com o de há trinta anos, alguns indicadores econômicos são chamativos, inclusive se confrontados aos de países vizinhos. Por exemplo, temos a maior renda per capita da região, um pouco mais alta que as da Argentina e do Uruguai. Paradoxalmente, em vários indicadores de saúde pública, o Chile aparece com avaliações mais altas do que as dos próprios norte-americanos, como em expectativa de vida. O que não se diz aí é que isso não é consequência do modelo econômico dos últimos trinta anos, mas, sim, de uma série de políticas públicas que o Chile vinha experimentando desde antes do golpe de Estado, especialmente na área da saúde pública.

Salvador Allende, que era médico e foi ministro de Saúde Pública antes de ser presidente, cumpriu um papel muito importante. Embora seja uma medida que poderia soar demagógica ou populista, foi ele quem instituiu o meio litro de leite gratuito para todas as crianças chilenas, atitude que teve consequências diretas na expectativa de vida da população. Parece pequeno, mas não é: quando se distribuiu esse meio litro de leite em todas as escolas públicas, deu-se um salto. Então, é necessário ser cuidadoso com a origem dos processos que permitiram ao Chile projetar certos indicadores no exterior.

Assim foi se construindo a marca Chile, de acordo com uma série de políticas com as quais estavam todos de acordo: a direita pinochetista e a esquerda que governou. E poderíamos dizer que foram exitosos, porque até a Europa comprou a marca Chile. Os investidores estrangeiros diziam: há um país na região sul, que se chama Chile, que não é um país conflitivo, como a Argentina, nem um país com direitos sociais consolidados, como Uruguai, nem que está governado pelos trabalhadores, como o Brasil do PT. O Chile se mostra ao mundo, então, como uma instituição sólida.

Mas essa marca Chile começou a ter certo apelo também com o cidadão comum. Viram o que é o metrô de Santiago? Depois do metrô da Cidade do México, é o mais extenso da região, o que tem mais linhas. Sendo que o Chile é um país pequeno, cuja população é muito menor do que a da Argentina ou do Brasil. É um metrô bem moderno, com vagões amplos, estações com ar-condicionado, limpam-no o tempo todo, não possui arranhões. Nele, é proibido pedir dinheiro, vender coisas ou cantar. O metrô chileno é superlativo, nem Londres nem Paris têm o metrô com o nível daqui. Puro luxo. E isso tem vários impactos, sobretudo na subjetividade das pessoas comuns, dos próprios chilenos.

E qual é o ativo que vendia o Chile a esses investidores estrangeiros? Vendia paz social e rentabilidade financeira àqueles que buscavam mercados. E quem se beneficiava? O setor dominante, os governos de turno e uma casta empresarial que se enriqueceu muito, muitíssimo, nesses trinta anos.

Na revista *Forbes* de 2015, o Chile aparece com doze multimilionários. A Argentina e a Colômbia, por exemplo, não têm nenhum, e têm quarenta e 48 milhões de habitantes, respectivamente. A Argentina é o oitavo maior país do planeta, é rico por todos os lados; a Colômbia, igualmente. O Chile é um país de dezoito milhões de habitantes; não somos um país pobre em recursos naturais, mas temos um deserto grande. Como se explica, então, tantos multimilionários? Explica-se por seu sistema previdenciário, pelos fundos de pensões.

Onde é financiado o banco Santander? No Chile, e graças a seu sistema previdenciário. É financiado com nossas poupanças previdenciárias e expande seu negócio em Massachusetts, um dos estados mais ricos dos Estados Unidos. As grandes empresas de celulose também são financiadas aqui no Chile, com títulos de dívida e ações. Compram capital — a mercadoria chamada capital — e investem-no em Illinois e Michigan. As empresas de concentração de madeira mais modernas do mundo pertencem a chilenos. A indústria extrativista cresceu junto com a financeira e a especulativa. Cresceu como nunca a indústria florestal no Chile. Plantaram-se milhares e milhares de pinhos e eucaliptos. E, além de terem destruído a flora nativa, consomem uma quantidade impressionante de água, provocando a crise hídrica que atravessamos hoje.

O Chile se caracterizava por ter muita água no sul, muitos rios. Em cada região, há três ou quatro rios. É um país bastante estreito, então a cordilheira provê a água que rapidamente desemboca no mar. Paradoxalmente, o Chile tem hoje graves problemas com a água. Se você avança uns seiscentos quilômetros rumo ao sul, muitos rios secaram, ou lhes resta um caudal mínimo de água. O desmedido e descontrolado desenvolvimento da indústria florestal esgotou a água e

adidas
+AFP

liquidou a região sul do país, que era linda. A empresa que controla a água é privada. O Chile é o único país do mundo em que todas as fontes e a distribuição de água são privadas. A outra indústria-chave que se desenvolveu no sul, desde meados dos anos 1980, é a de salmão; uma indústria que produziu um "orgulho nacional", comparada com a da Noruega, o principal produtor desse peixe. Mas esta indústria e a florestal são duas atividades que contaminam de maneira brutal o ecossistema.

UM LONGO CICLO DE LUTAS (CONTRA A DESIGUALDADE OBSCENA)

Nas últimas décadas, e com bem poucos escrúpulos, esses empresários quiseram construir cinco centrais hidrelétricas no sul do país. Não era necessário gerar eletricidade ali. O problema é que a zona mineira do Chile, completamente alienada ao capital internacional — privatizada pelos governos de Lagos e Bachelet, cujas políticas foram continuadoras do modelo instalado pela ditadura —, necessita de muita energia, de muita água. A intenção era, então, fazer um caminho hídrico, transportar água por três ou quatro mil quilômetros. Queriam extrair água de um lago da Patagônia compartilhado por Argentina e Chile, chamado Buenos Aires/General Carrera, contaminar dois rios que são puros e construir ali torres de alta-tensão para levar eletricidade até as zonas mineiras.

Esses projetos foram impedidos a partir de uma série de mobilizações que começaram na década de 2000, contra a contaminação das hidrelétricas. Alguns anos depois, em 2006, irrompeu a luta do movimento estudantil dos jovens secundaristas, muito potente. Por seus uniformes escolares, chamaram-nos de "pinguins". O conflito também começou exigindo passe-livre para estudantes no metrô. Em 2011, surge novamente um movimento estudantil, dessa vez universitário, que gerou muita solidariedade na América Latina. Ao mesmo tempo, houve explosões sociais importantes em cidades grandes do país, como Punta Arenas, contra o conluio dos preços dos combustíveis, do gás. É uma zona austral, bem gelada, e utiliza muito gás. E depois vem a zona de Aysén também, com muito enfrentamento, muita violência, barricadas na cidade etc. Depois ocorre no norte, em Freirina, pela contaminação da indústria suína. Destruíram as comunidades, literalmente. Produzem-se suínos em grande escala, para exportação, mas todos os seus excrementos permanecem ali, rodeados de moscas, e começam a descer aos lençóis freáticos, contaminando a água. Essas empresas não têm nenhum cuidado, nenhuma consideração pela população que vive nesses locais, nessas zonas (chamam-nas de "zonas de sacrifício"); essas empresas têm um absoluto desprezo pelo povo chileno.

As direções políticas estão todas, de uma forma ou de outra, validando o modelo completo. Um modelo baseado em um Estado subsidiário, impedido constitucionalmente de intervir na economia como empregador, gerindo empresas; ou seja, é vetada a atuação em áreas onde intervém o setor privado. O Estado chileno não pode, por exemplo, criar um organismo público que administre um novo sistema de previdência social. Por quê? Porque existem as AFP, e o Estado se intrometeria em um âmbito privado, cabendo-lhe uma sanção. O Estado não pode se meter, por exemplo, na área de saúde. Tem seus hospitais públicos, que se sustentam com a porcentagem mínima do orçamento nacional concedida à saúde. E os hospitais estão caindo aos pedaços, não têm insumos nem pessoal, não podem contratar enfermeiros. Por sua vez, as clínicas privadas são muitas vezes subsidiadas pelo próprio Estado, isto é, há transferência constante de recursos do Estado chileno ao setor privado.

Então, nos grandes indicadores, o Chile é extraordinário. Mas as pessoas estão destroçadas. Esse nível de voracidade foi gestado no Chile durante esses trinta anos, bem como uma concentração brutal da propriedade, que por sua vez gerou níveis de desigualdade e segregação muito grandes. Há dois Chiles. Basta caminhar Santiago acima, rumo aos Condes, a Vitacura, para ver o que é a soberba de uma classe que quer mostrar-se ao povo de seu país e também aos estrangeiros. Somos uma zona sísmica, há terremotos tremendos, e temos o maior edifício da América Latina. Há um de quarenta e poucos andares e outro de cinquenta, ambos em Las Condes; o mais alto tem 62 andares, no Costanera Center, em Providencia.

É um cenário muito desigual. A segregação de classe no Chile é notória. A diferença entre essas zonas altas e as de baixo é abismal. E não se restringe à classe: é uma diferença quase racial. Lá em cima, há gente loira, de olhos azuis, não é o perfil majoritário do chileno. A segregação é tal que a elite empresarial e política, que vive nos bairros altos, faz o possível para não se encontrar com a gente comum. Há uma estrada privada por baixo do Rio Mapocho, que está seco. Construída por Ricardo Lagos, ela tem seis pistas de alta velocidade. Aqueles que trabalham no centro, nas grandes empresas, pegam a estrada e saem da cidade em direção à Rodovia 68, que vai a Valparaíso e Viña del Mar. E há outra estrada que vai por cima, pela colina, utilizada por quem vem de Mendoza. O que quero dizer é que passar pelo centro da cidade, por exemplo, pela Plaza Italia, é prescindível. Mas, ao mesmo tempo, é muito curioso, porque sempre se disse que o Chile se divide aí: da Plaza Italia para cima e da Plaza Italia para baixo. Violeta Parra tem uma canção que diz: "*Al medio de la Alameda de las Delicias/ Chile limita al centro de la injusticia*" [Na metade da Alameda das Delícias/ o Chile divide o centro da injustiça]. Hoje, no entanto, a Plaza Italia já não é o limite; agora o limite é muito mais alto, de Providencia para cima. Aí começa a zona escandalosamente rica, a que concentra a riqueza no Chile. É uma classe brutal, muito ostentosa. À diferença de outros lugares, aqui os ricos ocuparam as colinas, vivem nas partes altas, na cordilheira. Porque na cordilheira sempre se pode ir além, quase ao infinito. E, ao mesmo tempo, tudo está relativamente perto. É esse Chile desigual e ostentoso que está gerando esta luta que vivemos, uma luta que esteve na base da explosão social de outubro de 2019.

MOVIMENTO NO+AFP (E A BATALHA DAS BATALHAS)

Aqui tudo é privado e bastante abusivo, principalmente o sistema previdenciário. O Chile tem o pior nível de pensão na América Latina. As AFP administram, no total, mais de 220 bilhões de dólares, o equivalente a 80% do produto interno bruto (PIB) do país. É um mercado de capitais muito potente, e tudo é pago com nossa poupança previdenciária. Todos os meses, 10% do salário bruto de 5,8 milhões de chilenos vai para a administração das AFP, e somos condenados a pensões miseráveis quando nos aposentamos. Com a capitalização individual, é cada um por si. Assim funciona o sistema previdenciário chileno. Às vezes, pessoas de outros países acham difícil de compreendê-lo, porque não se consegue conceber o nível de extremismo com que privatizaram e desarticularam direitos sociais básicos vinculados à saúde, à educação ou às pensões. É preciso quase voltar para antes da Revolução Francesa para encontrar esse nível de precarização.

Então, quando se diz que o "Chile despertou", trata-se de algo muito certo: sim, despertamos. Nós, os bancários, vínhamos lutando havia anos. Em 2013, junto a outras organizações, formamos um movimento que se chama No+AFP, cujo principal objetivo é lutar por um sistema previdenciário distinto dessa falcatrua que são os fundos de capitalização individual. Acompanhamos outras lutas, é certo, como a dos estudantes, mas, em 2016, eclode a nossa pauta e começam as grandes mobilizações. Em 2011, os estudantes haviam feito marchas enormes, que mobilizaram seiscentas mil pessoas. Cinco anos depois, nós mobilizamos dois milhões, em um claro sinal de que a questão das pensões é transversal. Marchavam conosco jovens de catorze, quinze anos, acompanhados de seus avós, marchavam adultos, todos contra a merda do sistema de pensões que há no Chile. A presidenta era Bachelet, que, embora rechaçasse nosso movimento, teve que nos receber.

O movimento conseguiu chamar a atenção de muita gente, de muitos meios de comunicação — conseguimos a capa de diversos jornais ingleses, por exemplo. Vieram do *Financial Times* para nos entrevistar, um jornal de direita, da oligarquia financeira. Não podiam acreditar no que acontecia, e justamente no Chile. Não podiam acreditar que houvesse um repúdio tão massivo a um modelo que, para eles, era desejado por todo o mundo, um modelo que haviam propagandeado em contraposição aos sistemas de distribuição, contra os sistemas de segurança social. A mobilização mostrou que as AFP são uma trapaça, uma farsa, uma grande mentira.

Uma das principais reivindicações da revolta de outubro de 2019 foi o fim das AFP. Esse sistema de pensões está totalmente deslegitimado em todas as pesquisas de opinião, em todas as assembleias populares, na consulta cidadã que os prefeitos fizeram. Por sua vez, o sistema de AFP é a base estrutural do modelo econômico chileno. José Piñera, o cria-

L@S
ABUEL@S
APOYAMOS
A NUESTR@S
NIET@S
L@S NIET@S
PONEN L@S
MUERTOS
Y LOS OJOS

dor desse sistema privado de pensões baseado na capitalização individual, diz que essa foi a batalha das batalhas. Porque esse fundo permite o financiamento dos grandes grupos econômicos. Tomam esse dinheiro através de ações ou títulos de dívida e expandem seu capital. Por isso o Chile tem expandido seu capital na América Latina, na Europa e nos Estados Unidos. Por isso os empresários gostam do sistema chileno, porque há dinheiro fresco e barato. O sistema bancário compra muito dessa mercadoria chamada capital por 4% ao ano. Eles ganham ou ganham. Então, é necessário cortar essa cadeia, retirar o financiamento.

Esse é o principal problema do Chile, sua luta mais dura, mais difícil. É uma luta contra o capitalismo financeiro, que é o único capitalismo que há neste país. E eu acho que José Piñera tem razão, é a batalha das batalhas, é onde temos que brigar, no coração do capitalismo chileno. E, ao mesmo tempo, é uma reivindicação transversal, pois produz efeitos sobre outras lutas, outros problemas. Pensemos na poluição, no problema ecológico ou hídrico. Por exemplo: a água está privatizada por meio da ampliação das fontes de controle de sua distribuição, que se dá através da compra de títulos da dívida, obtidos no mercado de capitais, que, por sua vez, está assentado nas poupanças previdenciárias de todos os chilenos. Todo o sistema bancário vive disso. Também se articula com outras lutas, como as lutas feministas contra o patriarcado. No mercado de valores, são todos machos, patriarcas, os que dominam o sistema.

Volto alguns anos no tempo. Em 2016, eclodiu o movimento. O ano de 2017 foi de muitas marchas grandes, pacíficas e enérgicas. Marchavam crianças, jovens, gente da terceira idade. Em 2018, começaram a nos atacar, a tentar deslegitimar o movimento No+AFP, algo parecido com o que fizeram com os colégios secundários, como o Instituto Nacional. Em março de 2019, nós dissemos que, sozinhos, não conseguiríamos, e a Coordinadora No+AFP começou a convocar outros movimentos sociais com a ideia de impulsionar a Unidad Social. E convidamos o Colégio de Profesoras y Profesores, a Coordinadora Feminista 8M. Convidamos a CUT, com a qual tínhamos desavenças frequentes, porque eles foram parte do governo de Bachelet — foi uma organização muito dócil com o governo, nunca teve independência, nunca fez uma paralisação. Convidamos a Coordinadora Nacional de Estudiantes Secundarios (Cones), a Asamblea Coordinadora de Estudiantes Secundarios (Aces), órgãos de direitos humanos, a Confederación de Estudiantes de Chile (Confech), que é a maior confederação de estudantes, e duas organizações muito importantes de luta pela moradia: Ukamau e Fenapo. Eram várias as organizações com as quais, até esse momento, tínhamos muito pouca ou nenhuma união. Mas, dissemos, entremos em acordo em apenas um ponto: defender os direitos sociais e defender-nos desse regime que pretende continuar acabando com a gente.

Todos concordaram, e teve início o processo de convocar um protesto, uma paralisação, para 5 de setembro, com a mensagem: "Nos cansamos, nos unimos". Nesse dia, bloqueamos a Alameda e houve uma repressão brutal: foram três horas de disputa com os *pacos*. Pela primeira vez, provamos os gases que a polícia utilizaria um mês depois na repressão da explosão social de outubro de 2019; gases muito fortes, tóxicos, que derrubavam as pessoas no chão. Um gás de pimenta que cegava. Houve mobilizações em outras cinco cidades, e, à noite, fizemos um panelaço. Vínhamos de marchas muito grandes no Chile, e, embora essa não tenha sido multitudinária, era o ativo sindical, o ativo político se mobilizando. Era o prelúdio do que viria, e então ocorreu a explosão de 18 de outubro. A Unidad Social já havia nascido.

A EXPLOSÃO
(E O DESEJO DE TRANSFORMAR TUDO)

Essa rebelião popular, essa explosão social, não pode ser reduzida, obviamente, à luta pela passagem de metrô; esse foi o estopim. "Sempre há uma faísca", dizia Lênin, e algo faz com que a faísca se acenda. Mas ela se acende porque há um combustível acumulado durante muitos anos. Foi isso o que aconteceu no Chile. A explosão surpreendeu a todos nós, mas, ao mesmo tempo, ela sintetiza as reivindicações que já fazíamos: pensões dignas, educação pública de qualidade, saúde pública, que a água deixe de ser privada e se restabeleça como um direito natural de uso público, pelo cuidado com o meio ambiente e contra as zonas de sacrifício. Foi um processo de acumulação que explica a reação massiva — e, em alguns casos, violenta — das pessoas.

Dizia-se que os chilenos são muito tolerantes, mas dissemos "Basta!", não aguentamos mais. E aconteceu algo inédito na história do Chile: nunca havia ocorrido um conflito social dessa magnitude, com essa extensão, essa radicalidade, essa violência. As pessoas saíram para queimar tudo; para queimar, não necessariamente para saquear. Há uma manifestação de ódio, de raiva, e um desejo de danificar tudo aquilo que representa o Estado: uma reação a anos de abuso. O próprio incêndio do metrô, por exemplo. Todos suspeitamos que não foram pessoas comuns que o fizeram, mas há estações que, de fato, foram destruídas por pessoas comuns, e com muita violência. Queimaram-se igrejas, supermercados, queimou-se tudo. Você andava pelas ruas e parecia um país depois de uma guerra. Os primeiros dias foram impressionantes. Na Alameda, não era possível transitar, voavam pedras. Em Vicuña Mackenna, as ruas não existiam, estava tudo devastado. Em novembro, você caminhava pela Rua San Antonio e havia uma fogueira de dois ou três metros. Essas ruas ardiam todos os dias.

J 12
C.O.P.

A primeira semana foi muito violenta. Depois veio a semana da paralisação, e a terceira semana foi pior, mais violenta, a quarta mais ainda, a quinta, e assim sucessivamente; foram dois meses bastante intensos. E não só em Santiago como também em Antofagasta, 1,3 mil quilômetros ao norte. Em uma zona latifundiária, sempre de direita, como Los Hornos, o povo saiu às ruas para queimar tudo, para enfrentar a polícia. Valparaíso foi queimada no segundo mês; haviam queimado antes Osorno e Rancagua. Em Valparaíso, tudo foi saqueado, cerca de catorze quarteirões, sua zona mais importante. Isso é uma reação que expressa algo. O Chile nunca tinha lutado tanto, de norte a sul.

Temos que saber valorizar os triunfos materiais, além dos triunfos morais. E, no Chile, aqueles que, como nós, estão há muitos anos envolvidos com as lutas sociais vivem de derrota em derrota. A maior derrota que tivemos foi a de 1973, com todas as consequências que ela implicou. Levantamo-nos dez anos depois, quando, em 1983, convocamos as grandes manifestações contra a tirania. Mas nos traíram: depois de três anos, houve um acordo espúrio por trás dessas manifestações, como se soube posteriormente pelas declarações do ex-ministro e ex-senador Edgardo Böeninger. E depois nos traíram novamente, em 1988, com a alegria e o arco-íris, quando ganhou o *No*, mas se aplicou toda a política econômica que sustentava aqueles que defendiam o *Sí*, aqueles que defendiam o ditador.[1] Sem falar dos governos da Concertación e de Bachelet, que foram desastrosos.

1 Em 5 de novembro de 1988, quase 7,5 milhões de chilenos votaram em um plebiscito nacional que decidiria se Augusto Pinochet permaneceria no poder até março de 1997. A população decidiu pelo "Não", com 55,99% dos votos, o que implicou o fim da ditadura militar e o início de uma transição para a democracia. A coligação de partidos em prol do "Não" — ou seja, pelo retorno da democracia — utilizava como logotipo o desenho de um arco-íris. [N.E.]

Por isso, este é o momento de avançar. Toda a energia com que impulsionamos nossas reivindicações nos últimos anos, e em particular depois da explosão de protestos, tem que se traduzir em um benefício para as pessoas. Caso contrário, as pessoas lutam, lutam, e não ganhamos nada. As pessoas comuns são pacíficas, se esfalfam trabalhando e não estão dispostas a lutar a vida toda. Mas rebelam-se contra a injustiça, e temos que ganhar algo. No Chile, temos a jornada de trabalho mais longa do mundo. Ainda temos 45 horas semanais. E, até cinco anos atrás, trabalhávamos 48 horas. Como Santiago é uma cidade grande, as pessoas demoram muito para se deslocar. Se não triunfamos, as pessoas comuns, simples, dizem: "Até aqui, eu vou; mais do que isso, não". A capacidade de o movimento social conseguir dar uma direção política depende de muitos fatores. Não se pode desenhá-la *a priori*, porque a luta social tem seus matizes e o processo foi feito a saltos, não é linear. Estamos impulsionando um processo constituinte, aliás, para além do pacto espúrio no Congresso. Depende de nós: temos a possibilidade de derrubar a Constituição política de Pinochet.

A assembleia constituinte foi uma exigência dos cidadãos em todas as assembleias territoriais autoconvocadas pelo povo. A elite política e empresarial nos roubou a assembleia constituinte, e o que ofereceram em troca? Ofereceram essa Convenção Constitucional, que não é soberana, que tem uma série de restrições impostas ao processo. Mas é perfeitamente possível que essas restrições sejam modificadas através da mobilização social; é perfeitamente possível que surjam leis emergenciais permitindo modificar o que está estabelecido nesse processo constituinte. E é perfeitamente possível que isso aconteça, como no caso do processo constituinte equatoriano. Hoje, estamos diante de um momento inédito, e tudo está em disputa.

O PROCESSO CONSTITUINTE (A HISTÓRIA EM NOSSAS MÃOS)

Passado um ano da revolta de outubro, o monumental triunfo do "sim" para a elaboração de uma nova Constituição vem reafirmar aquilo que pediu nosso povo nas ruas, depois de suportar anos de abusos, corrupção e impunidade. E o resultado confirma o caráter classista e segregado da sociedade chilena. O mapa eleitoral mostra todos os bairros populares e de classe média contra os três bairros mais ricos, onde vivem os grandes empresários e a maioria dos líderes dos partidos políticos.

Mas também reafirma, sobretudo, a segunda votação, entre a Convenção Constitucional e a Convenção Mista, um repúdio da população aos partidos políticos, que deveriam silenciar e deixar que a democracia se expresse, se é que querem a paz social que reclamam. O triunfo não representa apenas o desejo da maioria de acabar com a Constituição espúria do ditador; foi também uma grande vitória da população contra os que mudaram a assembleia constituinte por Convenção Constitucional. Uma mensagem clara e assertiva contra os políticos tradicionais. As pessoas se cansaram da democracia representativa e exigem participação.

Por isso, agora se abre o momento mais difícil, que é conseguir que os representantes da cidadania sejam representantes reais, genuínos. O sentimento geral que se expressa de mil formas, nas ruas, nas pequenas assembleias e através das redes sociais, é que a cidadania deseja que a nova carta fundamental seja escrita pelos que estão lutando, os verdadeiros artífices dessas mudanças: o movimento social em todas as suas expressões, que não quer delegar sua representação porque não confia nos partidos políticos de sempre.

Está em jogo a possibilidade de mudar realmente a situação, de avançar rumo ao projeto de um país verdadeiramente democrático, no qual os direitos sociais que tanto foram reivindicados possam ser efetivamente garantidos e executados pelas maiorias que os reclamam. Também está em jogo o mais importante: a refundação de nosso Estado. Não é uma frivolidade postular isso. São pouco mais de duzentos anos de vida republicana, e nunca tivemos diante de nós, ainda que remota, a possibilidade de um Estado com a participação da população. Sempre foi a oligarquia que reservou para si esse direito. Contou com o poder econômico e também com o poder da força militar. As três constituições que estiveram vigentes durante a maior parte de nossa história emanaram de convulsões trágicas, cujo custo muitos de nossos compatriotas pagaram com a própria vida.

Hoje nos encontramos perante uma situação única, que não podemos desperdiçar. É o paradigma neoliberal chileno que pode ser despedaçado pela cidadania. É a sociedade do mercado financeiro que pode ser derrubada, é o Estado abusador, que só defende os interesses de um punhado de privilegiados. É possível acabar com quarenta anos de abuso e injustiça, de privatização dos direitos sociais — a saúde, a educação, as pensões, a água. É isso o que está em jogo hoje em dia em nosso país. Depende de nós estarmos à altura deste período histórico.

NO LOS PERDONES,
SABEN PERFECTO
LO QUE HACEN

“A REVOLTA NOS OBRIGOU A PENSAR NAS INSTITUIÇÕES QUE INVENTAMOS”

ENTREVISTA COM **VITRINA DYSTÓPICA**

Tudo explode, tudo queima: a destituição é evidente. Assistimos ao fim de um mundo, de seu mundo. A democracia protegida se despedaça: já não pode se sustentar à custa de nossa vida. Não mais. A forma indigna de habitar chegou a um limite. Que forma deve tomar esse corpo novo que estamos construindo para que valha a pena viver? A paranoia do governo é dominação política, luta contra nossa imaginação e organização popular. O fogo abre caminho: só assim nascerá a mata nativa. A realidade não é capitalista.

Com tom de manifesto e potência insurrecional, as intervenções do coletivo Vitrina Dystópica representam uma leitura singular da revolta — tão singular que poderia ser a de qualquer um que combate na primeira linha ou se liberta em sua retaguarda, que discute em uma assembleia, dá oficinas ou organiza *ollas comunes*. Percorremos com eles, algumas vezes, as agitadas ruas de Santiago, visitamos os bairros e participamos de inumeráveis atividades. Com eles, vivenciamos uma Santiago festiva em meio à guerra. E conversamos, conversamos e conversamos, tanto que o caos foi apoderando-se da linguagem. Das razões dos mal-estares e da subjetividade ACAB à genealogia de um movimento que nasce de uma geração de insubordinados que vivem ao azar: a geração da Revolta dos Pinguins. A seguir, o registro de algumas dessas conversas.

OUTUBRO EXPLODE (AS LUTAS SE TRANSVERSALIZAM)

O Chile colapsou em outubro de 2019, já não aguentava mais. Foi uma revolta contra o saque organizado pelos empresários, contra um modo de vida insuportável, contra o "masoquismo do mérito" e a pressão de ser reconhecido, contra a violência policial e contra toda uma trama político-institucional que, em nosso país, é especialmente cruel. Há mil motivos.

No Chile, há uma privatização total da vida. Há um sistema massivo de endividamento. Cada banco e instituição financeira oferece um cartão de crédito; as farmácias têm seu próprio cartão, e os supermercados, outro. Só falta os armazéns de bebidas terem também seu próprio cartão! Há milhares de linhas de endividamento via crédito e uma flexibilidade enorme. Diante desse problema, a única resposta é mais endividamento, uma forma cada vez mais fácil de nos hipotecar. Então, quando percebemos que não havia resposta possível, aconteceu tudo isso que ocorre agora: tudo explode e se torna visível a luta contra a privatização total.

Como pano de fundo, está sempre presente a ideia do Chile como o "jaguar latino-americano", de que temos um modo de vida diferente do resto do continente. Está presente também a figura da "barreira natural" da Cordilheira dos Andes, que nos separa do restante da América Latina — um "cordão higiênico" que nos isola dos pesares da Argentina.

"Somos diferentes, estamos muito mais ligados à Europa." Há um desejo forte de ser branco. Mas há tempos que tudo isso começou a ir à merda.

A revolta é também contra a corrupção. Nos últimos cinco anos, foram muitos os casos em que as polícias e as Forças Armadas apareciam roubando fundos públicos. Houve casos de corrupção no governo, em especial de grandes transnacionais que arrancam muitíssimo dinheiro do Estado e ficam impunes. Há casos de conluio, como o dos produtores de frango e papel higiênico. Mas, sobretudo, há a sensação de que, para os empresários, não há lei nem penalidade. No pior dos casos, são obrigados a receber aulas de ética, como ficou claro ultimamente. É muito ultrajante, porque é uma impunidade total. Ao mesmo tempo, a TV esconde esses casos debaixo do tapete, fazendo alarde sobre o "flagelo da delinquência", dizendo que as delegacias são como "uma porta giratória", que os delinquentes entram e saem dali com a mesma facilidade; assim, buscam naturalizar as políticas de criminalização da pobreza, especialmente contra os mais jovens.

Em 2007, foi promulgada a Lei de Responsabilidade Penal Adolescente, que permite a condenação de menores. Efetivamente, os jovens pobres vão "em cana", mas os ricos, nunca. A data em que promulgam essa lei não é arbitrária, porque, em 2006, ocorreu a Revolta dos Pinguins. E, em 2007, Bachelet impulsiona essa lei que torna imputáveis os adolescentes a partir de catorze anos. Uma lei de Bachelet, não de Piñera! Mas ela o faz à sua maneira, com cinismo: articulando todo um discurso de proteção às e aos adolescentes. Os mais jovens começam a ser presos. Ocorrem casos de repercussão como o de uma criança de oito, nove anos, a quem chamaram de "Cisarro", que havia cometido uma série de delitos que se tornaram midiáticos para justificar essa lei. E para onde os levam? Aí surge outra questão, que já era conhecida, mas que passou a ser bastante central desde a explosão dos protestos: a crise e a corrupção no Servicio Nacional de Menores (Sename). Mais de duas mil crianças morreram nos serviços de "proteção" da infância. Revelaram-se também abusos sexuais, muitíssimos maus-tratos e, inclusive, venda de órgãos.

Em outubro, explode o caso do Sename, afloram casos de corrupção, aparecem casos de roubo ao erário das Forças Armadas, vêm à tona as "zonas de sacrifício" e a morte indiscriminada do povo mapuche. Todos esses elementos começaram a confluir para um mal-estar que já não tinha mais como ser elaborado a não ser nas ruas.

Ao mesmo tempo, há um componente transversal às lutas ou aos mal-estares. Nas marchas, há muitas bandeiras mapuche, há uma sensibilidade com a luta dos povos ancestrais, que não se restringe ao povo mapuche: também se estende aos territórios "sacrificados" pelo capital. As "zonas de sacrifício", como Quintero e Puchuncaví, zonas devastadas pela extração de hidrocarbonetos, que começam a se organizar como comunas para poder lutar contra essa destruição da terra e da vida. E começa a haver um eco muito interessante entre as lutas territoriais das zonas de sacrifício com o povo mapuche. Começa a haver uma experiência comum que é fundamental, porque todos começaram a perceber que o problema é o neoliberalismo e a polícia que o protege.

QUEBRAR O CONSENSO DO MEDO ("PULAR CATRACA, NÃO PAGAR, OUTRA FORMA DE LUTAR!")

Se fizermos uma leitura das poéticas da revolta, o elemento disparador dessa transversalidade é a jogada feita pelos estudantes secundaristas. A armadura frágil do endividamento que sustentamos durante os últimos trinta anos desmorona quando percebemos que não há inimigo interno, que não há delinquentes, que não há vândalos. Quando se quebra o consenso do medo e deixamos de legitimar a campanha midiática contra os estudantes secundaristas, a perspectiva muda completamente. Tinham-nos trancafiado vendo televisão: "Vejam os delinquentes".

Um tempo antes da explosão, os *pacos* dormiam nos telhados das escolas, com medo de que os "delinquentes encapuzados" saíssem às ruas para queimar coisas ao amanhecer. Já haviam infiltrado policiais dentro das escolas. Os estudantes secundaristas estavam em conflito permanente, encerrados em cada uma de suas escolas, enquanto os especuladores do medo extraíam valor desse confinamento. Que valor? O valor do medo. Esse valor fazia com que as pessoas, diante do endividamento, da precarização de sua vida e dos casos de corrupção, voltassem a atenção ao próprio medo. Há uma política do autofinanciamento, do endividamento, da privatização e da capitalização individual que tem como regra o estar confinado. Leve o seu mal-estar para casa, administre-o você mesmo, tire proveito dele através de uma lógica do sacrifício e do mérito, mas não o exponha.

Os secundaristas estavam também um pouco presos a essa lógica de lutar contra a polícia. Até que percebem isso e começam a se organizar, já não para lutar contra os *pacos*, mas para fugir da escola. Escapam do confinamento que permitia a extração do valor medo. E o interessante é que fogem em direção ao metrô. Ou seja, metem-se debaixo da terra, onde as pessoas estão apertadas, e quebram as catracas. Em vez de ficarem trancados dentro das escolas, saem, fogem e abrem as catracas, permitindo que as pessoas passem sem pagar.

Embora tenham se organizado para fugir, não se pode dizer que tenham uma organização externa. Existe a Cones — que é a Coordinadora Nacional de Estudiantes Secundarios, hegemonizada pelo Partido Comunista —, mas isso não significa que o movimento tenha sido organizado pelos partidos de esquerda. Você vai a uma escola emblemática, como a que frequentam esses jovens, e o que vê são jovens lésbicas, dissidentes, punks, com brincos, tatuagens, jovens com seus cortes de cabelo. As escolas parecem casas ocupadas. Dentro delas, costuma haver murais de luta contra a polícia. E muitos murais sobre a luta de 2006, que são os que não podem ser tapados. O resto está todo rabiscado.

AULA SEGURA (E AS MICROPOLÍTICAS DO MEDO)

Fazia tempo que os estudantes dos colégios emblemáticos haviam desatado uma guerra contra a polícia. E esses colégios emblemáticos — nesse caso, os colégios municipais — têm, ou tinham, as melhores pontuações no vestibular que dá acesso direto às universidades públicas.

Já havia três anos que os estudantes desses colégios desenvolviam práticas de autoeducação, de ensino-aprendizagem alternativas. Criticavam o modelo educativo, as macropolíticas públicas, mas já haviam começado a desenvolver suas próprias práticas dentro das escolas. Em muitos aspectos, eles tinham assumido o controle do colégio: celebravam as manifestações, faziam atividades em apoio às lutas mapuche, às lutas das mulheres e dissidências. Em muitas dessas escolas, haviam montado oficinas sobre sexualidade e gênero. Assumiam posições nos conflitos sociais que ocorriam por todo o país e os incorporavam às escolas.

Um tempo atrás, uma integrante de uma equipe de "convivência escolar" de uma dessas escolas nos dizia estar muito indignada por não entender esses novos estudantes que já não se preocupavam com a "educação" — como haviam feito os movimentos estudantis de 2006 e 2011 —, e sim com outros temas que "não cabiam às escolas": "O aborto, os Mapuche, os cachorros, os animais... Isso já não compete às escolas! Por que não se preocupam com a educação?". Há um desconcerto total por parte dos aparatos de convivência. E quando o desconcerto prevalece, costuma aparecer a brutalidade repressiva. E esta foi a resposta derradeira: a brutalidade repressiva.

O conflito nessas escolas se agudizou ultimamente por causa do projeto Aula Segura — uma política de Estado, um protocolo que busca intervir nas escolas que estão mais politizadas. O que se permite com o projeto Aula Segura é que todas as escolas contem com um protocolo de expulsão. Em 2015, Michelle Bachelet impulsionou a modalidade de "escolas inclusivas", em que as escolas já podiam efetivamente expulsar. É bastante hipócrita o conceito que usam: não se podia expulsar, mas devia-se "garantir a mudança de ambiente". Trata-se de um eufemismo asqueroso. Então, não expulsavam para não deixar os estudantes sem aula, mas lhes enviavam a outras escolas, transformadas em verdadeiras conversoras de estudantes. Retiravam-nos e os despachavam todos às mesmas escolas, marcadamente muito periféricas, nas quais a educação é ruim e só há conflitos. Que se esfaqueiem entre si!

Piñera, por sua vez, disse o seguinte: "Garantiremos que todos os estudantes possam ter educação e, para isso, outorgaremos aos diretores das escolas os poderes que lhes haviam sido retirados". E o que impuseram novamente, por meio da Aula Segura, foi essa autoridade para expulsar. Na verdade, o que se faz é acelerar o tempo de uma expulsão: em vez de durar quinze dias, a investigação — o "devido processo" — passa a durar apenas cinco. É uma espécie de judicialização das escolas. Se um profissional da área de "convivência escolar" identificava estudantes fazendo assembleias ou convocando alguma mobilização, podia denunciar anonimamente para que se investigasse. E ativava-se o "devido processo". A investigação poderia durar até dois meses, para garantir que o estudante fosse expulso, mas, em cinco dias, o estudante já estava fora da sala de aula, suspenso.

CONTRA A EDUCAÇÃO DE MERCADO (A GERAÇÃO DOS PINGUINS)

Isso, naturalmente, não é novidade. Desde 2006, quando da Revolta dos Pinguins, o Estado chileno está em guerra contra os estudantes. Nesses anos, espalhou-se o mal-estar com relação à privatização de toda a educação chilena; já não apenas a privatização da educação superior como também do sistema educativo como um todo.

Nas universidades, já havia mobilizações muito fortes, desde 2004, contra o CAE,[1] as quais, por sua vez, retomavam as lutas contra o neoliberalismo dos anos 1990. Mas agora se estendiam às escolas secundárias, que foram tomadas. Nesse processo, as coordenações estudantis também começaram a se recompor por zonas — zona norte, zona sul etc. —, o que não havia acontecido antes. Desse modo, estudantes de diferentes escolas começaram a dialogar. Justamente, as escolas privadas — que sempre estão à margem de todas as mobilizações — começam a se somar às paralisações e ocupações. Essa trama de solidariedade foi da maior importância, porque articulou e transversalizou todo o movimento. Já não

1 O CAE é um crédito universitário implantado durante o governo de Ricardo Lagos e foi outorgado para custear os gastos de estudo na universidade. Em 2019, essa política deixou em situação de inadimplência mais de 40% dos estudantes.

eram apenas os estudantes das escolas públicas municipais pedindo uma educação de qualidade mas também os estudantes privilegiados em luta contra seus próprios privilégios. Então, a produção de uma comunhão em torno do mal-estar foi muito interessante.

Em suma, em 2006 decreta-se, transversalmente, a guerra contra a "educação de mercado". Uma das exigências centrais daquelas mobilizações pedia que os colégios retornassem ao Estado, dado que haviam sido municipalizados no fim da ditadura através da Lei Orgânica Constitucional de Educação (Loce). Lutava-se contra essa lei, que garantia a trama constitucional da educação de mercado.

De certo modo, essa luta foi traída a partir de 2007, ou assim o entendemos nós, os estudantes secundaristas, que acusamos a Confech de haver pactuado com o governo de Michelle Bachelet para que a Locc fosse substituída por outra — a Lei Geral de Educação (LGE) —, que deixava intactos tanto o princípio de autofinanciamento quanto o CAE. Essa traição separou o movimento universitário do secundarista entre 2007 e 2010. Também nesse momento, a Confech expulsa a Federación de Estudiantes del Instituto Pedagógico (FEP), que era mais anárquica, mais radicalizada, sem o formato "republicano" da Confech; tinha um formato mais libertário, com uma assembleia que funcionava por democracia direta e sem presidente, só com porta-vozes. Houve uma fratura total. São três anos de disputa dentro do movimento.

POLÍTICAS DA FRAGMENTAÇÃO (DO ESTADO)

Uma das principais linhas estratégicas da ditadura consistia em fragmentar o grande órgão social do Estado também na educação. De fato, o que a ditadura de Pinochet fez com a

Universidade do Chile é muito significativo: desmembrou-a, destruiu-a e mudou seu nome.

Havia três grandes universidades no momento do golpe — a Universidade do Chile, fundada em 1842, a Universidade Técnica do Estado e a Universidade Católica. A Universidade do Chile era uma única instituição, com campi em todo o país. Pinochet fragmentou esse grande corpo social, que se estendia por todo o território nacional, e fez com que cada uma das sedes fosse uma universidade autônoma. Também a separou do Instituto Pedagógico, fundado em 1889, que é um histórico bastião da esquerda. Esse instituto tinha outras sedes, como a de Valparaíso — que hoje se chama Universidade de Playa Ancha — mas, ao mesmo tempo, todas pertenciam à Universidade do Chile. Em 1983, depois da mudança da Constituição, em 1980, o Instituto Pedagógico passa a se chamar Universidade Metropolitana de Ciências da Educação.

Esse desmembramento, organizado pelo neoliberalismo de todo o sistema de Estado, permitiu que o público se privatizasse. Mas não apenas se privatizasse "por força de lei": também conduziram essas universidades rumo a um modelo de gestão eminentemente neoliberal, por mais que continuem sendo públicas. E o principal mecanismo para impor esse modo de gestão é o "autofinanciamento", isto é, impedir constitucionalmente que o Estado possa sustentar suas próprias universidades públicas e impulsioná-las para que funcionem e sejam geridas como universidades privadas. Essa é uma das heranças mais contundentes, mas, ao mesmo tempo, mais contestadas da ditadura. E esse princípio de autofinanciamento se fortalece ainda mais com o CAE, porque se "financeiriza", por um lado, endividando os estudantes e, por conseguinte, endividando as universidades. O CAE chegou a ter juros de 6%. Depois o baixaram para 4%. E agora, resultado de muita luta, está em 2%.

É a lógica da capitalização individual, que se replica em outras áreas do Estado, como no sistema previdenciário de pensões. Trata-se, sem dúvida, de um dos grandes pilares do consenso neoliberal instaurado pela ditadura: que todos se subjetivem de acordo com um princípio de capitalização individual. E as instituições educativas começam a funcionar também da mesma forma.

Por isso, as universidades públicas hoje estão em luta permanente para sobreviver. Muitas delas, como o Instituto Pedagógico, não têm orçamento para pesquisa e ficam em desvantagem com relação às outras universidades, sobretudo privadas, que possuem esses recursos. O investimento em pesquisa existe principalmente nas universidades privadas, nas quais são produzidos artigos científicos, vendem-se modelos ou projetos, e isso lhes permite rentabilizar seu trabalho. E o pior é que vendem seu conhecimento a instituições públicas. As grandes reformas públicas, como a do Transantiago,[2] baseiam-se em pesquisas e gestões feitas por universidades privadas, porque as universidades públicas não têm força para administrar as políticas do Estado. É uma política de enfraquecimento cuja origem remonta à ditadura.

LUTA CONTRA A DÍVIDA (GERAÇÃO 2006)

É divertido pensar que nós, que fizemos a Revolta dos Pinguins em 2006, quando estávamos na escola secundária, também encabeçamos o conflito em 2011, quando estávamos na universidade. E, em certo sentido, fomos os que, já imersos no mundo laboral, nos mobilizamos contra as AFP e

2 Sistema de transporte público da região metropolitana de Santiago. [N.E.]

hoje estamos atirando pedras nas praças. Há aí uma continuidade desde 2006, e isso tem a ver com não deixar de lado o mal-estar produzido pelo neoliberalismo, pelo princípio de autofinanciamento e de endividamento via crédito. E saímos desse espaço escolar, universitário, às ruas, ao mundo do trabalho, que é altamente precarizado. Porque ser universitário profissional é expor-se à precarização do trabalho: uma população de precarizados não sindicalizados. Por isso, é também um movimento muito acéfalo: não possui referentes orgânicos.

Desde 2006, a luta é contra o financiamento e contra a dívida, pautas que não foram abandonadas até agora. Mas é muito interessante o que ocorre em 2011, porque há também o movimento dos indignados em nível global. Aqui havia a discussão sobre a financeirização da vida e a luta contra a dívida. O problema do endividamento, a princípio, parecia confinado à educação superior. Tudo girava em torno dela, ou do modelo educativo neoliberal, que é sobretudo a luta contra o princípio de competição e de endividamento. Pensamos que esses três elementos são fundamentais.

Em 2004, lutava-se contra o CAE e, dois anos depois, além do CAE, lutava-se também contra o princípio de autofinanciamento, e para que todas e todos pudessem ingressar na universidade. Aí há algo importante, porque lutava-se por mais espaço na universidade, e, entre 2006 e 2011, crescem os institutos profissionais, que foram uma grande jogada do neoliberalismo. Quando se põe em crise o modelo educativo, reinventam sua estratégia e começam a criar ofertas estudantis de nível superior. "Querem ir à universidade? Bem, oferecemos educação superior acessível." E começam a proliferar os institutos profissionais por todos os lados. Carreiras técnicas, principalmente. Quem são os que estudam em um instituto profissional? Os estudantes pobres, das escolas municipais, periféricas.

E isso se articulava com toda uma discursividade sacrificial, própria da meritocracia, do empreendedorismo. "Pague você mesmo, não seja sustentado pelo Estado." Essa foi a melhor saída para o mal-estar de 2006 e 2011: a saída neoliberal. A proposta era fortalecer o empreendedorismo, para que esses estudantes pobres percebessem que podiam se endividar e pagar; que não precisavam que o Estado lhes garantisse nada: podiam demonstrar sua capacidade de alcançar individualmente o sucesso.

Isso se soma à traição do movimento de 2006, conformado principalmente pelos secundaristas, que foram traídos pelas cúpulas da esquerda mais tradicional em 2011. Ano, aliás, que representou a maior expressão da traição — novamente — aos estudantes mais radicalizados, em geral representados pelos estudantes mais pobres. Foi um ano de luta de vida ou morte, que mostra muito bem o componente de classe presente no Chile, à diferença, por exemplo, da Argentina. Aqui não há, necessariamente, uma referência positiva ao popular.

De fato, os jovens do ensino secundário mais periférico, durante o ano de 2011, eram expulsos das marchas. E era todo um movimento que gritava: "*Que se vayan los sopaipas!*" [Fora *sopaipas*!]. O termo *sopaipa* remete a um tipo de corte de cabelo parecido com o desses jovens dançarinos da Argentina, Los Wachiturros. Aqui chamamos esse corte de cabelo de *sopaipa*.[3] Eram os jovens das periferias, das favelas, que iam à marcha, às vezes encapuzados, e chegavam para destruir tudo. Para enfrentar a polícia. Para destruir a rua, os pontos de ônibus. E os próprios estudantes, as próprias pes-

3 O corte de cabelo dos Wachiturros é o que costuma se chamar, no Brasil, de moicano. Raspam-se as laterais da cabeça, mantendo uma faixa central com volume maior de cabelo. Alguns integrantes dos Wachiturros também pintam de loiro essa parte central. [N.E.]

soas que marchavam os segregavam: "*Que se vayan los sopaipas!*". Pura crítica burguesa, porque essa atitude de mostrar-se quebrando "o que é de todos" contradizia o objetivo de ampliar essas lutas no sentido comum cidadão: "Eles têm que ir embora, porque chegam para sujar o movimento, que tentamos fazer com que seja o mais limpo possível, o mais progressista, o mais aceitável". Tudo isso foi à merda.

O Estado chileno não consegue penetrar nos movimentos mais populares. Não encontra a forma de fazê-lo, porque são encabeçados principalmente pelos estudantes privilegiados: Boric, Jackson, Vallejo Dowling, Sharp.[4] São estudantes privilegiados que passam a ser as referências da esquerda representacional ou institucionalista. Porque os estudantes periféricos estão lutando no liceu público contra a polícia. E organizando-se em grupos, escutando trap insurrecional, sendo veganos, ou straight edge, "contra tudo". E leem muito, escrevem também, em um registro bem próximo à anarquia, que se vê nos textos, nos panfletos, por todos os lados. A conjunção teórico-prática é mais forte hoje do que em períodos anteriores. Antes era: ou você lutava contra a polícia, ou se dedicava à "masturbação intelectual". Mas agora os movimentos de confronto com a polícia têm maior capacidade de apreender o contexto. Esses jovens são umas máquinas. São jovens do Internado Nacional Barros Arana (Inba), da escola secundária, que foram perseguidos pela polícia. Têm grupos de estudo de filosofia. E uma perspectiva de não acreditar em ninguém, em nenhum político mais tradicional. De não cair em armadilhas representacionais.

4 Gabriel Boric (1986), Giorgio Jackson (1987), Camila Vallejo Dowling (1988) e Jorge Sharp (1985) são políticos chilenos que iniciaram sua trajetória na militância estudantil, egressos de universidades renomadas — Boric e Dowling são formados pela Universidade do Chile; Jackson e Sharp, pela Universidade Católica do Chile. [N.E.]

RADICAIS *VERSUS* INSTITUCIONALISTAS? (E A FORMA DAS COORDENAÇÕES)

Houve historicamente uma desconfiança na institucionalidade. Pensamos que isso vem do pós-ditadura, do modo como tudo foi se acomodando quando deixaram de ser perseguidos, sobretudo o Partido Socialista e o Partido Comunista, que passaram a formar parte da governabilidade neoliberal. Isso foi evidente durante o ano de 2011, quando ambos esses partidos começaram a participar do movimento estudantil. Ou depois, quando é formada a Nueva Mayoría.[5] Por isso, há muita desconfiança de tudo o que venha das instituições políticas. Porque, ademais, tendem a reproduzir essa lógica, como ocorreu em dezembro de 2019 com o voto de vários deputados do Frente Amplio a favor de um conjunto de leis repressivas ("antissaques" e "antibarricadas").

Desde 2006 até agora, a grande discussão era: ou você cai nas máquinas representativas, institucionais, ou continua na radicalidade, fora dos espaços formais da política. E essas duas forças estavam em tensão constante. Mas o bom da revolta é que tudo se mistura, os lugares antes fixos e definidos se movem. Ela obriga você a ser mais estratégico, ou a desenvolver uma inteligência estratégica que permita pensar quais instituições inventamos.

Mas o modo pelo qual se davam os conflitos em 2006 e 2011 tendia a posicionar as pessoas em um desses polos. Aquele que mantinha as duas posições ao mesmo tempo, por exemplo, era muito criticado, aparecia quase como um infiltrado: "Tá fazendo o que aí, infiltrado?". Esse lugar ambivalente da revolta é interessante porque também expõe que a polaridade já não pode ser pensada, que já não há espaço

5 Coalizão de partidos de centro-esquerda surgida no Chile em 2013. [N.E.]

para a representação mais tradicional; que já não há parlamento, que já não há polícias, que já não há sindicatos, que já não há Frente Amplio. Então, o que há? Há coordenações. Elas foram aparecendo nas lutas, nas lutas estudantis de 2006, e com muito mais força a partir de 2015. E isso tem a ver com o que dizíamos: já não há grandes estruturas políticas e organizativas como em outro momento eram os partidos e os sindicatos. Ao contrário, todos têm seu pequeno grupo. E, então, a única saída é coordenar esses distintos grupos.

OS JOVENS RADICALIZADOS DE HOJE (E SEU IMPULSO À EXPLOSÃO)

É claro que também há organizações mais clássicas de secundaristas, como a Cones, do Partido Comunista. Mas há também a Aces, um movimento muito mais transversal, radical, que funciona como uma coordenação. É formada por estudantes dos colégios emblemáticos e também de colégios municipais que não são os de maior qualidade, como o Instituto Nacional, o Liceo 1, o Liceo de Aplicación, o Darío Salas, o Cervantes, o Inba. São estudantes pobres que entraram nas escolas públicas mais ou menos emblemáticas.

Também já não se pode falar do movimento como falamos durante o ciclo 2006-2011, nem se pode pensá-los em linha com as organizações e ideologias políticas mais clássicas. São os jovens, sobretudo, que fizeram do combate à polícia uma das maiores experiências atuais de autoafirmação. Eles não precisam militar em organizações grandes; ao contrário, o que aparece nessas experiências é a ideia do grupo de afinidade. Trata-se principalmente de grupos de afinidade que tomam como referência alguns anarquistas mortos entre 2009 e 2011 — entre eles, Mauricio Morales, o

Punki Mauri —, com toda a sua simbologia, a estrela do caos e o extintor, que é usado como bomba. O símbolo mais usado não é mais o típico "A" que caracterizava os anarquistas, mas a estrela do caos. Basta ir a qualquer colégio e a encontramos pintada por todos os lados.

São esses estudantes secundaristas, que vinham de uma trajetória de combate contra a polícia, os que hoje estão na linha de frente. Foi um treinamento de dois anos de combate contra a polícia em todas as escolas secundárias. Antes isso se fazia nas universidades, sobretudo entre 2007 e 2011. Eram grupos de encapuzados que saíam das universidades. Saíam organizados para lutar contra a polícia porque tinham a autonomia do campus universitário, onde, caso a polícia entrasse, era possível se esconder, mudar de roupa rapidamente e se passar por um estudante como qualquer outro. Mas esses jovenzinhos agora estão nas escolas, que são lugares minúsculos onde não é possível se esconder, porque a polícia entra e faz capturas imediatamente.

De fato, 2011 foi um momento de forte criminalização da prática de combate direto contra a polícia, levada a cabo majoritariamente por membros desse movimento, que depois tornaram-se integrantes do Frente Amplio. O que caracterizava os movimentos anteriores era uma lógica mais representacional, mais militante, que segregava e criminalizava o combate direto. O que fazem os estudantes secundaristas é retomar a trajetória ou a memória do combate direto com a polícia. De repente, em 2019, explode a revolta, e o que antes se segregava hoje é retomado e valorizado. A linha de frente torna-se protagonista na hora de sustentar a revolta, o enfrentamento. Tempos atrás, toda essa primeira linha teria sido reprovada e criminalizada.

Talvez uma parte da imensa alegria do fim de ano na Plaza de la Dignidad tenha a ver com uma sensação de alívio, de "finalmente aconteceu alguma coisa". Quantas vezes lutamos contra a polícia? Quantos disparos levamos? E agora todos amam os encapuzados — ou vestem o capuz e querem lutar contra a polícia. Foram muitos anos para que a experiência sensível de lutar contra a polícia finalmente fosse compartilhada. Agora, sim, é o momento.

SUBJETIVIDADE ACAB

Não sabemos o que acontecerá com a explosão, com esse movimento por vir. O que é evidente é que predomina a sensação de que algo novo se inicia no Chile, e que o ódio à polícia está completamente instalado. O que se está vivendo no Chile é uma luta contra a polícia em todas as suas expressões. Uma polícia que, ademais, está militarizada — vejam os tanques que usam — desde a época de Bachelet, ou seja, trata-se de uma mudança feita pelo progressismo. "Não enviaremos nunca mais os militares às ruas", disseram, mas militarizaram a polícia. Isso aconteceu a partir da década de 2000, em conexão com o enfrentamento ao "novo movimento mapuche", o da autodeterminação e do combate direto com a polícia. E há mais de doze anos que a polícia está em combate direto, e por todos os lados, contra as pessoas.

O ACAB [*all cops are bastards*] aparece na Europa, com os protestos gregos contra a dívida, e vem do black bloc europeu, de suas lutas contra a polícia. Chega aqui porque a luta contra os *pacos* estava desatada havia tempo. Mas o ACAB hoje tem um alcance muito maior, que não se reduz ao policial uniformizado, à instituição; é também contra o espírito policialesco, ou seja, não ser polícia de ninguém. É ainda uma luta dentro dos horizontes da micropolítica e dos cuidados. Uma luta que significa "seja ACAB também dentro de casa". Não ser policialesco e lutar contra a polícia são duas faces da mesma sensibilidade. E isso inclui certa disputa no campo da representação política: "Não venha *paquear*" (em alusão aos *pacos*), diz-se ao *maquinero*. O *maquinero* é o operador político de uma organização de esquerda mais tradicional que, na assembleia, tenta conduzir a situação para poder se posicionar, para tirar proveito. "Passar máquina", dizemos aqui: passo a máquina por cima de você. Essa é outra figura policialesca.[6]

Ao mesmo tempo, é preciso poder se afirmar perante o que acontece e o que se está fazendo. Outro dia, um militante de esquerda nos interpelou: "E o que vocês vão conseguir? O que conseguiram?". Talvez não tenhamos conseguido muito, mas, hoje, 95% da população chilena odeia a polícia e leva essa ideia de não ser policial para dentro de casa. E isso não é pouco, porque daí podem surgir milhares de coisas. Pelo menos isso já temos.

UMA GUERRA ANÍMICA (*PACOS CULIAOS!*)

Hoje a batalha no nível macro se dá também no nível micro, em um plano anímico. Há uma guerra anímica total atualmente. As pessoas tentam reconstruir seu ânimo para poder seguir sustentando a revolta, dia após dia. Os corpos estão cansadíssimos, então é muito importante poder desenvolver práticas que tratem de sustentar-nos animicamente. E dessa batalha anímica também participam os *pacos*. Eles falam de uma "sabotagem psicológica" contra as forças policiais, forjaram esse conceito. Tratam de controlar as manifestações para reconstituir psicologicamente a instituição. Tentam

6 No Brasil, um dos termos usados para descrever essa situação é "tratorar". [N.E.]

recompor a credibilidade da instituição perante a opinião pública. Porque a perderam, porque hoje ela é uma instituição completamente deslegitimada pela corrupção e pela repressão ocorrida nos últimos meses. Ou seja, não só perderam a Plaza de la Dignidad, perderam a própria dignidade. Socialmente, são desmerecidos nas ruas. Um *paco* tenta comprar algo e não vendem, por exemplo. Circulou pela internet um vídeo de quando expulsam um *paco* de uma loja: tentava comprar e os vendedores não quiseram vender.

Há muitos relatos contados e também outros que circulam pelas redes. Os *pacos* historicamente usam de graça o transporte público, e houve casos em que os fizeram descer do ônibus. O *carabinero* sobe e diz ao motorista: "Leve-me a tal lugar", e o motorista responde: "Não, desça". "Mas sou *carabinero*, você vai ter que me levar." "Não, não vou levá-lo." Creio que o *paco* o destrata, mas acaba descendo do ônibus. É um relato muito bonito, porque o motorista olha para seus passageiros que estão ao fundo do ônibus e diz: "Queiram me desculpar por essa situação". E um dos passageiros toca seu ombro e responde: "Não se preocupe, já não estamos sós". Dá vontade de chorar.

Esse relato serve para entender o que está sendo discutido. Porque golpear a sua gratuidade é golpear uma série de privilégios com que contam os *carabineros* desde a transição democrática — entre os quais está o da impunidade. As polícias e as Forças Armadas têm garantias sociais que nenhum chileno tem. São os únicos que, depois do golpe de 1973, continuaram vivendo no socialismo. Os únicos que ficaram com o sistema de aposentadoria e pensões da Unidad Popular, com seu sistema de saúde. Impedir que eles façam valer um benefício que lhes assegurou o Estado é uma ação política e um gesto contra o consenso da transição.

São muitos os elementos que permitem pensar que o que se vive hoje é o desmoronamento desse consenso. A explosão dos protestos não significa simplesmente "vamos queimar as coisas, vamos destruir". Pelo contrário, a luta diária, micro, significa ir desativando esses consensos que formam parte da vida cotidiana e que ocorrem hoje mesmo. Que já não se possa meter as pessoas à força dentro de um carro, gritar com elas, agredi-las. É necessário multiplicar essa prática de desativação micropolítica do consenso neoliberal, que todas e todos têm em suas mãos agora, neste momento.

COMO CONSTRUIR UMA VIDA? (A VIOLÊNCIA COMO AUTODEFESA)

Para pensar o uso da violência, que faz parte de muitas práticas políticas ao longo de todos esses anos e que hoje nos rodeia por todos os lados, a fórmula é pensar que não há vanguarda que queira impor o que quer que seja, apenas a autodefesa. Aqui há violência, mas para defender algo. O que se está tentando defender é um modo de reinvenção da vida cotidiana. E o que é que se defende?

Cada um tem suas estratégias para poder construir sua vida. As feministas e as dissidências têm todo um modo de compor e recompor a vida cotidiana, uma nova relação com os vínculos, com o corpo, com as esferas pública e privada. A luta contra as AFP — que são as encarregadas do sistema de capitalização individual de aposentadorias e pensões projetado na ditadura — foi também um espaço em que se aglutinaram formas e gerações muito distintas. Portanto, trata-se de uma maneira de recompor toda a vida cotidiana em relação aos mais velhos, mas, sobretudo, em relação ao trabalho.

No+AFP é um modo de reinvenção do mundo do trabalho, por parte dos trabalhadores precarizados que carecem de sindicato; é uma luta contra a privatização individual. Os movimentos estudantis, como dizíamos, são vias de recomposição do juvenil. Há também todo um cenário de reinvenção dos territórios, feito pelas assembleias territoriais, e de cuidado da terra e da água, com movimentos como o MAT ou o Modatima. É um modo de reinvenção da vida e do reencontro com a natureza. Por sua vez, todas essas lutas e organizações apoiam e valorizam a luta do povo mapuche. E pode-se pensar o que acontece nessa revolta como um processo de recomposição de um modo de ser social, coletivo.

As experiências das cooperativas de abastecimento, por exemplo, são enormes, com duzentas famílias afiliadas. E o que fazem? Organizam cestas de alimentos através da compra direta com os produtores. Há várias dessas cooperativas em distintos territórios, e muitas dessas experiências internas beiram o hipsterismo, mas é preciso entendê-las a partir da experiência chilena. Aqui tudo passa por ser uma ONG, ou microempreendimento. Você vê anarquistas que começam vendendo soja e depois montam sua barraca de comida orgânica em feiras. É uma estratégia dos caras também para não trabalhar dentro das lógicas hegemônicas da empregabilidade e da precariedade.

Toda essa recomposição, que não está isenta de violência, não implica assumir a vanguarda de nada. Antes, significa montar um espaço de anonimato; a necessidade de habilitar um espaço de encontro, de conhecer as lutas do outro, de saber o que é que se está construindo, em condições de imprevisibilidade total. Improvisa-se, porque todas as energias criativas estão direcionadas, principalmente, ao encontro. Por isso, há atividades todos os dias nas praças: porque as pessoas estão tentando inventar espaços de encontro. E isso é importante, porque já não é possível pensar, *a priori*, que se conhece algo: "Ah, não, conheço esse movimento de antes". Nada saiu ileso da explosão social. Todos os partidos foram à merda, as organizações formais foram à merda. Ou seja, são organizações formais e partidos que já não têm capacidade de mobilização porque não podem conceitualizar o que está ocorrendo. E onde estão os que o conseguem? Estão propondo atividades, encontros, fazendo com que a experiência política passe pelo corpo. Algo fundamental está acontecendo nesse plano.

O *WENÜY* (UMA NOVA SUBJETIVIDADE POLÍTICA)

A revolta também nos permite fazer um balanço desses últimos anos, perguntar como se foi expressando, ou como se foi acolhendo, o mal-estar social desde 2011 até a explosão dos protestos. E, como dizíamos, esse mal-estar teve dois canais: um foi o enfrentamento dos estudantes — sobretudo os secundaristas — com a polícia; o outro foram as grandes marchas que se realizaram nesses últimos anos: marchas mapuche, marchas contra as AFP, marchas feministas do 8M, marchas em apoio às "zonas de sacrifício". Essas marchas sinalizam, em alguma medida, que há uma sensibilidade recomposta a partir dos mal-estares, uma sensibilidade que não é individual, que não é exclusiva de uma única pessoa. E isso faz com que as marchas demonstrem uma força de reunião e vinculação que não está dada pelo simples fato de que o mal-estar pertença a você, mas porque se compartilha o mal-estar com o outro. Creio que isso é sumamente importante e inovador.

O que é a Coordinadora No+AFP? É um encontro entre gerações de precarizados. Quando os estudantes vão às marchas da No+AFP, não vão preocupados individualmente, pensando que, quando forem velhos, vão compartilhar a sensibilidade com o velhinho que está ali, que é seu avô. Um caso muito conhecido foi o de Mauricio Fredes, assassinado pelos *pacos* em dezembro, na Plaza de la Dignidad. Estava na primeira linha porque o que havia desenvolvido era uma prática de cuidado com sua avó, que não trabalhava mais, mas tampouco recebia uma aposentadoria. E ele tinha que se virar para sustentá-la.

Há uma espécie de recomposição da sensibilidade nesses mal-estares. Você não é Mapuche, não estão atirando em você. Mas se você sai às ruas para lutar e defender o povo mapuche, apesar de a luta não lhe pertencer, você está ali com eles. Um exemplo óbvio é o de Santiago Maldonado, que os Mapuche chamam de *wenüy*, amigo. É o que não é Mapuche, mas luta com eles. Eles nunca lhe darão o reconhecimento de Mapuche, mas, sim, o de *wenüy*. É um amigo que está à altura da luta, inclusive quando esta não lhe pertence — e não lhe pertence porque ele não tem o sangue mapuche. Mas está na rua se expondo com eles.

Creio que a figura do *wenüy*, do amigo, fala um pouco da subjetividade social chilena. Ao mesmo tempo, não parece ser algo local ou especial da revolta chilena; ao contrário, parece ser a expressão de uma subjetividade mais ampla, em nível latino-americano. Pensemos no que está acontecendo na Colômbia, sobretudo com o ativismo ambientalista. São pessoas a quem os bens comuns não pertencem, mas que estão lutando por eles. Não pela propriedade sobre o bem comum, mas pelo próprio bem comum, para que seja usado por todos e todas. O mesmo acontece aqui: vai-se às ruas para lutar e pôr o corpo na linha de frente não porque se pertença à linha de frente, não porque a marcha pertença a você, mas, sim, porque você sabe que é preciso deter a polícia, porque, por trás da primeira linha, estão acontecendo coisas que antes não aconteciam. E por isso é uma luta eminentemente transversal. Creio que aqui há uma chave para pensar como se recompõe uma nova subjetividade política, como diz nossa amiga Suely Rolnik, citando outro amigo, Félix Guattari: "Está se compondo uma nova subjetividade política".

AS FORÇAS REATIVAS (CONTRA O PROCESSO CONSTITUINTE)

No entanto, é preciso ter cuidado: se prestarmos atenção nos grandes massacres perpetrados pelos Estados neoliberais na América Latina, veremos que apontam precisamente essas sensibilidades ou os corpos que as desenvolvem. Porque há três grandes forças reativas que, na atualidade, podem cooptar o que está sendo gestado, e uma delas é o medo: é a força mais reativa, sempre à espreita. Se foi possível desativar algo com a explosão social, foi justamente o consenso do medo e das políticas de segurança que dele decorrem. É muito importante identificar isso. O *barrabrava*, o imigrante, todas as figuras que os meios de comunicação mostravam como o novo inimigo interno, começaram a desmoronar, já não se sustentam. O novo inimigo interno é a oligarquia, a elite de empresários que controla o Estado desde a ditadura. Mais do que inimigos, as pessoas veem agora no outro, na outra, a possibilidade de uma vida digna de ser vivida. Por isso, buscam reconhecer esse outro, compartilhar com essa outra. Os *barrabravas* estão aí com as avós e as crianças, quando antes eram o símbolo máximo da violência. E isso é maravilhoso.

Portanto, uma das forças reativas é a do consenso do medo. O que estão tratando de recuperar é a figura do vândalo, do violento, do terrorista: esse é o consenso do medo e da segurança. A segunda força reativa é a do confinamento, as políticas do confinamento familiar. É introduzir novamente os mal-estares dentro de casa e no seio da família. E isso é o que diz o general do Exército [Javier Iturriaga] diante da explosão social: "Voltem às suas casas, com suas famílias, sejam felizes, permaneçam aí". É o confinamento ao espaço privado, e que cada um resolva seus mal-estares como puder. Porque a terceira força reativa é a da capitalização individual — que é, no fim das contas, a gestão de sua própria miséria, o sentir-se empreendedor. Como tirar proveito da miséria que se vive todos os dias? Isso é muito complicado, e o risco da hipsterização está aí. Creio que seriam essas as três grandes forças reativas que sustentam o consenso neoliberal no Chile e que a explosão desativou um pouco. Acredito que as três operem no horizonte do desejo e da subjetividade.

Agora, a pergunta-chave é como poder sustentar as potências destituintes durante o processo constituinte. Ou como o que vai se constituir pode sustentar de alguma forma as potências destituintes, que são essas forças de reinvenção da vida cotidiana que permitem desativar os três consensos. Como fazer isso?

VIVER DE FORMA COLETIVA (E CONJURAR OS MAL-ESTARES EM REDE)

Durante todo esse tempo, nós fomos organizando e participando de encontros coletivos. De alguma maneira, era onde canalizávamos, todos e todas, certas experiências de orfandade que sentimos ao deixar de ser estudantes e de enfrentar diretamente a polícia. Construímos coisas a partir daí. Construímos conversas. Nos conhecemos, todas e todos, porque organizamos rodas de conversa com pessoas que estão envolvidas em todas essas coisas, em todas essas redes. A experiência da rede é uma espécie de protoinstituição que já está construída e que segue se construindo o tempo todo. As coordenações estão construí-

DOT
SIN

das. E agora o que acontece é que a rede começa a desenvolver uma infraestrutura econômico-política.

Na verdade, o que temos mais ao alcance das mãos é seguir vivendo coletivamente. Acreditamos que, até agora, é o que estamos fazendo. E inventando formas de trabalho que nos permitam fazê-lo. Aqui no Chile, isso costuma acontecer sob formas muito "onguistas" [em alusão às ONGs]. E as ONGs foram, por outro lado, grandes canalizadoras do mal-estar. Você vai a uma ONG e ela é também uma *okupa*,[7] é como se tivéssemos transformado tudo em *okupa*. As escolas passaram a ser *okupas*, as universidades viraram *okupas*, nossos postos de trabalho parecem *okupas*. Nas ONGs, há ocasiões em que você pode ir com seu cachorro, as pessoas andam descalças. Por um lado, pode soar meio neoliberal, mas já há práticas organizativas da vida cotidiana que estão aí, transformando-se.

Em certo sentido, isso é muito geracional. Há uma "geração 2006" em todos os lados, em cada família, que funciona como agente de contágio, como um elemento contaminador. Há sempre alguém inoculando o vírus da ocupação. Sempre há uma 8M em algum lugar; sempre há um No+AFP na vida cotidiana. Ou seja, isso se prolifera coletivamente. Há um fator muito forte, que tem algo de geracional. Nós seguimos inquietos. Somos a geração de 2006 e continuamos inquietos. Tentamos habitar o presente de uma maneira diferente. Imagine esses jovenzinhos que virão. Em nós, ainda havia uma memória política vinculada a uma sensibilidade da esquerda mais tradicional. Mas isso também explodiu em 2019. Veremos o que vem agora.

---

7 Derivado da palavra "ocupação", *okupa* é um termo anarquista referente ao ato de ocupar, sem autorização dos proprietários, um bem imóvel abandonado ou desabitado, com o objetivo de criar ali um espaço de vivência coletiva. [N.E.]

VIRULÊNCIAS DE CUIDADO (DA REVOLTA E OUTROS CONTÁGIOS)

Ficamos muito comovidos com as imagens de um jovem de dezesseis anos largado no chão, inconsciente, sobre o leito do Rio Mapocho. Segundos antes, ele havia sido atirado de cima da Ponte Pío Nono, de sete metros de altura, por um policial das forças especiais, que participavam de uma ronda na Plaza de la Dignidad e tentavam evitar que voltassem a se congregar as forças de outubro pós-confinamento.

Repetiam-se as imagens de horror da ditadura, quando corpos anônimos eram encontrados às margens do Rio Mapocho. Não é casual que esse corpo tenha sido o de um estudante secundarista, um dos mesmos jovens aos quais o Estado chileno declarou guerra com a Aula Segura, com o Sename; um desses mesmos "pinguins" que desataram a revolta social contra a herança constitucional de Pinochet.

Poucos dias depois da maior marcha feminista da história do Chile, em 8 de março de 2020, Piñera determinava a implementação de um pacote de medidas sanitárias contra a covid-19 baseadas no distanciamento físico e no confinamento, sob estrito controle militar, em nível nacional. Se durante quarenta anos havíamos buscado afirmar "que não estávamos sós, que não nos largaríamos de novo"; se não acatamos a ordem do general Iturriaga de "voltarmos às nossas casas, felizes" quando a raiva na rua se combatia com o Exército e o toque de recolher, naquele dia, a memória do encontro na ocupação de rua que ainda vibrava em nosso corpo era desafiada por uma exigência de cuidado e proteção diante do vírus.

As perguntas e o desconcerto tomaram conta de todos nós. Podiam as potências da revolta, do encontro na ocupação de rua, desafiar a tão naturalizada ideia de que o espaço íntimo ou privado era em si um espaço despolitizado? Podíamos habitar e cultivar a vida em nossos espaços inter-

nos quando, historicamente, a tarefa silenciosa do neoliberalismo foi a sua destruição? Não havíamos saído às ruas com a urgência de lutar pelo cuidado e pela proteção de nossos avós, para mudar as condições de exposição à violência das e dos jovens, contra a desigualdade e a violência dirigida às mulheres e dissidências? Não havíamos aprendido e incorporado, como corpo na linha de frente, a necessidade de autodefesa perante a violência repressiva da oligarquia e de seus guardiões? Outubro de 2019 não havia sido uma revolta que pôs como centro de gravitação, frente ao modo de vida capitalista, a politização do mal-estar, um desejo de cuidado e responsabilidade ética contra a devastação e a morte?

Enquanto o desconcerto aumentava, em pleno toque de recolher um comboio militar colocou Piñera na Plaza de la Dignidad. Não era necessário convocar os meios de comunicação: poucos segundos depois, as redes explodiram com a imagem do assassino sobre o monumento. O que o 19 de outubro havia atribuído ao protesto social agora se buscava outorgar a outro inimigo: o coronavírus. "Estamos em guerra contra um inimigo poderoso, cruel e implacável", havia dito Piñera em outubro de 2019, referindo-se às forças sociais chilenas. Quase um ano depois, dia 22 de setembro, em seu discurso de festas pátrias, voltaria a recorrer ao suporte bélico da democracia neoliberal: "Sabemos que o coronavírus é um inimigo poderoso, cruel e implacável".

Se pudemos ter alguma certeza nesse tempo de confinamento foi a de que o principal articulador da democracia capitalista, da mobilização da vida em todas as suas formas pelo capital, está dado pela capacidade de gerir a devastação e o enfrentamento entre todas e todos. Uma trama de produção de medo generalizado e de injeção de ódio como garantia de uma ordem capaz de promover a individualização e despotencializar as capacidades coletivas para reinventar os cuidados diferenciados.

A declaração de guerra contra a covid-19 foi também a continuação biossanitária da declaração de guerra social contra o processo instaurado em 19 de outubro. Contra uma sensibilidade coletiva em estado de revolta; contra uma multiplicidade de práticas e inteligências coletivas que emergiram da interioridade comum da sociedade chilena, de seus incômodos, danos e dores. Contra a potência de mutabilidade que tornou factível sustentar a revolta que se opunha à gestão sanitária do neoliberalismo. De algum modo, o dia 19 de outubro confirmou que o vírus, em vez de ser uma ameaça, propiciou uma aliança entre as forças sociais e as forças de Gaia. Uma aliança mutante na qual as virulências da revolta social, sob a forma dos cuidados, podiam sustentar a imaginação atenta de outubro, a escuta das urgências dos territórios e dos lares das e dos mais expostos à gestão neoliberal da pandemia.

Se temos hoje alguma convicção é a de que, diante do medo e do dano organizado pelo capital, produto do pacto bélico da democracia corporativa, os territórios e os corpos sensíveis ao mal estar coletivo permitiram se olhar o terror pandêmico nos olhos, encará-lo. Mutando como o vírus, deixaram claro que as potências do cuidado se ativaram nos espaços "internos" e que a politização de nossas intimidades é um vírus com alto nível de contágio, ao mesmo tempo pondo em suspenso a norma de confinamento individual do capital e seu pacto de medo e ódio organizado.

“O PROCESSO CONSTITUCIONAL TEM MUITAS ARMADILHAS”

ENTREVISTA COM **SOFÍA BRITO**

Formada em direito, Sofía Esther Brito é escritora e militante feminista. É integrante da Asamblea Feminista Plurinacional. Durante as mobilizações de 2018, foi uma das figuras proeminentes do feminismo: sua denúncia contra o ex-presidente do Tribunal Constitucional por assédio sexual e laboral levou à ocupação da Faculdade de Direito, desencadeando o chamado Maio Feminista. Dedica-se especialmente à pesquisa constitucional. É autora de vários livros, entre os quais se destacam *Por una Constitución feminista* (Pez Espiral, 2020) e *La Constitución en debate* (LOM, 2019), com a colaboração de vários autores, além dos folhetins de poesia *Furias Callejeras* (Escafandra, 2017) e *Bestialidades* (Escafandra, 2019).

Em 25 de outubro de 2020, celebrou-se o plebiscito para iniciar o processo de mudança da Constituição chilena, imposta em 1980 durante a ditadura de Augusto Pinochet. A opção *Apruebo* se impôs de maneira contundente e alcançou 78,26% dos sufrágios; a alternativa *Rechazo* obteve apenas 21,73% das preferências. “No plebiscito do dia 25, mostramos que podemos ganhar no campo adversário”, diz.

Desde que a revolta pôs no centro da discussão a necessidade de transformar a Constituição, Brito participou ativamente das assembleias territoriais para debater o tema. Meses depois da explosão, conversamos com ela para compreender o que está em jogo quando se discute uma mudança constitucional e o que significa uma Constituição. "O feminismo funda uma espécie de narrativa: um movimento transversal, massivo, que interpela não apenas o poder patriarcal como também a velha esquerda, que amplia o olhar sobre o trabalho reprodutivo, sobre as triplas jornadas de trabalho, sobre a precarização que se torna mais intensa quando tem uma face de mulher, de imigrante", assegura ela. Nesse ponto, uma pergunta que atravessa o movimento é: de que maneira participar da Convenção Constitucional?

A REVOLTA E O FIM DA NORMALIDADE

A revolta produziu mudanças culturais e no modo como entendemos o país, que poderíamos dizer que são revolucionárias — no sentido de que não há mais volta ao estado anterior. Seguindo a lógica do que aconteceu com o movimento estudantil há alguns anos (tanto em 2018 quanto em 2011), o que se dizia durante as primeiras semanas da explosão era que "isso dura só mais uma ou duas semanas". O tempo todo se pensava na saída para o conflito e em quando voltaríamos à normalidade. Creio que agora estamos em um ponto em que dizemos: "Já não há volta à normalidade". O Chile mudou, e as transformações estão começando a se evidenciar nas relações sociais, na forma como olhamos o Estado, como criticamos as lógicas neoliberais herdadas da ditadura. Muitas coisas que já se sabia, mas das quais não se falava. As comunidades começaram a se juntar depois de muitíssimo tempo. Conformam-se assembleias territoriais que são permanentes, e algumas adotam o nome de *cabildo*, que remete ao período da independência em relação à Espanha. O fato de ter espaços de reunião, de discussões políticas e territoriais, creio, é uma questão revolucionária. Você fala de assembleia constituinte em uma localidade, e todo mundo chega para escutar, para ver o que está acontecendo, compartilhar a sua experiência. Nesse sentido, acho que estamos em um momento muito importante. Quando se veem as assembleias territoriais como espaços que podem nutrir uma construção política, como espaços concretos conquistados dia a dia para a construção de um Bem Viver, recupera-se algo daquilo que dizíamos desde o movimento estudantil: que era necessário reconstruir o tecido social destruído pela ditadura. E acho que isso está ocorrendo.

Por outro lado, e em paralelo, há um avanço evidente das violações aos direitos humanos. A impunidade se combina com os diferentes acordos institucionais estabelecidos com a maioria dos partidos políticos. Conforme esses pactos se consolidam, amplia-se o arco da impunidade, porque aqueles que ficam de fora desses acordos "democráticos" também são descartados dos marcos que impõem a sua democracia, e, portanto, "tudo bem" reprimir esses excluídos. Ou seja, vai-se criminalizando o protesto social. Essa lógica está muito bem instalada no Chile: "deve-se condenar a violência de onde quer que venha". O maior esforço no sentido de criminalizar e sobrecriminalizar o protesto social foram as leis antissaques e antibarricadas. E essa situação repressiva, com aval político e institucional, gera uma sensação de desconcerto e impunidade muito grande. Há quatro relatórios de direitos humanos que simplesmente não são conhecidos. Estamos em uma espécie de "estado de exceção", de ditadura, com alguns aspectos democráticos. Essa questão já era vivida havia muito tempo no Wallmapu, mas agora se estende por todos os territórios.

O FEMINISMO COMO MOVIMENTO TRANSVERSAL

Nesse cenário, o feminismo cumpre um papel decisivo, em especial por tudo o que tem feito nesses últimos anos, com tanta força, ajudando na reconfiguração desse movimento, que estava contido, a ponto de explodir. De fato, diz-se que a mobilização pela greve geral de 8 de março de 2019, organizada pelas companheiras da Coordinadora Feminista 8M, foi a maior marcha desde o fim da ditadura. O feminismo funda uma espécie de narrativa: um movimento transversal, massivo, que interpela não apenas o poder patriarcal mas também a velha esquerda, as velhas formas de mobilização da esquerda, que amplia sua perspectiva sobre o trabalho reprodutivo, sobre as triplas jornadas de trabalho, sobre a precarização que se torna mais intensa quando tem rosto de mulher, de imigrante. Todos esses elementos começaram a ser postos sobre a mesa. #NiUnaMenos [#NenhumaAMenos] irrompeu também aqui, no Chile. Desde 2016, esse movimento foi se revelando cada vez mais massivo, sobretudo em espaços estudantis. Em 2018, houve o que se chamou de Maio Feminista. E, em 2019, com a greve geral, demonstram-se a massividade e a transversalidade do feminismo na sociedade.

Nos primeiros dias da explosão dos protestos de outubro de 2019, talvez não fossem evidentes a massividade e a transversalidade do movimento feminista. Creio, inclusive, que a política tradicional tentou recuperar o protagonismo, como se dissesse: “Aqui estamos novamente, os senhores experientes da República, para fazer política. O feminismo já passou”. Mas o feminismo sempre escapa por algum lado, explode em algum momento. E isso foi mais evidente em 25 de novembro, quando aparecem as companheiras de Las Tesis e dão um hino feminista à revolta. E aí começa um espaço de apropriação feminista da explosão social que expõe todos os aspectos da violência vivida pelas mulheres, desde a vio-

lência político-sexual praticada pela polícia até a violência doméstica que vivem em suas casas.

É muito importante poder dizer que essa não é uma revolta corriqueira, não é uma explosão em que as mulheres, como no século XX, ficam à margem. Aqui no Chile aconteceu o seguinte: o movimento feminista, em algum momento, decidiu que primeiro viria a luta de classes, depois a luta de gênero. Então, era necessário ingressar nos partidos políticos e esquecer o feminismo até que chegasse a revolução. Muitas mulheres assumiram essa postura. A diferença agora é que os espaços feministas não foram deixados de lado: conformaram-se novos espaços, e, inclusive, começamos a ver modos de armar redes maiores. Las Tesis foi um catalisador genial para isso.

Todo esse processo está atravessado pela pergunta sobre o que fazer com o movimento feminista. Por exemplo, se as feministas têm que criar um partido político próprio, ou ficar fora da institucionalidade, ou ingressar nos partidos tradicionais novamente. Aparece de novo, como pano de fundo, uma discussão política sobre qual é o papel do feminismo na explosão social e no processo constituinte.

SOBRE A LEGÍTIMA VIOLÊNCIA POLÍTICA

As companheiras e os companheiros da linha de frente, que põem seus corpos à disposição da luta, são elementos-chave da revolta, assim como o fato (terrível, para alguns) de não haver um líder com quem dialogar. Creio que este é um movimento radicalmente democrático, e foi essa democracia radical que tornou possível tudo o que conseguimos. No nível institucional, não se conseguiu muito, mas, no nível da recomposição da classe trabalhadora, acho que sim.

Há uma violência política legítima por parte do povo. É legítima porque é uma violência baseada na defesa contra a repressão, contra a negação do direito à manifestação, contra o atropelo dos direitos humanos. É uma violência que não pode ser negada por nenhum setor político. Ao mesmo tempo, esperamos não continuar tendo companheiras e companheiros mortos ou com lesões oculares; esperamos seguir avançando, que a repressão retroceda em algum momento e que não seja tão terrível como foi até agora. É a única forma através da qual encontramos um processo de abertura, no sentido de dizer que precisamos de novas regras do jogo porque, lamentavelmente, com essas regras é impossível fazer qualquer coisa.

Evidentemente, há uma ferida aberta que precisa cicatrizar. Nota-se quando se canta "*El pueblo unido*" [O povo unido] ou canções de Víctor Jara. É simbólico também. Há muita gente que desconfiava desse povo, dessa classe trabalhadora neoliberalizada, tão cega pelo consumo. Mas esse consumo era, na verdade, para sobrevivência. No Chile, o principal consumo se realiza com o cartão Presto, cuja finalidade é pagar o supermercado. O que se gasta no cartão de crédito é para comer, pagar os serviços. Creio que essa caracterização é chave para entender quem somos e onde estamos neste momento.

TODA VIOLÊNCIA (SEXUAL) É POLÍTICA

No Chile, sempre houve uma violência político-sexual muito estabelecida. Desde o período da ditadura militar, *carabineros* habitualmente apalpam, desnudam, abusam, agridem, atacam com cassetete e assediam sexualmente as manifestantes em conflitos sociais. E esse comportamento se intensificou depois da explosão dos protestos. A ditadura foi todo um compêndio de violência sexual, inclusive utilizando ratos e cães durante os estupros. Essa política repressiva se manteve. As estudantes mulheres, sobretudo as mais jovens, as dos liceus, sofrem agressões dos *carabineros*.

A direita diz que são fatos isolados, que um ou outro *carabinero* cometeram abuso, mas, na verdade, trata-se de uma política sistemática de violência sexual. Um caso que se tornou público foi o de Josué Maureira, estudante de medicina da Universidade Católica. Dez *carabineros* obrigaram-no a dizer "Sou uma bicha" enquanto o estupravam. Esses tipos de política estão muito instalados. Nesse cenário, mulheres e dissidências são territórios de batalha que devem ser conquistados, disciplinados.

Outra política sistemática de repressão tem sido o ataque aos olhos. O objetivo é cegar. Em um Chile que desperta, que abre os olhos, me parece muito simbólico que sejam esses os órgãos do corpo mais afetados; a revolta é muito visual, temos as ruas todas pichadas. Todas as ruas próximas à Alameda eram muito limpas, não havia pichações. Agora é uma espécie de galeria de arte ao ar livre: as pessoas saem para escrever suas poesias, mensagens, colar lindos cartazes. Por isso é tão simbólico o ataque aos olhos: impede de ver o que está acontecendo, o que começa a se transformar. E o mais importante é que essas companheiras e companheiros que perderam os olhos seguem indo aos protestos, vão com seus tapa-olhos. A política repressiva quer amedrontá-los, garantir que não compareçam às manifestações nunca mais, que fiquem em casa. Mas há uma convicção popular tão grande neste momento que todo mundo quer participar, ser protagonista.

A CONSTITUIÇÃO EM DEBATE (ASSEMBLEIAS DE BAIRRO E TERRITORIAIS)

Assim como as mensagens foram se instalando sem que nenhuma organização política em particular as impulsionasse — penso no "*evade*" [pula catraca], que foi uma mensagem muito linda do começo da revolta, ou "Não são trinta pesos, são trinta anos" —, do mesmo modo todo esse processo foi se transformando em assembleia constituinte. Nessas assembleias de bairro e territoriais, o que se começa a discutir primeiro são os problemas nacionais: a saúde, a educação, as pensões, a imigração, a inexistência de um Estado plurinacional etc. Temos uma Constituição de 1980, redigida na ditadura. Por medo, muita gente votou "*Sí*" a essa nova Constituição, que substituía a de 1925. Mais do que resultado de um plebiscito, a Constituição de 1980 foi uma imposição. Desse modo, muita gente começou a dizer que precisamos de um novo pacto social para o Chile, e não só: pela primeira vez, precisamos de um acordo democrático no país. Por isso, alguns de nós que nos dedicamos ao direito constitucional tivemos que sair por aí explicando um pouco o que são as constituições, para que servem, quais são as armadilhas que contêm, e, sobretudo, por que é necessário mudar a vigente, a de 1980. Há um saber que foi historicamente negado. Não temos ideia de quais são as leis que nos governam, nem para que serve a Constituição, por quem foi feita e com que normas.

Muito antes da explosão dos protestos, em 2016, quando Michelle Bachelet impulsionou um processo constituinte medianamente participativo, começamos a pensar, com um grupo de companheiros, em um livro que, finalmente, saiu em outubro, intitulado *La Constitución en debate*. É um livro que explica a Constituição, não para advogados, e sim para todos.

JCDecaux
CULTURA
OJOS N

ESTRA

O chamado a esse processo constituinte respondia a uma discussão que se abriu no Chile em 2011, com a mobilização estudantil. O argumento era de que não se podia garantir uma educação pública gratuita e de qualidade porque a Constituição tem uma perspectiva mercadológica da educação, de uma educação que prioriza a liberdade de escolher em que instituição quero educar meu filho ou filha, e não que o Estado provenha garantias educacionais. Realizaram-se encontros em nível local, depois provincial e finalmente regional. Mas a Constituição que Bachelet redige, com os "supostos resultados de todo o processo de discussão", não tem nada a ver com a sistematização das discussões que se deram nos encontros locais. Nesse processo, percebemos que muita gente não queria participar das distintas instâncias de discussão porque não tinha ideia do que era uma Constituição e qual era sua relação com as problemáticas sociais. E aí surgiu a ideia do livro, que acabou atrasando e saiu justamente em outubro, uma coincidência maravilhosa.

Nos encontros dos quais estamos participando, há um processo aberto, um momento de construção. É uma situação lindíssima, porque não é que as pessoas se reúnam para escutar alguém que sabe de direito constitucional; em vez disso, constrói-se um espaço de encontro e discussão, de compartilhamento de problemas ("no meu caso, tive problemas com moradia, com a saúde"). Em determinado território onde haja problemas com os subsídios habitacionais ou com as pensões, esse espaço de encontro se prolonga, se torna permanente, vai se articulando com o processo constituinte.

ASSEMBLEIA CONSTITUINTE OU CONVENÇÃO CONSTITUCIONAL?

Primeiro, é importante dizer que não é só uma questão de nome. A assembleia constituinte, como diretriz e horizonte político, foi instalada pelo movimento social. Aqui há um povo que reconhece a assembleia constituinte como o órgão democrático, e ninguém fala de Convenção Constitucional. Desde a redação da Constituição de 1980, houve no Chile muitos movimentos que lutaram por uma assembleia constituinte. Mas os governos da Concertación nunca quiseram mudá-la — só se fez a reforma de Ricardo Lagos, em 2005, em aspectos vinculados à ditadura. Os movimentos sociais sempre reconheceram a assembleia constituinte como via de transformação. A assembleia constituinte, ademais, é uma diretriz que foi utilizada também no resto da América Latina e em outros países do mundo. Então, a proposta de mudar seu nome não é casual nem indiferente: é um triunfo da direita.

Se a Convenção Constitucional está composta apenas de cidadãos e cidadãs eleitos para tal efeito, poderia se dizer que ela é a mesma coisa que a assembleia constituinte. Mas não podemos negar a carga simbólica que tem a assembleia constituinte, e o fato de não estar presente como proposta faz com que muita gente diga: "Bom, já perdemos logo no início. Não há uma assembleia constituinte, não vale a pena participar do processo". Ou seja, é preciso reverter o resultado no caminho: primeiro temos que conseguir que haja uma Convenção Constitucional (isto é, com a totalidade dos convencionais eleitos para esse fim), em lugar de "mista" (entre convencionais e parlamentares). Por isso, há um desconcerto tão grande com a institucionalidade e com todos os partidos políticos que assinaram o Acordo pela Paz e pela Nova Constituição em 15 de novembro, quando surge essa proposta de Convenção Constitucional.

Foi um acordo entre os partidos políticos a portas fechadas, à revelia da cidadania — no Chile, os partidos políticos têm menos aprovação que Piñera, a deslegitimação da representatividade é muito grande. Além de ser um acordo à revelia de todos, a forma como tecnicamente foi pensado gera um processo constituinte totalmente pactuado. E voltamos à distinção entre assembleia constituinte e Convenção Constitucional. Essa Convenção Constitucional está pactuada de antemão, segundo diferentes normas complexas. A primeira é que o quórum de aprovação de cada norma é de dois terços, o que dá um poder de veto enorme a apenas um terço, que corresponde à direita, para bloquear as mudanças constitucionais. Em segundo lugar, também se estabelece que os tratados internacionais são "supraconstitucionais", isto é, estão acima da Constituição. Diz-se: "Tratados internacionais de direitos humanos, muito bem, estamos todos de acordo". Mas o problema são os tratados de livre-comércio. Se esses tratados não podem ser modificados, tampouco se pode modificar o modelo econômico, e sequer haverá uma discussão sobre o modelo econômico, porque este já está atado aos acordos de livre-comércio.

Em terceiro, a Suprema Corte será a responsável por resolver os conflitos de regulamento que existem na Convenção Constitucional, sendo que, normalmente, todas as assembleias constituintes do mundo autorregulam seus conflitos. Assim como os congressos. Os congressos não têm uma disposição que diga que uma discussão sobre o regulamento deve ser resolvida pela Suprema Corte. É um absurdo, é pôr um órgão no controle, algo que não se costuma fazer em nenhuma parte do mundo. A questão é que se trata de atar o processo à antiga institucionalidade o tempo todo, ao já constituído, ao que vem da Constituição de 1980.

Em quarto lugar, essa não é uma reforma feita em abstrato. Os políticos deveriam ter introduzido um capítulo de reforma constitucional na Constituição de 1980, dizendo: caso o povo necessite mudar a Constituição, deve fazê-lo desta, dessa ou daquela forma. Mas o que fizeram? Regularam um processo concreto que só acontece uma vez, em datas estipuladas pela própria Constituição já existente.

Quinto, e como cereja do bolo: se, por exemplo, ganhar a mudança constitucional, forma-se o órgão constituinte para criar a nova Constituição. Mas, se depois, no plebiscito ratificador, as pessoas disserem "não gosto dessa Constituição", o que acontece? Volta-se à Constituição de 1980? Fazemos de conta que não aconteceu nada?

Como se vê, tudo isso leva a crer que há uma tendência a mexer o mínimo possível na Constituição atual. A discussão dentro da direita atualmente é essa: se é possível manter o modelo econômico com uma nova Constituição ou não. Por isso, eles tomam todos os cuidados para que a coisa seja pactuada ao máximo. Ademais, obviamente, mantêm todo o poder que têm nos meios de comunicação, isto é, a possibilidade de fazer uma grande contracampanha. E, no fim, isso gera certa desesperança, porque as pessoas dizem: "Bem, se já há tudo isso, para que vamos participar?". De fato, o voto é obrigatório apenas para esse último plebiscito ratificador; para todo o resto, o voto é voluntário. São armadilhas demais. Está tudo muito bem pensado.

O que temos conversado em assembleias territoriais e com organizações sociais é a possiblidade de mudar o processo em seu curso. É preciso tentar fazer uma rede transversal de movimentos e organizações sociais que acirre a orientação das mudanças. Poderíamos tomar como exemplo o caso da Bolívia, onde a representação das mulheres na Assembleia Constituinte era pequena, menor que 30%. E as mulheres indígenas bolivianas criaram uma rede transversal de mulheres com cartilhas de formação, espaços de discussão, e com isso pressionaram o governo para consagrar uma

Constituição que reconhecesse sua identidade como mulheres indígenas. Foi uma briga dura, porque enfrentavam uma direita forte, que ia tensionando os acordos; foi uma discussão enorme, mas, através dessa pressão, as redes feministas conseguiram torcer o que vinha bloqueado desde a origem. Em certo sentido, o mesmo aconteceu na Colômbia e na Venezuela. As mudanças mais profundas se vinculam à pressão de redes de movimentos e organizações sociais que estão de fora da Constituinte.

Algo parecido ocorreu com a questão da paridade de gênero aqui, que só agora, neste contexto, se pode discutir. Até antes da revolta, todo mundo estava espantado com a paridade. De fato, nós não temos leis de paridade no Congresso, e só em 2015 se aceitou um sistema de cotas. Somos um dos países mais atrasados quanto a esse tema básico de democratização. E foram Las Tesis e as assembleias feministas que conquistaram esse sistema de cotas.

O desafio é a articulação em rede de todas essas assembleias territoriais, de bairro etc., para que todas nós estejamos a par de discussões que são muito técnicas. Nossa ideia é "destecnificar" a linguagem, para que as pessoas não sintam que a questão está perdida ou que não há nada a fazer. É necessário instalar, primeiro, a necessidade do voto, ir contra a abstenção. Depois viramos o jogo, começamos a falar de assembleia constituinte. As assembleias constituintes são soberanas internacionalmente, de modo que talvez também se possa fazer uma pressão internacional para se removerem todos os entraves que vêm da Constituição anterior. O que foi feito no Chile em relação à mudança constitucional é algo que já não se faz no mundo e que poucas vezes se fez. Porque as assembleias constituintes são órgãos soberanos em que o poder constituído não pode se imiscuir, como nesse caso da Suprema Corte. É um desafio enorme e complexo aqui no Chile. Depende muito do poder de acesso que tenhamos ao órgão e de como os movimentos sociais vão se articulando no mesmo processo.

O NEOLIBERALISMO CONSTITUCIONAL

Por meio de uma assembleia constituinte soberana, tudo entra em discussão. Quando se fazem mudanças em uma Constituição, rediscute-se a teoria constitucional. Se é possível mudar a privatização da água, ou o fato de que não tenhamos um Estado plurinacional, ou a questão das pensões. Em teoria, pode-se mudar tudo. Essa é a graça de a explosão social ter se tornado um processo constituinte que permite ir além desses limites. A Constituição de 1980 consagrou o modelo neoliberal, instalado pelos Chicago Boys durante a ditadura. Convocou-se uma comissão técnica, chamada Comisión Ortuzar. Eram sete homens, todos advogados, e só uma mulher. Jaime Guzmán era o mais importante. Sete homens, e levaram sete anos para pensar: como consagrar o neoliberalismo na Constituição?

Temos um processo constituinte que não é soberano, que tem certas questões pactuadas de antemão. O desafio dos movimentos sociais será mudar esse pacto e essa normativa imposta por um processo já constituído. Só uma verdadeira assembleia constituinte é soberana, no povo está o poder constituinte.

Trata-se de uma questão política. Quando os conflitos se judicializam, a principal tentativa é torná-los técnicos, é negar sua dimensão contra-hegemônica. É um direito, e funciona assim, essas são as regras do jogo. Na verdade, é um problema de hegemonia: o problema de quem tem força para poder fazer as mudanças. Antes nos diziam que era impossível mudar a Constituição porque não havia uma norma na mesma Constituição que permitisse a mudança. Agora, com outra correlação de forças, criou-se a norma.

A Constituição não contém em si mesma um mecanismo de autodestruição. Em outras experiências latino-americanas — na Venezuela, na Bolívia, no Equador —, geraram-se processos constituintes que quebraram a institucionalidade, principalmente porque havia um Poder Executivo que promovia essa quebra. Mas, em suas novas constituições, redigiram um artigo na parte final que explicita um mecanismo para mudar a Constituição. Desse modo, da próxima vez que a Venezuela, o Equador ou a Bolívia quiserem mudar suas constituições, não será necessário um Poder Executivo forte ou uma revolta social, mas simplesmente um projeto assinado por uma determinada porcentagem do Congresso ou da cidadania.

Uma Constituição mínima, que tenha mínimos acordos, como disseram muitos constitucionalistas. Como está tudo tão polarizado, não vamos poder almejar mais do que isso. Mas, quando me dizem Constituição mínima, penso no século XXI, isto é, numa Constituição sem direitos, sem reconhecimento de outras identidades. Supõe-se que o planeta avançou em direção a outra coisa. O que precisamos é de uma Constituição que regule os recursos naturais e bens comuns, para que não fiquemos sem planeta. Que regule o reconhecimento das identidades e dos direitos sociais, sexuais e reprodutivos, questões que sempre nos foram negadas. Uma Constituição que não vá durar outros trinta anos, porque as coisas mudam tão rápido que será necessário alterá-la de novo. Mundialmente, as constituições não costumam durar mais que trinta anos, salvo nos Estados Unidos e na Inglaterra, porque se creem as nações fundantes do mundo, mas as demais duram esse tempo.

O PLEBISCITO PÕE NOVAMENTE O TEMPO A NOSSO FAVOR (A UM ANO DA REVOLTA)

Sem dúvida, 2020 foi duríssimo. Com a pandemia, fomos obrigados a recuar para sustentar nossa vida. As assembleias territoriais ganharam o sentido de cooperação, solidariedade, se fizeram *ollas comunes* como alternativa comunitária perante falta de apoio estatal. Acredito que antes de 18 de outubro, estávamos muito desesperançados. A repressão no Wallmapu foi fortíssima, as forças policiais jogaram no rio um jovem de apenas dezesseis anos nas primeiras mobilizações depois da pandemia. Mas o 18 de outubro fez com que nos encontrássemos novamente e, de alguma maneira, foi simbolicamente o dia de nossa verdadeira independência. Uma festa popular. Uma semana depois, no plebiscito do dia 25, demonstramos que podemos ganhar. Só os bairros onde vivem as classes dominantes votaram contra.

O desafio agora é gigante. Para seguirmos nosso transbordamento popular, temos que compreender a necessidade de todas as vias de luta para vencer. Para extrapolarmos o processo institucional, temos que considerar os espaços que já ocupamos no campo popular. Estivemos nas ruas com o protesto. Reconstruímos os tecidos em nossas assembleias. Propusemos instâncias de discussão paralelas ao institucional, que deveriam se transformar em uma assembleia popular constituinte. Acho que todos esses processos devem se associar, para que os que nos representem na Convenção tenham um mandato das discussões de base. Vai ser difícil, porque estamos muito acostumados a entender uma via de luta como mais importante do que a outra. Mas, embora tenhamos discordâncias, devemos confiar em nós mesmos. Marchar separados, mas atacar juntos.

SOMOS
EL
PODER
DESTITUYENTE

"NO CHILE, ESTÁ EM CURSO UMA DESTITUIÇÃO DO NEOLIBERALISMO"

ENTREVISTA COM **JAIME BASSA**

Mais de três mil assinaturas apoiaram a candidatura de Jaime Bassa à Convenção Constituinte para as eleições de 11 de abril de 2021. É advogado constitucionalista e professor na Universidade de Valparaíso. Também estudou filosofia e integra o coletivo político e editorial Communes, de Viña del Mar. Entre suas publicações, destacam-se *La Constitución que queremos: propuestas para un momento de crisis constituyente* (LOM, 2019) e *Constituyentes sin poder: una crítica a los límites epistémicos del derecho moderno* (Edeval, 2018).

OUTUBRO DE 2019 (E O COLAPSO DO MODELO CHILENO)

Aqui no Chile, vivíamos em uma espécie de crise permanente e não havíamos percebido. A taxa de desemprego era mais ou menos estável, sempre esteve perto dos 5%, 6% ou 7%; a taxa de inflação também sempre esteve muito contida. Mas havia dois ou três elementos econômicos que estavam um pouco escondidos. O primeiro é que nossos salários são baixos em relação ao PIB e ao custo de vida no Chile, sobretudo em Santiago. Em segundo lugar, o mercado de trabalho tem muita rotatividade: as pessoas ficam pouco tempo em um mesmo emprego. Então, há muita mudança e, por isso mesmo, muitas lacunas. O terceiro elemento é que há um nível de endividamento brutal, realmente brutal. As cifras mostram que 75% das famílias estão endividadas, especialmente com créditos de consumo e hipotecários. Ou seja, destinam quase 25% de sua renda mensal para pagar dívidas, e a relação dívida/renda é de cinco vezes, com altas taxas de inadimplência.

Essa situação social e econômica dista muito do que apregoam certos intelectuais orgânicos do modelo neoliberal, como Carlos Peña. Ele havia instalado a ideia de que o neoliberalismo implicava uma "modernização capitalista". Creio que se algo ficou claro a partir de outubro de 2019 é que, no Chile, não há tal "modernização", mas uma estrutura social e laboral precária, que não se sustenta no desenvolvimento, e sim em endividamento.

Isso ficou muito evidente de 18 de outubro em diante. Porque, claro, as pessoas começaram a trabalhar menos, a gastar menos, o comércio começou a queixar-se porque não havia consumo. As pessoas trabalhavam até as quatro, cinco da tarde, não até as sete, oito ou nove, como fazemos regularmente, e o país funcionava da mesma forma. Então, as pessoas começaram a dizer: "O que está acontecendo? Por que então trabalhamos até tão tarde?". Algo estranho começou a acontecer de modo espontâneo.

UM CÍRCULO VICIOSO (DE ENDIVIDAMENTO E CONSUMO)

No entanto, em certo sentido, o neoliberalismo teve êxito aqui. Os critérios de validação social, de reconhecimento social e de êxito profissional, no Chile, são econômicos: o automóvel, a casa, o relógio, a televisão cada vez maior. O consumo funciona como variável de validação e como modo de integração social. Mas, para a grande maioria da população, aceder a esses níveis de consumo significa se endividar, o que gera um círculo vicioso muito nocivo e desmobilizador, que despolitiza a sociedade e anula o pensamento crítico. Ninguém se pergunta nada, ninguém questiona nada, ninguém se reúne com ninguém.

Há um nó aqui que explica a revolta e que é dasatado na explosão social, junto com o neoliberalismo de nossa pós-ditadura. A Concertación acabou por administrar e consolidar, ao longo de dez anos, o modelo neoliberal imposto por Pinochet e pela Constituição de 1980. Um modelo que funcionou de uma forma muito sólida, quase sem ajustes. Daí em diante, diversas discussões políticas nunca puderam ser feitas. As condições para essas primeiras discussões se deram durante o governo de Ricardo Lagos, presidente de 2000 a 2006. Entre 2002 e 2003, explodiu um escândalo de corrupção brutal. E então começou a debilitar-se, pouco a pouco, o mito de que o Chile é um país perfeito, que sua polícia não é corrupta etc.

Essa visão foi se definhando aos poucos. Talvez um momento fundamental tenha sido 2003, quando a Unión Demócrata Independiente, partido chileno de extrema direita, salva Ricardo Lagos da crise institucional e política causada pelos casos de corrupção em seu governo: descobriu-se que os ministros recebiam, todos os meses e de forma irregular, envelopes com dinheiro para "inflar" seus salários. Daí em diante, a agenda transformadora do governo socialista foi muito contida. O governo de Michelle Bachelet (2006-2010) começa com uma crise social importante, produto da falida implantação do novo plano de transporte licitado da capital, e parte de suas energias é destinada a enfrentar essa crise. Depois, Piñera, em seu primeiro governo (2010-2014), dedica-se a conter a agenda transformadora e a administrar o ciclo de protestos sociais iniciado com a revolta estudantil de 2011; mas, em 2018, volta muito forte com o rolo compressor, com uma agenda de aprofundamento do modelo neoliberal. Por isso, emerge com essa força um mal-estar que estava acumulado havia tempo.

O NARCISISMO DA ELITE (BASTANTE ORDINÁRIA)

Nos primeiros dias que se seguiram à explosão dos protestos, escutava-se, vez ou outra, que "ninguém a havia previsto", mas eu discordo: muitas pessoas a previram. O que acontece é que essas pessoas nem sempre são ouvidas ou consideradas pelas elites, inclusive pela acadêmica. Isso para não falar da elite política e da empresarial, que estão no topo, muito distantes do que acontece com as pessoas comuns, sem conhecimento efetivo de como é a vida cotidiana nos demais setores da sociedade, especialmente nas classes populares.

A presumida estabilidade econômica chilena prévia ao 18 de outubro, que viabilizava a vida acomodada de uma elite, só era possível sobre a base de condições ultraprecarizadas de trabalho e altos níveis de endividamento. As elites não entendem, por exemplo, que, embora os números macroeconômicos andem bem, praticamente todas as economias familiares estão destroçadas. E também o inverso: o país ostenta bons números macroeconômicos porque há uma classe trabalhadora que se mata de trabalhar, que se endivida. E quando esse setor recobra visibilidade e reivindica melhores condições de vida, essa estabilidade cambaleia. A elite deveria, inclusive por interesse próprio, refletir e entender que suas condições de vida dependem de nosso trabalho.

Então, claro, quanto mais se isola, mais fácil é para a elite manter-se no topo, observando o mundo de acordo com categorias abstratas e universais, analisando seus números macroeconômicos. Não conseguem compreender o impacto que as condições materiais de existência produzem na vida individual e na forma como os sujeitos se configuram diante desse cenário. Creem que é suficiente dizer que todos somos pessoas, que é suficiente que a Constituição reconheça formalmente o direito de propriedade para todos.

É uma elite política e empresarial com pouquíssima formação cultural, bastante ignorante, que não entende o que está acontecendo na sociedade. A elite liberal conservadora chilena do século XIX era muito mais ilustrada, estudava na Europa, depois nos Estados Unidos. Mas a atual é bastante ordinária, com tão pouca formação que, no início de 2019, o ministro da Economia, Fomento e Turismo, José Ramón Valente, chegou a dizer que ler literatura era uma perda de tempo, que ele só lia quando tinha que estudar. Isso mostra o tipo de elite que temos: ignorante e desconectada da sociedade. E explica sua incapacidade para processar a dimensão estrutural das demandas sociais que explodiram em 18 de outubro: muita "ordem pública", muitos *carabineros* — inclusive militares, na primeira semana. Mas as propostas governamentais continuam basicamente as mesmas: um incremento percentual por aqui, um financiamento adicional por ali, mas não há nada profundo.

UMA, DUAS, MIL REIVINDICAÇÕES ANTINEOLIBERAIS

As reivindicações são de todos os tipos, vinculadas à saúde, à educação, ao trabalho, à assistência social, ao meio ambiente, à água, à igualdade perante a lei, ao fim do patriarcado; cada uma tem sua própria história, construída durante os últimos trinta anos, ou, pelo menos, desde 1995. E são todas reivindicações postergadas, invisibilizadas. Em alguns casos, foram atendidas com reformas parciais, quase sempre mais reforçando do que atenuando o modelo neoliberal. O melhor exemplo disso é a "gratuidade universitária", que não é uma gratuidade universitária propriamente dita, mas um subsídio à demanda concebida sobre a base de uma série de requisitos para o acesso universitário. E todas as outras reivindicações estão aí, pendentes. Por exemplo, depois do Maio Feminista de 2018, não houve reformas estruturais que acolhessem as exigências do movimento.

Quando há esse nível de indiferença e de abuso por parte do governo, ocorre o que aconteceu no 18 de outubro: todos esses atores sociais, mais ou menos politizados, mais ou menos articulados — quase sempre pouco articulados —, se encontraram nas ruas. A partir de certa identificação com os estudantes secundaristas, primeiro, e da resistência contra a ocupação militar da cidade, depois, distintos setores da sociedade foram percebendo que possuíam aspirações em comum. Daí surge um tipo de reivindicação mais transversal, e começamos a ver muitos cartazes, muitas faixas diretamente antineoliberais. E como todas essas exigências dizem respeito a itens contemplados pela Constituição, não havia passado nem uma semana e já ouvíamos: "Nova Constituição!", retomando um dos anseios que já vinham de antes.

A ILEGÍTIMA CONSTITUIÇÃO DE 1980 (E SUA DESPROPORCIONAL CENTRALIDADE POLÍTICA)

A Constituição é aprovada em setembro de 1980, transcorrida pouco menos da metade do tempo que duraria a ditadura; mas, uma semana depois do golpe, já se pensava em mudar a Constituição. Em agosto de 1980, há uma grande manifestação política a favor de uma assembleia constituinte, a primeira grande manifestação massiva, sete anos depois do golpe; um acontecimento político importante. O orador dessa jornada foi o ex-presidente Eduardo Frei Montalva, que, depois, seria assassinado pela ditadura.

A partir desse momento, a Constituição ganha uma centralidade muito importante, que se estende a todo o processo de transição, incluindo o plebiscito de 1988 e as reformas constitucionais de 1989. "Essa é a nossa Constituição", declara Patricio Aylwin, o primeiro presidente que assume depois de Pinochet, em 1990, tentando disfarçar a ilegitimidade de origem da Constituição e validando a estratégia de lutar contra a ditadura utilizando sua própria legislação — uma Constituição redigida na ditadura, que expressa um projeto político particular, completamente contrário ao governo eleito de forma democrática. É uma Constituição totalmente ilegítima, tanto em sua origem quanto em seu exercício.

Toda a década de 1990 foi marcada pela discussão sobre reformas constitucionais. A eleição presidencial de Ricardo Lagos, em 2000, também esteve associada ao desejo de uma nova Constituição; o mesmo ocorre nas eleições de 2009. Por outro lado, o movimento Marca Tu Voto emerge para as presidenciais de 2013, e depois vem o processo constitucional de Bachelet em 2015. Há aí uma demanda social latente que perpassa todos esses anos. Quando eclode o 18 de outubro, já há um grupo social organizado trabalhando em prol de uma nova Constituição, de maneira que, quando começam a se articular todas essas reivindicações, o tema da Constituinte volta a emergir.

Ademais, a Constituição tem uma enorme centralidade na atividade política do país, porque foi sistematicamente utilizada como um instrumento para evitar as mudanças sociais, inclusive aquelas impulsionadas pela própria institucionalidade. Foi utilizada, por exemplo, contra a lei de despenalização do aborto e contra toda lei que avançava em direitos sociais, sobretudo em educação e saúde. Por isso, dizemos que a Constituição não apenas é ilegítima na origem, mas também ilegítima em seu exercício. Porque tem um núcleo excludente, antidemocrático, uma série de "armadilhas constitucionais", de enclaves autoritários e instituições contramajoritárias que bloqueiam qualquer tentativa de avançar direitos sociais que beneficiem a população.

As mudanças instituídas por essa Constituição de 1980 são estruturais; esse é outro país, é um país neoliberal. E esse "outro país" é extraordinariamente bom para certo setor da sociedade. Para os setores privilegiados, viver no Chile é um paraíso, porque, para eles, os serviços sociais são de primeiro nível. E o que se tem são espaços segregados, protegidos, praticamente não se vê o resto da população. O problema é que somos dezoito milhões de pessoas, e o que há para o resto é viver na América Latina mais profunda e precária. Essa dicotomia social é possível, em grande medida, graças à Constituição.

Por isso, o debate constituinte é tão importante. Quando, em 18 de outubro, há uma rebelião contra um determinado modo de vida, contra a hegemonia da razão neoliberal, todos entendemos que esse modo de vida está condicionado pelo que diz a Constituição. O debate constituinte é, em nosso caso, muito mais importante que em outros regimes de democracias constitucionais em que o eixo está posto na lei, nos parlamentos. As discussões nos parlamentos podem refletir mais ou menos a vontade popular, mas é um órgão onde há representantes. Por trás da Constituição, não há um órgão com representantes, não há nada. Está a figura de Jaime Guzmán, está a figura de Pinochet, está o Tribunal Constitucional, que cumpriu um papel central na defesa do projeto político que a ditadura imprimiu na Constituição.

O PROCESSO CONSTITUINTE PRODUZIDO PELA EXPLOSÃO DOS PROTESTOS

Na base desse processo está, naturalmente, a explosão social, mas mais pontualmente o Acordo pela Paz e pela Nova Constituição, aprovado em 15 de novembro de 2019, em meio à revolta. Recapitulando: essa semana do Acordo foi muito intensa e interessante, porque começa na segunda-feira, 11 de novembro, à noite, quando o presidente da República propõe, em cadeia nacional, "reformas substanciais" na Constituição, uma declaração que gerou tanto incômodo que, na terça-feira, dia 12, houve uma greve geral que teve de enfrentar uma repressão policial muito dura. Já haviam se passado três semanas da explosão de 18 de outubro e não se havia avançado em praticamente nada. As reformas na Constituição anunciadas pelo presidente eram as mesmas que ele propôs em sua campanha eleitoral, e as pessoas disseram: "Se não conseguirmos mudanças agora, não as conseguiremos nunca mais".

Essa jornada de 12 de novembro foi muito dura: à noite, o presidente esteve a ponto de decretar um estado de sítio ainda mais rigoroso que o declarado na primeira semana da revolta. E foi uma semana muito tensa. No dia 14, começam as negociações para assinar o cordo pela Nova Constituição, o que se efetiva na sexta-feira, dia 15, às três da manhã. Visto em retrospectiva, o acordo é claramente um triunfo da mobilização social, embora, com isso, eu não queira defender todo o seu conteúdo. Mas, para o bem ou para o mal, a correlação de forças tornou possível um acordo como esse; ocorre que por trás dessa correlação de forças estão necessariamente a mobilização social e, em particular, a greve geral do dia 12, que deve ser a greve geral mais importante desde a época da ditadura, isto é, desde 1986.

Por isso, seria ingênuo ignorar que o governo tentou descomprimir a tensão social que se vivia nas ruas; buscou-se um tipo de "pacto de governabilidade" dentro da elite para, a partir da política constituída, tentar conter a situação. A elite não estava disposta voluntariamente a ceder, mas se viu obrigada a isso. O acordo não foi comemorado como um triunfo porque há cláusulas introduzidas pela direita com algumas concessões bem controversas, como a do quórum de dois terços para a Convenção Constitucional. Ademais, porque há uma desconfiança estrutural muito profunda em relação à classe política, quase tudo o que vem daí é suspeito. Mas, visto em perspectiva, não há dúvidas de que a abertura do processo constituinte foi uma conquista da mobilização, e o contundente triunfo no plebiscito de outubro de 2020 o confirma. Tudo o que ocorrer daí em diante deve ser lido à luz desse mandato popular pela nova Constituição.

PILARES DE UMA NOVA CONSTITUIÇÃO

É importante perguntar quais elementos farão com que uma nova Constituição traga mudanças para o Chile. Creio que duas dimensões ou linhas de transformação deveriam distinguir a nova Constituição da atual. A primeira: direitos sociais não mercantilizados; a segunda: desconcentração do poder político e territorial. "Nova" não pode significar apenas a mudança da redação atual, mas deve expressar uma nova estrutura de poder social. E essa não é uma distinção menor.

No mundo do direito, é muito comum acreditar que uma reforma jurídica é suficiente para falar de uma nova Constituição. Há quem diga que a Constituição atual não é a Constituição de 1980 porque houve uma reforma em 1989 e outra em 2005. Então dizem que essa não seria a Constituição de Pinochet, mas a de Ricardo Lagos. É um erro. Poderia ser uma falácia, mas pensemos de boa-fé e digamos que seja um erro. E é um erro porque o coração da Constituição atual é o da Constituição de 1980, que, por sua vez, é o coração do projeto político da ditadura. Este consiste, notadamente, na irradiação da razão neoliberal a todos os âmbitos da vida, afetando os direitos sociais fundamentais das pessoas comuns. No caso do Chile, como dizíamos, essa proposta é acompanhada de um projeto jurídico funcional à acumulação do poder econômico, social e político.

Nessa perspectiva, uma nova Constituição tem que responder às reivindicações sociais do presente e também à necessidade de organizar o poder na sociedade chilena de uma nova maneira. Insisto, são esses dois pilares: direitos sociais garantidos de maneira universal por fora do mercado (saúde, educação, assistência social, trabalho, moradia, água) e um desenho institucional que permita à sociedade desconcentrar o poder que foi se acumulando em tão poucas mãos nos últimos 47 anos, desde o golpe de Estado.

Trata-se de uma desconcentração do poder transversal — que é territorial, obviamente. O Chile, apesar de sua estrutura geográfica, é um país muito unitário, muito centralista. E essa centralização do poder também se dá em outros níveis, por exemplo, em relação aos povos originários, ou nas relações de gênero, ou ainda nas relações entre as populações nacional e imigrante. Há concentração também de acumulação do capital cultural, à qual serve o sistema educacional privatizado. É preciso que haja uma desconcentração do poder, por exemplo, que seja funcional à democratização das AFP. Hoje em dia, 10% do salário de todos os trabalhadores e trabalhadoras do país, em vez de fortalecer a vida social, destina-se a cinco empresas, que o investem em distintos instrumentos financeiros. É uma forma de acumulação por espoliação que é muito clara, muito patente. E é a mesma forma de acumulação que opera com a água, com o meio ambiente e com as zonas de sacrifício.

Entre a desmercantilização dos serviços sociais fundamentais e a desconcentração do poder abrem-se muitos cruzamentos, que nos permitem pensar em uma forma de organização política e social distinta, na qual a cidadania se torne mais responsável pelo papel que lhe corresponde cumprir. É isso o que uma nova Constituição permitiria vislumbrar: pensar outra forma de organizar o poder político, o poder social. Trata-se de uma luta de fôlego, porque estamos falando de raízes culturais. Não vamos erradicar o machismo pelo decreto de uma norma constitucional. Podemos garantir os direitos de autonomia sexual e reprodutiva da mulher, por exemplo, e daí em diante restará um longo trabalho para torná-los efetivos. Mas o pontapé inicial pode muito bem ser uma nova Constituição. E esse pontapé inicial já é, em si, resultado de um longo percurso.

A CONSTITUIÇÃO MATERIAL DO NEOLIBERALISMO

Nada poderia ser melhor do que encontrar uma redação para o texto constitucional que nos permitisse dizer: “Pronto, acabou, e de agora em diante, outra vida!”. Mas as constituições têm um raio de ação muito mais restrito. As esperanças que devemos depositar na nova Constituição precisam ser ajustadas, porque seu potencial transformador deve ser complementado por uma ação política permanente, que excede o texto. Por outro lado, há muitos elementos dessa convivência política e social que estão enraizados em nossa vida, em nosso corpo, em nosso dia a dia. E se naturalizou de tal maneira que muitas dimensões da vida estão atravessadas pela razão neoliberal — e isso, até poucos meses atrás, quase não nos incomodava.

Por exemplo, neste país, entende-se como algo normal pagar pela educação. Então, todas as universidades são pagas, até as públicas. Isso é o "normal". Essa situação poderia terminar por meio de um decreto, de um dia para o outro, mas, na cabeça de cada uma e cada um de nós, perdurará a ideia de que "há algo estranho aqui", porque se instalaram certos ideários que não serão fáceis de superar, do tipo "essas pessoas querem tudo grátis", "o público é ruim", "deve ser melhor essa que é paga do que a outra que é gratuita". Há muitas transformações "culturais", à medida que se enraizou em nosso cotidiano uma razão neoliberal hegemônica.

Nesse sentido, o processo constituinte cumpre um papel muito importante, não tanto pelo que dirá a nova Constituição — que naturalmente será muito importante —, mas pelo tipo de discussão e participação política ativada por esse processo. É preciso começar a ver que há outras formas de vida possíveis e que funcionam bem; que essa forma de organização política e social que conhecemos no Chile não é algo normal ou óbvio, mas que responde a determinados objetivos políticos e produz certos efeitos na configuração da sociedade. Por exemplo, no Chile, está completamente normalizada uma forma de mercantilização da vida que, na prática, obriga você a pagar por tudo e a preços que encarecem excessivamente a vida da população, dada a sua desproporção com relação à renda média.

OS LIMITES DO ESTADO DE BEM-ESTAR

Os momentos de crise constituinte como o que atualmente vive o país são muito potentes, sobretudo porque têm em sua base uma dimensão destituinte que não só afeta a elite política nos cargos de poder mas é destituinte em relação ao modelo. Está em curso uma destituição do neoliberalismo. Não queremos apenas derrubar Piñera, queremos um modelo que não seja neoliberal. E isso produz condições que são muito interessantes para pensar formas de organização política distintas. O problema é que é difícil pensar aquilo que antes não foi pensado, em especial considerando que nossas condições de possibilidade, inclusive as do pensamento, são neoliberais hoje em dia. A explosão dos protestos sacudiu essas condições, fendeu o piso sobre o qual se assenta o consenso neoliberal. É como se tivéssemos um dos pés no ar, mas não soubéssemos ainda onde apoiá-lo; queremos dar esse passo de saída do neoliberalismo, mas temos que construir juntos sua direção, seu sentido.

Setores importantes da esquerda chilena estão pensando, como alternativa a esse modelo neoliberal, certas formas de organização política próprias de tempos passados. Para simplificar o exemplo, estão pensando em distintas variantes do Estado de bem-estar social. Sem ignorar que foi um modelo com distintos níveis de êxito, é importante considerar suas limitações e as razões de seus fracassos, pois os modelos não podem ser simplesmente transpostos. O Estado de bem-estar social foi compatível com uma determinada relação Norte/Sul que se construiu de modo extrativista, depredando os recursos naturais na América Latina. Do mesmo modo, o caráter patriarcal da sociedade e as dinâmicas institucionais funcionais à concentração do poder talvez tenham contribuído para configurar uma sociedade que é objeto de proteção social, debilitando sua condição de titular de direitos e seu papel na defesa de sua garantia efetiva. Pensar esses problemas é um desafio profundo para a esquerda porque supõe assumir o campo social e também a política não tanto sob o viés de um Estado assistencialista mas pressupondo a participação social, horizontal, assumindo, nós mesmos, a responsabilidade sobre a gestão daquilo que chamamos de serviços sociais. Teríamos que poder pensar quais formas de organização específicas supõem esse outro modo de pensar o social e o político, mas, primeiramente, deixar de esperar do Estado, também deixar de esperar do mercado, e assumir a responsabilidade que temos como sujeitos de direitos.

Sou consciente, é claro, da dificuldade para construir isso politicamente. Mas é fundamental aproveitar essas condições de insurreição popular, de crise constituinte que se estende no tempo e torna possível o pensamento da novidade; algo que, de outra forma, nunca teria acontecido no Chile. Nesse ponto, abriu-se uma dinâmica que gera expectativa, não apenas de que esse processo constituinte permita alcançar um novo texto jurídico mas que nos possibilite gerar as condições para pensar uma forma de organização política e social distinta. Como se pensa a novidade? Estão dadas as condições que permitam pensar fora da hegemonia neoliberal? Ou, em termos jurídicos, como pensar direitos sociais universais, solidários, que não dependam do mercado, mas que tampouco fiquem reduzidos ao Estado? A sociedade chilena está enfrentando um processo constituinte que poderia gerar as condições para pensar novas respostas a essas perguntas e também abrir possibilidades para uma nova organização do poder social.

A DIMENSÃO AUTORITÁRIA DA RAZÃO NEOLIBERAL (E O ESTADO DE EXCEÇÃO CONSTITUCIONAL)

A outra face dessas experiências de participação popular foi, como se evidenciou, a dimensão autoritária do neoliberalismo, sem a qual este não poderia existir. Tornou-se bastante patente, nesses meses de revolta, que o neoliberalismo não é sustentável sem a repressão autoritária do Estado. Não é um desvio, não é uma anomalia produzida pela crise social — é parte de seu funcionamento sistêmico.

A razão neoliberal, portanto, não possui apenas uma dimensão de mercantilização da vida; tem também uma dimensão autoritária. Mais ainda: a razão economicista que invade todas as esferas da vida não funciona sem a dimensão autoritária. Efetivamente, houve uma estratégia de repressão policial como principal resposta do Estado ao protesto social. Houve, inclusive, uma espécie de repressão preventiva, como pudemos ver com a "ocupação" da ex-Plaza Italia pelos *carabineros*, que tentavam frear os protestos, além de outras formas de repressão direcionadas para diferentes organizações e dirigentes sociais. Vimos a polícia multando pessoas que se reuniam nas praças, pelo mero fato de ali estarem. Trata-se de uma repressão constante e sistemática, não só ao protesto, mas à organização social e à ocupação do espaço público.

Afora a repressão policial, com suas distintas arestas, há uma segunda forma repressiva, com uma aparência de institucionalidade, como o Estado de exceção constitucional. Recorreu-se a uma norma da Constituição para entregar poderes excepcionais ao presidente da República para que controlasse a ordem pública, mobilizando as Forças Armadas pelas ruas das principais cidades do país. Usou-se um mecanismo constitucional que havia sido aplicado previamente em outras situações excepcionais, tais como incêndios, terremotos, erupções vulcânicas, mas essas normas nunca haviam sido usadas com fins políticos; nunca, exceto na ditadura. Por isso, prestamos especial atenção à forma como foram evocadas e utilizadas essas normas com fins políticos, pois, embora tenha existido um Estado de exceção constitucional, ao mesmo tempo seguiu vigente o Estado de direito, o que alguns setores do governo parecem esquecer.

Por isso, ficou muito claro que o neoliberalismo não funciona sem essa dimensão autoritária; que essa exceção dentro da exceção era a normalidade; que o Estado, segundo as circunstâncias, pode atuar com discricionariedade para proteger a ordem. Não estamos acostumados a ver militares nas ruas, mas, na verdade, a regra é que esse modelo neoliberal se sustente pela força; foi muito potente experimentar isso, vivê-lo e sofrê-lo nesses meses de revolta. Essas formas de violência institucional fazem parte, de alguma maneira, da normalização dessa cultura neoliberal de que falamos, pois é a própria mercantilização da vida que termina sendo sustentada pela força.

VIOLÊNCIA E DIREITOS HUMANOS

Em poucos dias, percebemos que a promessa de "ditadura nunca mais" que havíamos feito nos anos 1990 foi superficial. Superficial por parte do Estado, especialmente das Forças Armadas, mas também por parte da sociedade civil. Como sociedade civil, temos uma dívida muito importante. Os setores privilegiados demonstraram que não têm nenhum problema em relativizar as violações aos direitos humanos quando estas são praticadas por agentes do Estado que protegem interesses particulares, com os quais estão envolvidos ou comprometidos. Mas também há uma dívida dos setores progressistas da sociedade civil, porque, durante os anos 1990 e 2000, permitimos essa impunidade. O sistema judicial gerou uma impunidade importante, que nós, no mundo civil, permitimos que continuasse. Nos anos 1990, podia-se esbarrar tranquilamente com um general violador dos direitos humanos em um café de Santiago, levando sua vida "normalmente", e nada acontecia.

Há aí um desafio importante para a sociedade civil chilena: o que significa promover e respeitar os direitos humanos em todo lugar, momento e circunstância? Trata-se de uma dívida importante que não se salda com declarações altissonantes, mas com uma prática política e institucional respeitosa dos direitos humanos. Hoje não podemos cometer os mesmos erros do passado: o processo de mudança social não pode esquecer as mais de quatrocentas pessoas com traumas oculares, as mortas e os mortos na revolta, as pessoas estupradas por agentes do Estado ou aqueles corpos carbonizados em circunstâncias que ainda não foram esclarecidas.

É nossa responsabilidade fazer com que o compromisso com os direitos humanos seja uma realidade, um fio vermelho inegociável que perpasse toda a sociedade.

EXTENDAMOS LA REVUELTA
HASTA RECUPERAR NUESTRAS VIDAS
EXTENDAMOS LA REVUELTA
CHILE

“A LUTA SOCIOAMBIENTAL É CHAVE”

ENTREVISTA COM **FRANCISCA “PANCHA” FERNÁNDEZ**

O Chile vive uma crise hídrica de grandes dimensões. A situação se agrava nas regiões com maior desigualdade social. No debate sobre a nova Constituição, o tema da água ganha centralidade, num país onde esse recurso natural está privatizado e é mais um exemplo da profundidade com que se instalou ali o neoliberalismo. As organizações exigem que a água seja declarada como um bem de uso público e reconhecida como um direito humano.

Francisca “Pancha” Fernández Droguett é integrante do Movimiento por el Agua y los Territorios (MAT). “Nós nos organizamos em 2013 com um objetivo bem específico: anular o Código de Águas. O Chile é o único país do mundo que tem um código de leis hídricas que permite comprar, vender, hipotecar ou arrendar direitos sobre a água. Isso gera um mercado que é, por um lado, o principal instrumento de privatização da água e, por outro, produz a megasseca que estamos vivendo hoje no Chile, resultado de um megassaque, e não apenas da mudança climática”, explica.

O movimento reúne cerca de cem organizações, agrupadas em zonas: norte, sul e centro. Participam ONGs e grupos vinculados à ecologia política e ao ecofeminismo. O MAT se define como anticapitalista, antiextrativista, e denuncia o “capitalismo verde". Fernández Droguett também integra a Coordinadora Feminista 8M: "Nós levamos à Coordinadora uma leitura do feminismo territorial, o ecofeminismo, o feminismo dos povos, como gostamos de chamá-lo", diz.

RUMO À GESTÃO COMUNITÁRIA DA ÁGUA

Em março de 2019, fizemos um encontro muito importante em uma lagoa que literalmente desapareceu, a Lagoa Aculeo, a uma hora de Santiago. Ali propusemos que 2019 fosse o ano das assembleias pela água e marcamos a realização da primeira delas para outubro, precisamente. Essas assembleias pela água têm vários propósitos. Produzimos materiais de debate, não apenas dentro do movimento mas também em outros territórios, tanto urbanos quanto rurais. A ideia era diagnosticar a situação hídrica em cada zona, segundo o contexto local, para propor depois uma reflexão sobre como pensar uma gestão comunitária da água, desde os aquíferos até a situação sanitária, ou a do mar.

Nesse sentido, o MAT não espera uma nacionalização da água, não só por não parecer haver, dentro do Estado neoliberal, possibilidade de propor a nacionalização, mas porque, ademais, nos entendemos como um movimento "plurinacional". E somos distintos povos em um processo de recuperação territorial e, consequentemente, da água. A ideia de "gestão comunitária da água" é uma fórmula que propomos para pensar mecanismos específicos de gestão desse bem natural, com toda a diversidade que ela implica. A ideia era apresentar esse diagnóstico no fim de 2019, no marco do encontro alternativo à 25ª Conferência das Nações Unidas sobre as Mudanças Climáticas, algo que finalmente fizemos.

Queríamos apresentar nessa reunião um decálogo pelos direitos das águas e sua gestão comunitária.[1]

Foi mágico e belo que a explosão de 18 de outubro tenha nos encontrado iniciando a primeira assembleia. A explosão é um processo destituinte e constituinte. Destituinte da ordem política imperante — somos bem enfáticos e enfáticas em dizer "Fora Piñera". E é constituinte de novos horizontes políticos, para além do que possa passar pelo Estado.

Nessa dinâmica destituinte/constituinte, a explosão de protestos abre horizontes, acelera tempos. Questões que pareciam impossíveis ou remotas tornam-se palpáveis, como a possibilidade de revogar o Código de Águas. Esse é um tema em discussão nas assembleias territoriais?

É interessante porque é a primeira vez que vemos, de verdade, a possibilidade concreta de alterar o Código de Águas. Nunca foi tão palpável. Desde 2013, vínhamos dizendo que, para isso, era necessário convocar uma assembleia constituinte e redigir uma nova Constituição na qual a água fosse reconhecida como um direito humano e como um direito à natureza. Vínhamos trabalhando nesse sentido. Mas a explosão de outubro acelera os tempos e nos permite pensar que já não temos que refletir tanto a longo prazo, há possibilidades reais de ingerência aqui e agora.

1 Depois de mais de sessenta assembleias pela água, de Arica a Magallanes, o decálogo foi finalmente apresentado em 22 de abril de 2020, no Dia Mundial da Terra. Entre os principais pontos estão: o reconhecimento da água como um direito humano e um bem comum inapropriável, associado ao direito à vida e a viver em um meio ambiente livre de contaminação; o reconhecimento da água e da natureza como sujeitos de direito; a proteção de todos os corpos de água dos ecossistemas: rios, lagos, lagoas, geleiras, turfeiras, pântanos, mares, lençóis freáticos, charcos; e a garantia da restauração dos ecossistemas como forma de defesa das águas mediante uma mudança da matriz energética, produtiva e de consumo. Para mais informações, ver: https://www.facebook.com/aguayterritorios/.

O MAT tem uma perspectiva territorial. Organizamo-nos em zonas. Trata-se de uma estrutura transversal, mas que respeita o caráter organizativo territorial. Temos reuniões a cada dois anos, com um critério de gênero que não é o da paridade (em que haveria uma mesma quantidade de mulheres e homens), mas o de que é preciso que haja mulheres necessariamente. Isto é, pode não haver homens. Algo que, aliás, ocorreu nos últimos tempos. A construção patriarcal fez com que historicamente as mulheres estivessem de tal maneira relegadas que, se recorrêssemos à questão da paridade, poderíamos acabar não fortalecendo nossa presença nos territórios, e temos que levar em conta que somos maioria nas organizações.

No sul, por exemplo, no Wallmapu, há organizações e comunidades mapuche que são parte do MAT e têm suas próprias formas de organização relacionadas com suas autoridades originárias, *longkos* e *werkenes*. E não têm caráter rotativo, como o nosso, porque respondem a suas dinâmicas territoriais. Então, diante disso, a forma de trabalho também é diferente.

Uma vez ao ano, temos o que chamamos de Encontro Plurinacional pela Água e pelos Territórios para fazer um diagnóstico de como foi o ano e criar a agenda conjunta do ano que virá. A sede do encontro vai mudando, pode ser bem ao sul, em território mapuche, como em Panguipulli; pode ser na zona central, como na Lagoa de Aculeo, que é uma área que secou; pode ser em Calama, que é a cidade mineira por excelência no Chile. Além desse encontro, também realizamos as assembleias pela água, instâncias de reflexão sobre a gestão hídrica comunitária. E, ao mesmo tempo, desde a explosão social de 2019, surgiram muitas assembleias territoriais, que são espaços de participação popular.

Então, são duas dimensões. Por um lado, organizações socioambientais participam da assembleia territorial correspondente a seu território; por outro, são criadas assembleias em paralelo à luta socioambiental. Isso fez com que seguíssemos mantendo a organização ativa, fomentando as assembleias territoriais com materiais, perguntas e reflexões sobre o problema da água. Construímos as duas dinâmicas, porque entendemos que há territórios, sobretudo urbanos, nos quais esses temas são quase novos, nos quais ainda não amadureceu uma reflexão para que se desenvolvam assembleias em prol da questão hídrica. Assim, precisamos contribuir com informação, reflexões, questionamentos sobre os próprios territórios e a situação da água em cada um deles.

Ao mesmo tempo, você integra o comitê socioambiental feminista da Coordinadora Feminista 8M. Como você vivenciou a explosão também por meio desse movimento?

Formamos esse comitê de mulheres do MAT, além de mulheres e dissidências sexuais de outras organizações socioambientais. Nós levamos à Coordinadora uma leitura do feminismo territorial, o ecofeminismo, o feminismo dos povos, como gostamos de chamá-lo. A explosão também nos encontrou em um momento importante, porque estávamos justamente refletindo sobre como dar continuidade ao programa da Coordinadora, pensando em trabalhar em assembleias plurinacionais, para marcar a agenda de 8 de março de 2020. Em 2019, a marcha havia sido a segunda maior da história chilena pós-ditadura.

Com a explosão dos protestos, ocorre algo bastante distinto, inclusive contraditório. Do ponto de vista do feminismo, sempre entendemos a revolta como uma explosão espontânea: a experiência corporal da ocupação da rua, a raiva acumulada, o rechaço ao neoliberalismo. No entanto, temos que dizer que já havia rastros, trajetórias, rotas construídas por organizações feministas, de luta socioambiental, de povos originários, do movimento estudantil. E aqui vem a crítica a nossas esquerdas: embora sejam plataformas que conseguiram indicar trajetórias e marcos, com a explosão de outubro nos encontramos em uma situação muito imediata de invisibilidade dessas trajetórias. De fato, tivemos que fazer uma "disputa interna" para que as esquerdas institucionais, como o Frente Amplio, ou organizações de tipo mais sindical, como a No+AFP, vinculada à Unidad Social, nos visibilizassem.

Tenho a sensação de que houve um tipo de cooptação, ou de captação da atenção por parte dos relatos mais clássicos da esquerda e do sindicalismo. O que aconteceu conosco, então, foi que, no dia seguinte à explosão, já tivemos que disputar as ruas em um sentido feminista. Chamamos isso, naqueles primeiros dias, de "disputar a égua". Por quê? Porque o núcleo mais relevante do movimento posicionou-se onde está a estátua do general Baquedano a cavalo — lugar que depois passou a ser chamado de Plaza de la Dignidad. E, nessa primeira semana, dissemos: "Isso é espetacular, mas está muito masculino". Então pegamos nossos lenços em prol da descriminalização do aborto e fomos bem cedo à praça, disputar a égua. Trata-se de uma disputa simbólica, espacial, que fazemos no feminismo como forma de enfrentar isso que entendemos como uma invisibilidade. Sob o viés feminista, Las Tesis rompeu com essa situação, gerou visibilidade no espaço público e evidenciou que há uma legitimação pública, massiva, do feminismo como um dos horizontes políticos fundamentais, o que instaura uma série de debates.

Quanto às questões socioambientais, aí sim sinto que há uma dívida. Por exemplo, na Unidad Social, no máximo se fala em "nacionalizar os recursos naturais"; não entenderam nada do que estamos propondo. Primeiro porque, há anos, não falamos de recursos naturais, falamos de "bens comuns", de "bens comunitários", ou diretamente de "natureza". E, há sete anos, estamos discutindo a ideia de nacionalização.

O que queremos é desprivatizar, por meio de um novo corpo normativo que não passe necessariamente pelo Estado. Com isso, não queremos dizer que, em certo nível, como o sanitário, não seja fundamental uma mistura entre comunidade e município. De todas as formas, este país está tão privatizado que nem sequer temos esse tipo de possibilidade.

O feminismo conseguiu, então, posicionar-se por meio do performativo, que é uma de suas maiores forças. Já a questão socioambiental ainda não conseguiu um grande alcance. No entanto, em algumas localidades agrícolas, nas primeiras semanas da explosão, as pessoas romperam encanamentos privados de água, para fazer com que ela passasse a correr. Ou, por exemplo, o caso da comunidade de El Melón, onde tomaram o Poço 9 — que abastece uma mineradora — para que passasse a abastecer uma comunidade. Isso mostra que a luta socioambiental é, sem dúvida, fundamental nessa disputa.

O MAT se define como anticapitalista, antiextrativista, e denuncia o "capitalismo verde" e o "feminismo institucional". Sugere que a alternativa ao extrativismo é possível por meio das economias locais, territoriais e solidárias. Você poderia nos explicar um pouco essa discussão sobre o capitalismo verde e o feminismo institucional?

O MAT é bem eclético, somos muitas e distintas organizações, mas conseguimos assumir uma perspectiva crítica. Na maioria das vezes, quando se trata de estabelecer a trajetória do movimento ecológico, pensa-se nele vinculado à luta pela água, pelo meio ambiente, mas não com um caráter de crítica mais estrutural, à violência estrutural. É por isso que é muito importante nos situarmos como movimento anticapitalista. Queremos pôr em discussão um ecologismo pensado de acordo com uma atitude propositiva, como uma alternativa ao capitalismo em sua dimensão extrativista,

NO MÁS
HidroeLécTricAS
¿Dónde está eL AGUA
deL Río MAiPO ?
buin - MAiPO

mas também ao capitalismo em geral. Não estamos dizendo que o faremos amanhã, mas esse é o nosso horizonte político. O que nos interessa não é algo paralelo, do tipo "energia limpa", mas uma alternativa à matriz produtiva e energética dos distintos territórios.

Essa alternativa aplica-se de modo geral, isto é, ao modelo capitalista como forma de relação estrutural que precariza nossa vida, e também ao caráter extrativista em particular. O capitalismo tem uma característica distintiva na América Latina, imposta pela colonização. A riqueza e a concentração do poder passam pela extração ilimitada dos erroneamente chamados "recursos naturais", que são então enviados aos mercados internacionais, gerando despojos e contaminação.

Por isso, nós nos definimos como um movimento antiextrativista — que é uma crítica ao capitalismo e também ao progressismo latino-americano. Somos críticos a qualquer tipo de proposta de megamineração, seja para a exportação, seja para o financiamento de políticas públicas. Como o Chile é tão neoliberal, nossa ênfase é contra o "capitalismo verde". Porque parece que a solução está dada por políticas que propõem "reduzir", "reciclar", "reutilizar", ou tomar banho em três minutos. O capitalismo verde é aquele que propõe cuidar do meio ambiente, mas por meio de medidas individuais, sem ver o caráter estrutural do problema.

Aqui a questão não é a mudança climática, mas a apropriação da água através da figura do Código de Águas. Isso não quer dizer que a mudança climática não seja um elemento que determine a relação territorial, mas não devemos despolitizar essa categoria: a mudança climática também é produto de certa forma de produção, de certa economia. Nem todos estão na mesma condição de causadores dos problemas vinculados à mudança climática. Por isso, não gostamos de falar de mudança climática, e nos parece fundamental discutir o capitalismo verde.

Mas também fazemos uma segunda leitura, que nos define como um movimento pelo despatriarcalismo, não necessariamente feminista — embora eu seja feminista. O extrativismo, ademais, tem um componente patriarcal, na medida em que gera economias masculinizadas. Não só porque na usurpação e na apropriação se podem entrever formas hegemônicas masculinas de poder, mas também por ser uma forma de produção que gera mais precariedade nas mulheres. Isto é, nos territórios mais degradados por políticas extrativistas, as mulheres são as que mais estão em condições de vulnerabilidade: são as que têm trabalhos mais precários, mais flexibilidade, além da sobrecarga pelo trabalho reprodutivo.

Por exemplo, nas "zonas de sacrifício", além de trabalharem, cuidarem da vida, da gestão do espaço privado, as mulheres têm que cuidar dos focos de poluição e intoxicação. Por isso, dizemos que essa economia extrativista tem um caráter masculinizado que repercute em todos os planos: no trabalho produtivo, reprodutivo e, ademais, na resistência. Sempre relatamos uma experiência de uma comunidade em Caimanes, em Los Vilos, província de Choapa; uma comunidade que esteve três meses bloqueando a estrada porque a mineradora Los Pelambres, do grupo Luksic, a deixou sem água. Oitenta por cento dos que estavam aí, na estrada, eram mulheres; começamos a conversar, e nos dizem: "Vejam a complexidade, aqui estamos resistindo, mas muitos de nossos amigos e filhos trabalham em Los Pelambres porque não há outro tipo de trabalho. Então, resistimos e nos matamos trabalhando e cuidando da casa, mas estamos brigadas com nossos esposos, com nossos filhos. E, ademais, quando a empresa abre algum tipo de diálogo, são eles que negociam".

As lutas pelo despatriarcalismo e do feminismo estão completamente articuladas. Por isso, as disputas são também contra o feminismo institucional, que, por exemplo, invisibiliza a dimensão socioambiental como parte da luta feminista; quando a visibiliza, o faz apenas a partir do capitalismo funcional: "Organizemos mulheres empreendedoras para ver como reduzimos o plástico em um espaço local". Isto é, sem questionar o caráter estrutural do tipo de economia masculinizada que gerou a precariedade de mulheres, meninas e dissidências sexuais.

AL
OASIS
SIN MIEDO
AVMR

“DEVEMOS TER CUIDADO COM O ARCO-ÍRIS QUE PODEM TENTAR NOS VENDER”

ENTREVISTA COM **CARLOS PÉREZ SOTO**

Professor de física, filósofo e pesquisador marxista hegeliano, Carlos Pérez Soto possui uma inteligência vivaz e é reconhecido por seu perfil crítico e seu pensamento heterodoxo. A amplitude de seus campos de trabalho está impressa nos títulos de suas obras: *Sobre la condición social de la psicología* (1996); *Sobre un concepto histórico de ciencia* (1998); *Comunistas otra vez: para una crítica del poder burocrático* (2001); *Sobre Hegel* (2006); *Proposiciones en torno a la historia de la danza* (2008); *Una nueva antipsiquiatría* (2012); *Marxismo aquí y ahora* (2014).

No plebiscito de 25 de outubro de 2020, triunfou, de maneira contundente, a opção de aprovar um espaço institucional de discussão e redação de uma nova Constituição, que substituísse a de 1980, pensada na ditadura por Jaime Guzmán como a estrutura jurídica do neoliberalismo. Ainda assim, os pensamentos de Pérez Soto não têm nada de triunfalistas. Ele primeiro afirma que metade dos eleitores não participou da votação, e que isso pode implicar um problema de legitimidade para a futura Constituição; e, no plano mais imediato, é um fator que debilita a base social real que sustenta o processo constituinte. Nas eleições bolivianas, compara, ocorridas na mesma época, 87% dos cidadãos foram às urnas — mesmo com golpe de Estado, pandemia e isolamento social, com maior mortalidade pelo vírus que no Chile. O dado é importante, sobretudo porque essa força social é necessária para reverter a ilegitimidade de origem desse processo constituinte — imposto a todos os chilenos por um grupo de senhores feudais da política por meio do Acordo pela Paz e pela Nova Constituição, insiste Soto. "O pior que poderíamos fazer é ter outra vez uma Constituição viciada na origem. Seria uma torpeza da classe política porque, dentro de cinco ou dez anos, tudo volta a explodir."

O texto a seguir é uma composição de excertos de uma conversa que se deu em vários momentos.

POR UM PROGRAMA CONSTITUCIONAL RADICAL

O que é necessário fazer no Chile é uma refundação democrática das bases institucionais, do Estado e da convivência nacional. Uma refundação democrática que seja o contrário daquela refundação neoliberal que quis fazer Jaime Guzmán. E essa é uma longa marcha.

É urgente redigir um programa constitucional radical, de cinco pontos. Nesse programa, eu não colocaria os direitos sociais em primeiro lugar, mas, sim, a forma de financiá-los. É necessário evitar um compromisso político pelo qual nos presenteiem com uma Constituição cheia de direitos, mas nos neguem a possibilidade de exercê-los. É necessário nos precavermos do arco-íris que podem nos vender. Pode-se redigir uma Constituição que dê direitos sociais — porque não custa nada pôr direitos na Constituição — e depois negar suas fontes de financiamento. Foi o que aconteceu com várias das constituições novas na América Latina, em particular na Colômbia. Consagram o mais absoluto direito à educação, mas acaba não havendo dinheiro para a educação.

Podemos ter uma Constituição muito bonita, muito democrática, com uma redação espetacular, mas depois não ter peso para financiar tudo isso. O que é preciso pôr no centro da discussão são os duzentos bilhões de dólares que têm as AFP. O que é preciso pôr no centro é o capital financeiro, que nos endividará intencionalmente para seguir espoliando o país. Então, o programa constitucional radical tem que mirar primeiro o capital financeiro e as riquezas básicas, e depois a democratização da estrutura institucional deste país. Se isso acontecer, os direitos sociais se viabilizarão.

É fundamental reclamar a soberania efetiva da Convenção Constitucional. Remover os limites que ela possui, sobretudo com relação aos tratados de livre-comércio, e também dar-lhe o poder sobre o endividamento do Estado. Porque durante o desenvolvimento da convenção, se a coisa vai mal para a direita, esse governo — que seguirá vigente — é capaz de endividar este país em cem bilhões de dólares em um par de meses e deixar-nos atolados com a dívida externa. A convenção deveria ter soberania suficiente para impedir o endividamento externo, para impedir que se estabeleçam pactos internacionais que resguardem o grande capital chileno.

Na Constituição, é necessário fazer pronunciamentos que entrem diretamente em contradição com a trama legal que há até o momento. É o que a direita teme, e é o que precisa ser feito. É preciso acrescentar uma disposição que entre diretamente em contradição com a Lei de Mineração e que obrigue a reformulá-la ou revogá-la. É preciso pôr na Constituição uma norma explícita que proíba o Estado de respaldar dívidas dos bancos. É preciso criar disposições expressas que assegurem que o Estado seja obrigado a responder pelos 100% da demanda educacional, de saúde, de pensões, para além de que haja universidades privadas, hospitais particulares etc.

É necessário somar à Constituição disposições expressas que apontem para a democratização do Estado. Os plebiscitos vinculantes em todo nível, a revogação de mandato, a iniciativa popular de lei, a descentralização do gasto. Temos que aprovar uma Constituição que, em seu texto, contradiga a trama legal que se ergueu em quarenta anos no Chile, de tal maneira que conduza a uma tarefa parlamentar posterior de reformular todas as leis que entrem em contradição com o novo texto.

São claros os três inimigos. O principal é o capital financeiro transnacional, que está nas AFP, que está nos bancos (na dívida externa que tentarão impor se democratizamos este país). O segundo inimigo é o capital depredador dos recursos naturais. É necessário se opor às mineradoras estadunidenses. E o terceiro é o capitalismo nacional, as grandes empresas que se organizaram em torno dos fundos que lhes chegam das AFP e dos investimentos que fizeram no varejo, isto é, em mecanismos de comercialização e de endividamento (o varejo não passa de capital bancário encoberto). É necessário se opor aos acordos que se estabeleceram com a Organização Mundial do Comércio (OMC). Porque a OMC nos obriga a garantir a propriedade privada, as concessões que demos, as dívidas que contraímos. Por isso é tão grave que a Convenção Constitucional não possa mudar os tratados de livre-comércio. Porque os tratados encobrem esse papel dirigente da OMC no nível mundial, que opera como grande guarda-costas das operações do capital transnacional em cada país.

EM 18 DE OUTUBRO, NÓS, CHILENOS, PERDEMOS A PACIÊNCIA

Durante trinta anos, contou-se uma estória de sucesso econômico, de crescimento, e o que acontece é que todo mundo tem a impressão de que os únicos vencedores são os grandes empresários. A população vê cada vez menos o sucesso: há dificuldades muito concretas na educação superior, cada vez mais cara, ou na saúde, cada vez mais catastrófica. Havia muito mal-estar acumulado e, com uma faísca, as pessoas perderam a paciência. Isso foi o que aconteceu no dia 18 de outubro: nós, chilenos, perdemos a paciência.

Não que a explosão e a mobilização social sejam novidade, pois já vinham acontecendo com maior intensidade desde o início dos anos 2000: 2001, 2006, 2011, 2019. São todas revoltas contra a democracia neoliberal e contra aqueles que governaram este país durante os últimos trinta anos. Uma coisa notável é que os chilenos têm muito mais paciência com os governos da Concertación ou da Nueva Mayoría do que com o governo de Piñera. Evidentemente, a direita governou duas vezes e, em ambas, ocorreram as maiores explosões, como se o povo cobrasse do governo explicitamente de direita o que não cobraram dos outros. Mas a verdade é que os governos da Concertación — como outros governos social-democratas ou de centro-esquerda — aprofundaram as bases do neoliberalismo em nosso país e, em muitos casos, foram além do que Pinochet conseguiu.

Aí está o essencial do que o caso chileno pode mostrar: o modo como se aprofunda o modelo neoliberal, a ponto de abarcar todos os âmbitos da vida pública, estatal, privada, até que o modelo neoliberal se torna uma forma de vida; e, sobretudo, uma forma de disciplinamento neoliberal da vida. E isso, é claro, produziu muitos mal-estares.

OS MAL-ESTARES DE UM PAÍS TRIUNFALISTA

E há muito mal-estar, ou dois tipos de mal-estares combinados. Por um lado, há o das camadas intermediárias, uma enorme frustração acumulada de expectativas. Venderam uma promessa de ascensão social que, depois de trinta anos de neoliberalismo, só produz endividamento e incerteza na hora de buscar trabalho, adoecer ou se aposentar. E, por outro, estão o mal-estar e a raiva dos mais pobres. Os níveis de pobreza no Chile são muito altos, mas estão ocultos pelas estatísticas oficiais completamente dissimuladas pelo endividamento: neste país, 33% dos cidadãos maiores de dezoito anos aparecem como inadimplentes no sistema financeiro. De fato, há duas pobrezas — uma pobreza absoluta, que está na ordem dos 10%, e outra relativa, que vai se conformando com a pauperização dos setores mais humildes das camadas intermediárias. É a que surge do contraste entre as camadas intermediárias que crescem e os pobres que vão caindo. Esse contraste com as classes médias é o que provoca grande dano; há uma indignação acumulada por esse contraste que os políticos não veem, e o governo, muito menos.

O Chile é um país triunfalista, no qual as cidades estão ordenadas de tal maneira que as classes médias não veem os pobres: eles circulam literalmente em outros bairros. Por sua vez, os pobres veem permanentemente as classes médias nas telenovelas, nos comerciais. Nas notícias, os únicos que aparecem são os estudantes universitários, as universidades são muito caras, muito elitistas no Chile. As pessoas acumulam raiva porque veem e não são vistas. Na Páscoa ou no Ano-Novo, muitos saem da cidade rumo ao litoral. E todo mundo diz: "Não ficou ninguém em Santiago". Saem um milhão e meio de pessoas, e "não ficou ninguém". A cidade tem sete milhões de habitantes. Ou seja: com cinco milhões de pessoas, as ruas estão vazias, porque esse milhão e meio é o visível, são os que têm todos os automóveis, os que vão aos grandes supermercados. Isso dá uma ideia da violência de ver e não ver. Mas você vai a Quinta Normal, segue até Cerro Navia, ou vai a San Ramón e depois, a Puente Alto, e há um mar de pobres, de desempregados crônicos, de gente que vivencia regimes de trabalho horríveis, muito precários, com salários muito baixos. As estatísticas do desemprego estão absolutamente distorcidas, porque não consideram o subemprego, o emprego precário e o emprego informal. As estatísticas consideram como empregado alguém que trabalhou duas horas em duas semanas.

UM ORGULHO MONSTRUOSO

Nós temos a vantagem monstruosa de ser a vanguarda do neoliberalismo no planeta. Aqui se provaram todas as técnicas na instalação e depois no aprofundamento de um sistema neoliberal "de sucesso", que alcança todas as dimensões da vida, até os níveis mais inimagináveis. A maior parte da esquerda mundial continua chamando de neoliberal a direita política; continua chamando de centro esquerda as versões mais atuais do neoliberalismo, o que é uma confusão grosseira, histórica. Ficaram presos à ideia de que o neoliberalismo implica uma ditadura militar, a privatização das empresas do Estado, a abstenção estatal a respeito da economia, um Estado e os empregos estatais "enxutos". Mas me parece que essa leitura é muito superficial.

Esses mitos os impedem de ver, por exemplo, que o Estado neoliberal foi e é muito ativo impulsionando políticas de esquiva — mais do que de evasão — tributária. As empresas pagam a menor quantidade de impostos — e, inclusive, não pagam nada — por meio de mecanismos de compensação tributária. Impedem-nos de ver que o Estado neoliberal foi e é muito ativo orientando massivamente o gasto estatal para o benefício privado. No Chile, não se desfinanciam a saúde e a educação: elas são orientadas ao lucro privado por um Estado "subsidiário" que, em momentos de crescimento econômico, deriva generosos subsídios às empresas para que se encarreguem das "questões sociais". Essa perspectiva impede de ver, também, o que há de neoliberal nos governos latino-americanos de centro-esquerda das últimas décadas. Não veem como neoliberal o endividamento ou o desvio sistemático de recursos do Estado para uso privado; não veem o neoliberalismo que consiste em converter as empresas públicas em centros de negócios; não veem o neoliberalismo que significa o custo do crédito, que vai depredando o salário.

Este me parece um ponto central: uma proporção cada vez mais importante do salário se esvai no custo do crédito. Isto é, não falamos apenas que os Estados se retiraram dos serviços básicos, como saúde e educação, nem só que o aumento sistemático do preço do transporte mina o salário, mas também que, a cada compra, você está pagando pelo menos 20% ou 30% só em crédito. Dito de outra forma: os trabalhadores são explorados no ato de produção, mas depois o salário que recebem é depredado, sobretudo, pelo capital financeiro. Isso é o neoliberalismo profundo que as esquerdas não costumam ver, inclusive no Chile. Aqui, os comunistas têm o critério de chamar Piñera de neoliberal, mas de não reconhecer Michelle Bachelet da mesma forma. Só que as pessoas comuns sabem; são os políticos e os intelectuais que ignoram.

Por outro lado, é uma questão de senso comum, não é preciso que o diga um economista ou um engenheiro comercial: é uma irresponsabilidade absoluta emprestar dinheiro a pessoas que não produzem ou que produzem apenas o próprio salário. Se você produz salário e pede dinheiro emprestado, é porque essa remuneração não é suficiente; como se devolve o que foi emprestado? Entra-se em uma "bicicleta" financeira: pedala-se a dívida permanentemente. Assim, os níveis de endividamento privado vão aumentando, até que, em algum momento, há um colapso, uma corrida financeira, e os bancos quebram. De todo modo, o caso do Chile é particular. Os bancos têm a certeza absoluta de que o Estado respaldará suas dívidas. Porque a depredação do salário caminha junto com a depredação do Estado. O Chile possui poupanças no sistema financeiro internacional para fazê-lo — o Estado chileno tinha reservas de quarenta bilhões de dólares e um risco país muito baixo. Essa irradiação do sistema financeiro especulativo ao bolso de cada trabalhador é o neoliberalismo mais profundo. E falamos da depredação do salário e do Estado, mas poderíamos falar de como essa depredação alcança níveis altíssimos nos recursos naturais, o incremento do saque à natureza no Chile. Por isso, digo, é um orgulho monstruoso: somos os piores.

UM PROTESTO DIFUSO...

O que acontece no Chile é muito interessante, porque não há um programa pontual de reivindicações, é uma revolta que pede tudo. A lista mais elementar passa por saúde, educação, pensões, jornada de trabalho, salário mínimo, uma lista enorme. De algum modo, isso se condensa no pedido de uma nova Constituição.

É interessante: o protesto é difuso, contra o modelo em geral e sem mais horizontes que a ira generalizada. Faz-me lembrar da Argentina de 2001, mas lá a mensagem era "*Que se vayan todos!*" [Fora todos!], porque não havia ninguém para salvar; aqui é: "*Que se vaya todo!*" [Fora tudo!], isto é, que o modelo mude radicalmente. E nenhuma das esquerdas tem como programa ou como objetivo desbancar o modelo. O Frente Amplio, por exemplo, que se supõe mais à esquerda que os comunistas, não tem esse programa. Até o Partido Humanista está à esquerda deles. São os únicos que disseram "Não ao modelo": não à politicagem, não ao *arreglismo* [em alusão a *arreglo*, pacto], talvez porque não tenham um compromisso ou uma tradição ideológica que os condicione.

A explosão social encontrou desprevenida até mesmo a repressão. Creio que o poder contou a si mesmo a estória de que havia pacificado o país, a tal ponto que eles mesmos, em declarações públicas, reconhecem que não têm inteligência policial suficiente para saber quais são os movimentos existentes. Tudo isso ficou descuidado. O único ponto absolutamente investigado e militarizado policialmente é o território mapuche, mas, em Santiago, isso não acontecia muito. E, quando aconteceu, não souberam o que fazer, não souberam como deter a mobilização. Por isso, o Exército não quis sair às ruas: não tem a capacidade operativa para controlar um protesto difuso, que, além do mais, acontece sem um movimento político por trás.

Um protesto difuso no qual não há um líder com quem se possa negociar ou que possa ser levado preso. E nenhuma das esquerdas pôde ou quis aparecer e dar a cara dizendo: "Nós convocamos os chilenos a tal coisa". Ninguém. Nem os comunistas, nem a Convergencia Social, nem os movimentos de *pobladores*, que costumam ser muito radicais. Ninguém saiu para dizer: "Convocamos os chilenos à paralisação nacional". O que há, então, é um protesto difuso que é visível na Plaza Italia, mas que ocorre por toda Santiago e em todas as regiões do país, e não há capacidade operativa para controlá-lo, nem por parte da política, nem do Exército.

... E UMA ESQUERDA ACOMODADA E SEM IMAGINAÇÃO

Nesse cenário, é muito estranho que nenhuma das esquerdas tenha um projeto global contra o modelo, que estejam tão dispostas a conversar à revelia do movimento social, como se tivessem uma desconfiança genérica em relação ao movimento social. Aqui, a esquerda se convenceu de que as pessoas se abstinham nas eleições, que estavam absorvidas pelo consumo. A própria esquerda não foi capaz de captar a acumulação de indignação que havia e que, em algum momento, iria explodir. Há uma insensibilidade realmente incrível que se deve, entre outras coisas, ao fato de que as esquerdas entraram no jogo eleitoral muito bem financiado pelo Estado chileno. Ser vereador, prefeito ou deputado é um ótimo trabalho. É o trabalho estável que as pessoas não têm. Os militantes dos partidos políticos têm uma oportunidade de trabalho no aparato político estatal, algo nada depreciável.

Os partidos de esquerda são fracos porque não têm capacidade de imaginar uma alternativa real ao modelo neoliberal. O que concebem como alternativa são formas de atenuar os efeitos mais nocivos, mas não discutem o estrutural. A alternativa ao neoliberalismo é não pagar a dívida, não pagar nada, zero, não se pagam juros, não se paga o capital; declara-se nula. Alternativa ao neoliberalismo, aqui no Chile, é revogar as concessões às mineradoras. Alternativa é eliminar os mecanismos de evasão tributária massiva de que se beneficiam os bancos e as grandes empresas nacionais e transnacionais, um dos pilares do neoliberalismo. Alternativa é tomar os fundos de pensões, que são o grande suporte da estrutura neoliberal — e que, no Chile, estão administrados de maneira privada pelas AFP — e que o Estado os empregue para movimentar a economia nacional, para investir no desenvolvimento do país, investir em cobre, em fruta, somar valor agregado aos produtos internacionais. Salvo o caso das AFP, em relação ao qual há uma proposição alternativa bem clara, formulada por gente muito valiosa da Fundación Sol, essas alternativas não existem.

O que nós chamamos de neoliberalismo é compatível com o pós-fordismo como forma atual da divisão internacional do trabalho; com um processo em segundo plano pelo qual a burguesia vai perdendo a hegemonia do controle burocrático. Vão sendo introduzidas, em organismos estatais, técnicas de administração neoliberal, como o autofinanciamento, como o risco de assumir dívida com o próprio Estado. O capitalismo hegemonizado pelos chineses não é o capitalismo do século XX, nem o do século XIX. É um capitalismo em que os capitalistas são uma parte do bloco dominante, e a outra parte são os burocratas. Tudo isso se nota na confusão histórica da esquerda, na medida em que não veem que o centro hegemônico capitalista se transladou à China, que os Estados Unidos naufragaram, que a Europa é um parque de diversões. Na medida em que não enxergam como o modelo de acumulação capitalista passa por uma mudança estrutural, não conseguem pensar em alternativas. O que oferecem em contraposição é uma espécie de keynesianismo, de um estatismo idiota a esta altura, porque o Estado pode ser saqueado através de mecanismos burocráticos. Pode-se ter um Estado enorme e se montar tudo o que se queira, mas todo o gasto social do Estado vai parar no bolso privado.

NUANCES DO MOVIMENTO SOCIAL CHILENO

Houve uma marcha de um milhão de pessoas alguns dias depois da explosão social. Em uma entrevista, jornalistas perguntaram ao presidente da Renovación Nacional, o partido de direita, como ele enxergava a situação. E esse personagem, que está em uma posição de negociação, diz: "Bem, se você tem quatro milhões de pessoas na rua, é preciso buscar uma saída". Quatro milhões? De onde veio esse número? Todos os meios de comunicação disseram que havia um milhão, inclusive os próprios organizadores. O que acontece é que cada posto de *carabineros*, por todo o Chile, manda um informe, e o Ministério do Interior faz a soma. Então, claro, em Santiago houve um milhão, mas ao longo de todo o Chile se somaram mais três milhões. Houve mobilizações até nos menores lugares, nos mais afastados.

As mobilizações foram muito massivas e aconteceram no país inteiro; nós não vemos isso, mas o governo vê. Por isso, eles estão mais assustados que nós. As esquerdas no Chile não querem ver, porque, se vissem, teriam que assumir uma tarefa de condução política que os ultrapassa e em relação à qual semearam todo o tipo de desconfiança. Deixaram-se manipular, cometeram erros grosseiros, como o de assinar o Acordo pela Paz e pela Nova Constituição. A candidata presidencial da esquerda, Beatriz Sánchez, filiada ao Frente Amplio, foi escrachada na Plaza Italia. Camila Vallejo não pôde ir à marcha. Gabriel Boric também foi escrachado.

Há dois dirigentes que, creio, merecem muita confiança, porque não caíram nisso. Um é Luis Mesina, da Coordinadora No+AFP, que há muito tempo foi do Partido Socialista, e o outro é o presidente do Colégio de Professores, Mario Aguilar, do Partido Humanista, mas que não pertence à esquerda tradicional. São os dois rostos mais visíveis da Unidad Social.

Na Unidad Social também está a CUT, supostamente a maior confederação sindical do Chile, mas Bárbara Figueroa, uma comunista que, como os políticos, se coloca sempre adiante na foto, agora não aparece, não toma o microfone. As esquerdas chilenas se comportaram de uma maneira vergo-

LOS VIRUS REALES DEL PLANETA
ANGLO AMERICAN

ACAB
GO VEGAN
RESISTE

nhosa. E o resultado de sua atuação é que nos esmagaram. As pessoas não esquecem.

Tampouco há líderes sindicais fora da CUT com alguma capacidade. Porque todo o movimento sindical, que é um movimento minoritário, está nas mãos dos comunistas e dos socialistas. No Chile, a sindicalização compreende 20% do total dos trabalhadores. As condições de negociação salarial são mínimas. Não há movimento sindical real, é muito superestrutural, conduzido por cúpulas que são eleitas de maneira indireta por meio de sindicatos-fantasma.

Também não se pode esperar muito do movimento estudantil no Chile, que está nas mãos de uma casta de politiqueiros de esquerda. Para cada eleição da Fech, há seis listas de esquerda — mesmo que o Chile seja um país no qual a esquerda é minoritária. Ou seja, há esquerdas que não têm nenhuma outra presença exceto em duas ou três universidades. O que acontece no Chile é que as universidades tradicionais são extremamente elitistas, então representam um setor da população que não tem problemas. O marco fundamental desse deterioramento público do movimento estudantil foi 2011. Naquele instante, o movimento lutava por toda a educação chilena, mas os únicos que conseguiram alguma vitória foram os universitários. Deram as costas aos estudantes secundaristas, abandonaram-nos no caminho, e estes saíram perdendo. Por outro lado, o movimento dos secundaristas é inorgânico, absolutamente inorgânico, não dura, se dá por gerações. Há gerações que se organizaram melhor, como a de 2006 com a Revolta dos Pinguins, ou a de 2011, que permaneceram organizadas por alguns anos. Mas depois o movimento se apaga por cinco anos. Tem uma radicalidade muito grande, mas nenhuma capacidade de permanecer ao longo do tempo. Isso evidencia que não pode haver um movimento social sustentado nos estudantes; os trabalhadores têm que se mover, os *pobladores*, os pensionistas, as mulheres.

UMA SOCIEDADE MEDICALIZADA

Há um tempo, fui à cidade de Temuco dar uma palestra, depois nosso grupo foi comer com os anfitriões, e chamou-me a atenção um cruzamento de ruas em que havia farmácias nas quatro esquinas; em todas, havia gente comprando. Fiz um comentário, e um companheiro me disse que, nessas mesmas esquinas, que agora têm farmácias, dez anos atrás havia financeiras, dessas que emprestam dinheiro de forma rápida e simples. E que depois as financeiras fecharam e abriram-se churrascarias, lugares para comer. Que depois também faliram, e então vieram as farmácias. Vejo aí, de um modo muito claro, muito sugestivo, todo um ciclo: as pessoas pedem empréstimos, se endividam, gastam irresponsavelmente e agora sobrevivem com antidepressivos. Neste país, a medicalização da subjetividade alcançou uma dimensão política. Não somos os primeiros — isso funciona nos Estados Unidos e também na Europa.

No Chile, é muito visível e cotidiano o consumo de fármacos para anular a subjetividade. Não há família em que não haja duas ou três pessoas que estejam se medicando: para acordar, para dormir, para não se deprimir, para se estimular... É comum, inclusive, que as pessoas consumam dois ou três remédios simultaneamente. Esse fenômeno, por sua magnitude, tem um efeito de controle social. Quando digo isso, estou pensando no efeito que produzem sobre a subjetividade social, e não que seja planejado por um comitê central das farmacêuticas. Mas é certo que, por trás disso, há uma filosofia médica, em minha visão, errônea, mas ideal para os negócios, que se baseia na medicalização da saúde e que se tornou hegemônica. Naturalmente, a indústria farmacêutica fez disso um negócio, mas o que mais me preocupa é como isso acaba funcionando como um mecanismo de controle social, que não parece preocupar os Estados. Em certo sentido, é um sintoma do que ocorre nas sociedades neoliberais de hoje.

UMA DEMOCRACIA ADMINISTRADA

Quando tudo isso começou, todo mundo estava entusiasmadíssimo, mas o mais sensato era ter cautela. Lembro-me muito bem de 1983, quando os protestos duraram o ano inteiro e havia barricadas em todos os bairros. Foi um ano de incrível violência, incendiou-se o Chile todo. Muita gente dizia que o socialismo estava sendo incubado nas ruas de Santiago. Mas depois vimos o reverso de 1983, que foi 1989. Chegou o "arco-íris" e se implantou o neoliberalismo. Também é necessário recordar o ano de 2011 e a facilidade com que um poder altamente tecnologizado administrou o movimento social, por mais violento que fosse.

Se há algo de que o neoliberalismo chileno pode se gabar é sua capacidade de administrar o modelo. Porque esse é um modelo muito instável, embora o Chile seja um país protegido no mercado financeiro internacional. Não o levarão à bancarrota como fizeram com os gregos ou com a Islândia. O Chile opera como um modelo. Pense no caso peruano: em sua campanha eleitoral, Pedro Kuczynski disse: "Nós queremos ser como o Chile" — algo muito estranho, porque os peruanos patriotas se sentem inimigos tradicionais do Chile. Depois foi a público dizer: "Não, vamos superar o Chile". Seja como for, o Chile é o modelo neoliberal a ser seguido. E, como modelo, precisa ser preservado. Se a esquerda tivesse pressionado um pouco mais, poderia ter conseguido a renúncia de Piñera, isto é, que se entregasse alguém para preservar o modelo. Negaram-se por vinte anos a fazer uma nova Constituição, mas se assustaram e, em dois meses, armaram as condições para fazê-la. Porque a ideia é cuidar do modelo que tem um significado mundial.

Durante o governo de Pinochet, tínhamos problemas com a ditadura, queríamos democracia. Atualmente, temos problema com a democracia. Porque a democracia, em algum aspecto, é pior que a ditadura. Há quem diga: "Mas não matam gente". Claro, não matam gente a balas, no melhor dos casos. Mas as pessoas morrem nos hospitais, morrem com aposentadorias miseráveis. Se consideramos como vítimas apenas aqueles que receberam um disparo na cabeça, então não estamos entendendo em que consistem a miséria, a exploração, a injustiça.

Nesse sentido, nosso problema é: o que fazer com uma democracia que não tem nenhum conteúdo participativo? Eu escrevi um texto intitulado "A democracia como ditadura", descrevendo de que maneira o marco institucional democrático foi projetado para administrar o social. E com recursos tão vultosos que é necessário pensar duas vezes em como fazer um protesto social para que este não possa ser institucionalmente administrável. Os requisitos são basicamente dois, e não inovadores: tem que haver um povo indignado e tem que haver uma condução política medianamente lúcida. E aqui há um povo indignado e não há nenhuma condução política. Por quê? Porque não amadurecemos politicamente o significado do neoliberalismo e, menos ainda, uma alternativa a ele. Não temos programa radical para essa situação, todos os programas são horizontes de reformas. As esquerdas mais antigas ficaram presas ao estatismo socialista; as esquerdas mais recentes têm formas comunitárias, hippies, de autoconsumo. Mas não há um programa global. Minha opinião é que esse programa pode perfeitamente ser formulado, mas até agora não parece haver força política. Se você vê nas ruas as pessoas indignadas e, de outro lado, percebe que não há ninguém capaz de conduzir o movimento, então no segundo ou terceiro dia de revolta já começa a pensar que vão lhe vender o arco-íris e reconfirmar o neoliberalismo.

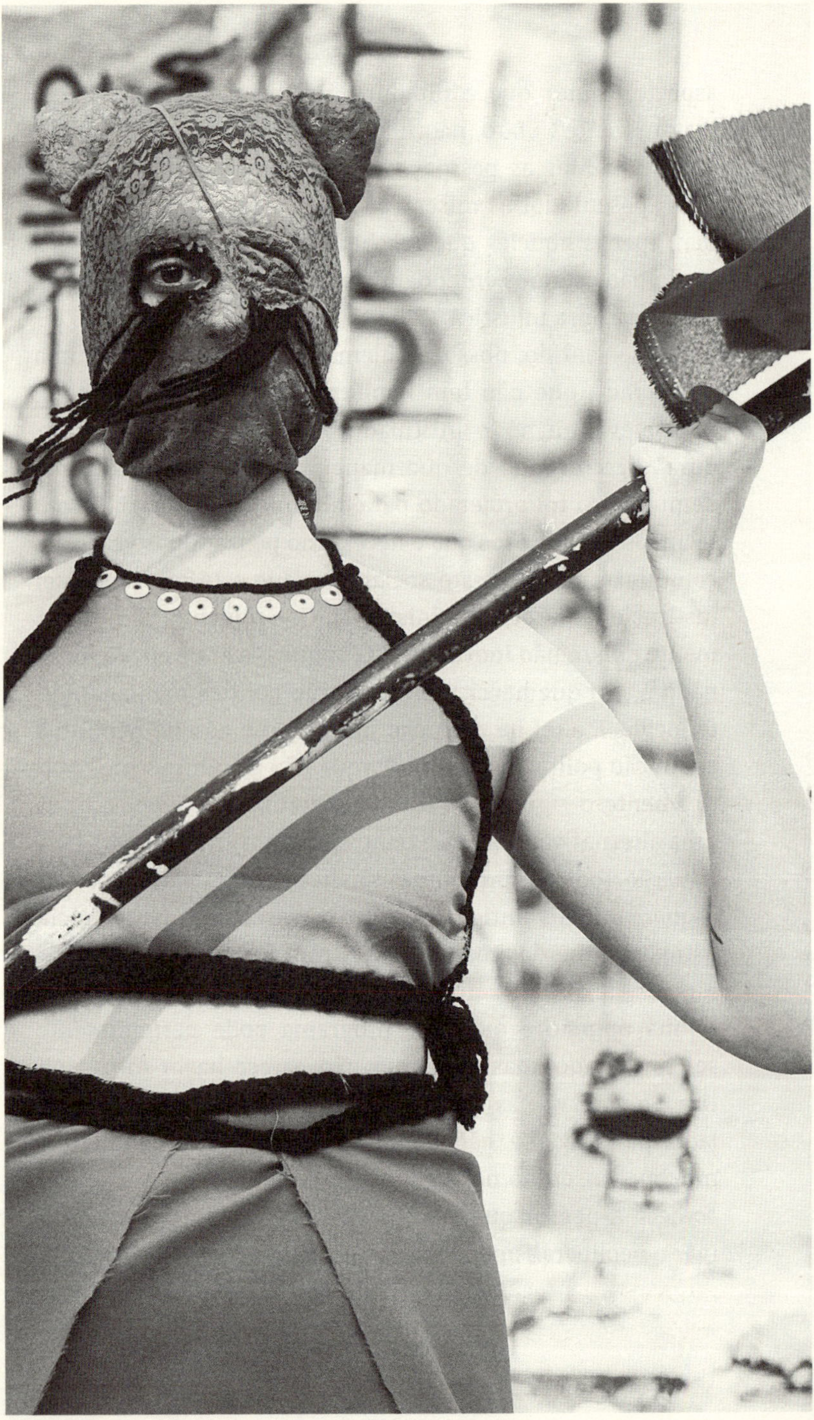

“O FEMINISMO SUBVERTEU OS LIMITES DO POSSÍVEL”

ENTREVISTA COM **LUNA FOLLEGATI**

Luna Follegati Montenegro é militante, pesquisadora e acadêmica feminista. É integrante da Convergencia Social e tem uma longa trajetória na construção de coletivos de base. Ao lado de Silvia Aguilera e Olga Grau, coordenou a edição do livro *Escrituras feministas en la revuelta* (LOM, 2020). É docente na Universidade do Chile.

Para ela, a explosão de outubro de 2019 e a irrupção do feminismo em 2018 só podem ser lidas como parte de um processo de acumulação de um mal-estar coletivo. “O 18 de outubro é um momento de exposição pública desse mal-estar que foi se desenvolvendo no Chile de forma imanente durante a transição para a democracia”, analisa.

Follegati estuda a história do feminismo e assinala três momentos desse processo: o primeiro é o movimento sufragista, no início do século XX, vinculado às reivindicações pelos direitos civis e políticos; o segundo, na década de 1980, associado às organizações feministas que lutavam contra a ditadura; e o terceiro, o momento atual. “O feminismo hoje se desenvolve de uma forma muito mais transversal em comparação com a tradição das organizações feministas. Há poucas reivindicações tão transversais como as do feminismo quando conseguem ecoar na existência das pessoas e nas formas de vida", explica. Ademais, afirma que uma das características do movimento feminista atual é a diversidade — "Ninguém pode dizer: o feminismo é este" —, e, tal como foi dito em outros momentos históricos, a questão é como articular essa diversidade e como essa diversidade se torna potência.

UMA LEITURA FEMINISTA DA EXPLOSÃO SOCIAL

Ressalto duas coisas com relação à caracterização da explosão: embora tenha um marco, um estopim, creio que corresponda a uma trajetória mais longa, vinculada aos processos relacionados à instauração do neoliberalismo no Chile, da ditadura em diante, cujo resultado foi a precarização da vida e a correspondente acumulação de um mal-estar coletivo, social. Houve toda uma série de movimentos e protestos — como o movimento feminista em 2018, as marchas multitudinárias da No+AFP e, sobretudo, o movimento estudantil de 2011 — que evidenciou o cansaço, o fastio da cidadania. Em 18 de outubro de 2019, há a exposição pública desse mal-estar, que foi se desenvolvendo no Chile de forma imanente durante a transição para a democracia. Distintos movimentos e organizações sociais e políticas foram se conformando no calor dessas mobilizações. Para esses movimentos, não foi uma surpresa o que ocorreu, e eles são capazes de interpretar, a partir de uma perspectiva mais ampla, mais transversal, aquilo que localmente aparece apenas como descontentamento, lendo-o também, de forma mais geral, como injustiça social.

O mesmo vale para o movimento feminista, que não aparece do nada em 2018. Há um antecedente vinculado à evidência, em termos gerais, das insuficiências dos processos de democratização social pelos quais passou o Chile nos últimos trinta anos. Concretamente, o que se vive hoje nas ruas corresponde também a uma distorção entre a divisão dos espaços público e privado. O que pôde fazer o feminismo nesses últimos anos foi gerar uma socialização, uma voz pública, uma manifestação, nas ruas, daquilo que vinha sendo vivido de forma íntima, cotidiana e, muitas vezes, violenta no espaço privado. É uma violência que tem um caráter estrutural e que se expressa nas formas de precarização da vida das mulheres, no alto custo dos planos de saúde, no montante escasso da aposentadoria a que têm acesso as mulheres, na violência de gênero dentro dos lares etc. O feminismo funcionou como uma ponte para a compreensão e o questionamento da dicotomia entre o espaço público e o privado, pelo que vem sendo uma condição de possibilidade para exigir a transformação daquilo que parecia imutável: o questionamento das tarefas e funções historicamente atribuídas ao feminino e ao masculino. O movimento do ano passado canalizou com muita potência um sentir e um comportamento coletivos, que possibilitam a transformação estrutural do patriarcado.

É inconcebível exigir a transformação da Constituição ou a erradicação do neoliberalismo no Chile sem esse ímpeto feminista de dizer "basta", sem o antecedente de um movimento que subverta os limites do estabelecido, da ordem social e do "normal". Portanto, todo esse movimento não pode corresponder apenas a uma maquiagem legal ou governamental, mas deve implicar uma transformação estrutural das relações sociais. É fundamental o lugar que ocupou o feminismo no inconsciente coletivo social, mostrando que nós, mulheres, podemos, sim, transformar aquilo que está estruturalmente enraizado na sociedade.

A POTÊNCIA DA TRANSVERSALIDADE

A trajetória do feminismo no Chile é sinuosa. Não é um movimento permanente: teve momentos de explosão e outros mais retraídos. Justamente agora estamos em um período de ebulição, mas, até pouco tempo, presenciávamos uma retração da organização coletiva/massiva de caráter feminista. A organização atual tem alguns traços específicos muito vinculados a 2011, como seu caráter jovem, estudantil e militante. Mas não podemos pensá-lo como uma concatenação ou consequência direta do movimento estudantil. Muitas estudantes que vinham do processo de 2006, com a Revolta dos Pinguins, foram além das pautas históricas do movimento, como o direito ao aborto, e assinalaram também que as organizações político-estudantis estiveram replicando certa divisão de gênero em relação ao papel e à atuação política de homens e mulheres. Começaram a rediscutir a educação e a elaborar uma noção não sexista, que tem um marco em 2014 com o Congresso de Educação Não Sexista.

A partir desse momento, pode-se ver como prolifera um tipo de organização feminista diferente das organizações políticas tradicionais ou das vinculadas à esquerda estudantil. Começam a gerir seus próprios espaços, o que lhes permite particularizar suas problemáticas e o conteúdo de uma série de reivindicações que a esquerda tradicional, seja estudantil ou não, tinha dificuldades para incorporar. O feminismo hoje se desenvolve de uma forma muito mais transversal com relação à tradição das organizações feministas. O feminismo aparece em redes profissionais, nos espaços acadêmicos, nos espaços de trabalho, estudantis, juvenis, territoriais e comunais. Nesse sentido, pode-se pensar que o movimento estudantil, jovem, em geral, conseguiu se expandir dentro do amplo tecido social urbano. E que, além disso, existe uma particularização feminista que se vincula com o tipo de organização que vem sendo elaborada nesses períodos.

O segundo ponto já não tem a ver com a forma e a organização, mas com o conteúdo político. A pergunta que poderíamos nos fazer é quais reflexões o feminismo oferece à sociedade a respeito de sua organização. Existiram espaços acadêmicos vinculados às temáticas de gênero durante os últimos vinte anos, mas o aprofundamento da reflexão feminista que se deu nos últimos anos no Chile é distinto daquele que vinha ocorrendo nos centros acadêmicos de gênero. Isso é bastante claro. Os centros acadêmicos fizeram uma reflexão a portas fechadas, mais vinculada às políticas públicas e ao desenvolvimento de uma perspectiva de gênero do que à pergunta sobre os condicionantes sociais de reprodução da vida como eixo que sustenta o capitalismo. E esse é um ponto muito importante para o feminismo: como a reprodução econômica neoliberal, na atualidade, encontra-se subsumida à lei do valor. Daí a crítica feminista reconhecer a necessidade de transformação dos eixos estruturais nos quais se conjugam patriarcado e capitalismo.

Nesse sentido, o feminismo não se reduz a questionar a desigualdade, a injustiça, a exclusão, a subordinação, indo um pouco além: o que faz é observar quais são os eixos estruturais que possibilitam essas condições de exclusão e subordinação. E a necessidade de revisar e transformar esses eixos é primordial no feminismo, porque nós vemos como, em nosso cotidiano — em casa, nas conversas com nossas mães, com nossas avós —, falar do feminismo implica discutir aquilo que está absolutamente enraizado em uma sociedade conservadora como a chilena.

Nesse marco, o que faz o feminismo é pôr sobre a mesa, novamente, a questão da violência. Através do feminismo, enxerga-se a violência do neoliberalismo; é problematizada a violência gerada por um espaço de trabalho, pelos sistemas de saúde, pelo sistema de pensões. Há uma politização muito própria do movimento feminista que reconhece a violência e a desigualdade, e ensaia uma aproximação de suas causas. Essa crítica à violência e às suas causas parece-me um dos aspectos mais importantes para o feminismo atualmente. E tem correlatos no âmbito político, tem a ver com uma crítica à democracia em um sentido amplo, à sua relação com a desigualdade, com a subordinação, com a exclusão. É uma crítica à democracia da transição e à sua promessa de democratização social, à sua relação com os problemas estruturais neoliberais e patriarcais — ou a soma desses dois. Não lutamos por essa democracia formal parlamentar, da política tradicional; pensamos em uma democratização das relações sociais em seu conjunto. E essa possibilidade não é algo que está fora do próprio movimento ou da própria sociedade — mesmo que pensemos em uma sociedade acadêmica ou nas ruas —, mas é transversal. Há poucas reivindicações tão transversais quanto as do feminismo quando ele é capaz de ecoar a existência das pessoas e suas formas de vida. Desconhecer esse impacto dentro da explosão atual me parece uma falha grande.

LEITURA HISTÓRICA: CONTINUIDADE E RUPTURAS

De acordo com minha leitura teórica e histórica, a explosão de agora e o movimento feminista de 2018 têm pontos em comum, assim como com o feminismo histórico. O feminismo tem sempre uma contingência, um posicionamento que o faz se expressar e pautar suas reivindicações. Ou seja: é filho de seu tempo. O movimento feminista no Chile tem, pelo menos, três períodos transversais: um primeiro, vinculado a reivindicações pelos direitos civis e políticos, é o movimento sufragista do começo do século XX, que lutava pelo direito ao voto, por direitos civis e políticos. O segundo é o da década de 1980, marcado pelas organizações feministas que lutavam contra a ditadura. E o terceiro momento é o atual.

Olhando esse processo em perspectiva, veem-se duas coisas: a primeira é que o feminismo tem uma relação implícita com a democracia como sistema, está permanentemente em tensão com o sistema político democrático: quer seja pela exigência de inclusão das mulheres nas democracias mediante o voto, quer seja pela restituição da democracia na ditadura, ou ainda em sua transformação e aprofundamento no momento atual. Então, embora seja um movimento marginalizado, excluído ou desconsiderado como suficientemente político — isto é, um movimento que não responde aos cânones da política tradicional —, mantém, sim, uma tensão permanente com a democracia e com o político. O problema é: quais são as margens do político e como, a partir dessas margens, o feminismo interage com o sistema político institucional.

E aqui há uma chave de leitura para o momento atual: como se manifesta o feminismo nos momentos de crise do sistema político e institucional, ou de uma crise de caráter econômico-político? Quando há desestabilização do sistema, o feminismo parece emergir, parece se restituir. No caso do Chile, quando há processos de deslegitimação política ou crise, é recorrente que o feminismo surja como uma força que tende a reconfigurar e ressignificar os limites do político em seu conjunto.

A distorção na distinção entre o público e o privado segue a mesma linha. Retomando as mensagens das feministas dos anos 1980, "O pessoal é político" — ou, como dizia à época Julieta Kirkwood em relação à necessidade de restituir a democracia que havia sido abatida pelo golpe militar: "Democracia no país e em casa". Aí se joga novamente com essa torção que implica o feminismo, sua disputa à margem da política. Uma disputa que ganha forma quando as feministas estabelecem seus cânones e suas formas de conceber a política, com exercícios como o encontro convocado pela Coordinadora 8M em 2018, ou quando se veem nas ruas os diferentes cartazes, serigrafias, nos quais se evidencia que as reivindicações feministas têm um lugar de fala singular, uma língua que o feminismo posiciona no âmbito público como uma demanda política.

Outro ponto, ainda considerando essas chaves históricas, é a questão da democracia. Aí há uma sintonia entre o movimento feminista da década de 1980 — isto é, o da ditadura — e a atualidade. Pode-se fazer uma leitura de longa duração, na qual aparece a configuração do movimento dos anos 1980, que estabelece seu próprio modelo e perspectiva de como deve ser não só a democracia mas a sociedade em seu conjunto.

O conceito de democratização é fundamental. É estudado por cientistas políticos e sociólogos chilenos que integraram a intelectualidade da transição, desde Manuel Antonio Garretón até Eugenio Tironi, considerando, ademais, os aportes de Guillermo O'Donnell. As feministas também formam parte desse processo de discussão sobre o que é a democracia e qual é a sua vinculação com a institucionalidade, mas o fazem a partir de outro registro. Enquanto estavam à margem da institucionalidade estatal e eram críticas dessa institucionalidade, as feministas dos anos 1980 encontravam aí um ponto de coesão em meio às diferenças. Sua vinculação como movimento deu-se no contexto de oposição à ditadura ao unificar uma ação que exigiu uma transversalização democrática em uma multiplicidade de planos, que iam do institucional ao social. Mais do que se valerem do conceito de "transição à democracia", possibilitaram uma prática democrática distinta, com ênfase nas relações sociais, cotidianas, e na experiência. Mas tudo isso desmorona com o processo de transição na década de 1990. E começa então uma diversificação do movimento feminista, que implicou diferentes vias para enfrentar o modelo instituído, das quais a mais hegemônica foi uma ocupação conservadora do Estado através da criação de espaços institucionais de gênero que esteve, por muito tempo, sob a administração da Democracia Cristiana.

No fundo, nos anos 1990, o feminismo continuou sendo uma administração daqueles elementos que já não eram feministas, mas diziam respeito apenas a questões de gênero e à administração de discussões vinculadas à diferença sexual. O que faz o feminismo atual, ao contrário, é restituir o termo, porque o feminismo havia sido eliminado como conceito com capacidade de subverter certa ordem, que interpela e produz incômodo no sistema democrático. Eliminou-se seu caráter mais subversivo, mais revolucionário, e o termo foi incorporado como uma forma de administração dessa diferença. O que fazem as feministas de agora é restituir esse caráter subversivo do feminismo, como diria Eliana Largo; é reposicionar o feminismo como um movimento e um conceito que, à margem da institucionalidade democrática, não busca incorporar-se, mas, sim, transformar. Não busca a inclusão, mas a transformação radical da forma através da qual o Estado vem considerando até agora a questão de gênero.

Desse modo, o conceito de democratização social vai muito além da inclusão, dado que implica uma incursão ao interior das próprias formas privadas para ver como, no cotidiano, se articulam as relações sociais. Esse ponto ficou pendente na transição, foi despojado de seu caráter político e posto como uma condição secundária dentro do processo transicional ("democratização social", em geral). Isso se vincula a uma despolitização mais ampla do tecido social que, hoje em dia, tende a ser revertida a partir da revolta de outubro.

O que nós, feministas, tentamos fazer não é apenas apelar para uma democracia em abstrato, para um sistema político, mas reconhecer que a democracia possui um conteúdo político-feminista que se vive além da institucionalidade. E esse conceito profundamente democrático é o que nós também devemos devolver ao ativismo, no interior das organizações político-sociais e nas ruas. Finalmente, as feministas sempre reivindicaram essa democracia que não pode ser cooptada, que deve existir no amplo sentido da palavra e verificar-se em todos os âmbitos da vida.

Para a caracterização do movimento feminista atual, creio que a pluralidade seja um dos fatores determinantes. Ao ser uma voz múltipla e diversa, não existe nenhuma organização que possa arrogar-se como "a" representante do feminismo. Nem os partidos políticos, nem as organizações, nem os coletivos podem dizer: "O feminismo é este"; é justamente o todo que imprime a diversidade que hoje é o movimento feminista no Chile. Embora existam esforços bastante importantes por parte de *coordinadoras* como a 8M, que conseguiu unificar mobilizações e formas de encontro de diversidades feministas, creio que o âmbito de uma plataforma de ação é algo inovador e pode condicionar essa coordenação, porque o feminismo continua sendo bastante diverso.

Creio que, como nos anos 1980, a questão é como se articula essa diversidade, como essa diversidade se torna potência. Vimos certos momentos em que essa potência da diversidade toma as ruas, como o 8M de 2019, que foi histórico. No entanto, a condição de representação do movimento feminista continua sendo um lugar muito polêmico. E essa condição está tensionada tanto pelas facções feministas dos partidos quanto pelos espaços mais locais, territoriais, ou pelas coordenações, que, às vezes, tendem a dialogar, a ir por um mesmo caminho, mas que também têm suas diferenças. Do meu ponto de vista, o feminismo adquire essa potência quando há uma sintonia entre os distintos âmbitos nos quais ele se articula. Essa condição plural é a potência e o desafio do feminismo: é diverso, está em todas as partes ao mesmo tempo, e, quando alcança a unidade, sua força é inaudita. O desafio é atingir essa condição de unidade que, muitas vezes, tende a se diferenciar pelas próprias características do feminismo: não há uma regra, uma hegemonia, uma definição única daqueles que são feministas, como deve ser e como se pratica o feminismo. É problemático. Ao mesmo tempo, hoje o feminismo compartilha uma crítica, um questionamento antineoliberal, uma leitura do caráter estrutural do neoliberalismo e um vínculo com a violência patriarcal que o articula.

AS TRAJETÓRIAS DO FEMINISMO POPULAR

No Chile, historicamente, houve um setor do movimento que se denominou feminismo popular, em especial nos anos 1980. Dentro dessa pluralidade, havia ainda distintas classificações: as políticas (dos partidos), as autônomas (que se diferenciavam dos partidos) e ainda as populares, que tiveram vinculação com organizações como o MIR e o Partido Comunista, e que tiveram suas próprias organizações nos setores populares. O nome "feminismo popular" refere-se a organizações ou coordenações de grupos de mulheres assentadas em setores populares — bairros de periferia e favelas — que, em um primeiro momento, se articularam em relação a necessidades vinculadas à sobrevivência, mas que, depois, articularam reflexões sobre seus papéis, questionando-os segundo uma perspectiva tanto feminista quanto de classe. As feministas populares organizaram uma série de ações vinculadas a temáticas como a violência contra as mulheres, ergueram abrigos, oficinas e espaços de autoformação, além de múltiplas atividades de resistência à ditadura, durante a década de 1980.

Uma comparação histórica permite ver que as organizações se enfraqueceram nos anos 1990, e só algumas perduraram, resistindo e se adaptando às novas políticas institucionais. Esta última dinâmica foi propiciada por duas medidas da década de 1990, ambas de teor bem neoliberal, como afirma Verónica Schild. A primeira é que, a partir de uma série de programas administrados pelo Estado, se começa a profissionalizar a intervenção nos territórios — em questões como violência, cuidados ou alimentação —, substituindo a ação das organizações feministas, sobretudo das mulheres dos bairros que haviam se autoformado e gerado ferramentas para o trabalho coletivo. Em um primeiro momento, o Estado as contrata e as "administra", mas, depois, tem de substituí-las por outros tipos de mulheres, "profissionais", que começam a ter essas tarefas já centralizadas dentro da institucionalidade de gênero estatal. A outra medida é que o Estado começa a trabalhar com a população "vulnerável" através de políticas focalizadas, em particular a política dos planos sociais, de um modo muito neoliberal. Em suma, deixa de potencializar a articulação social que havia sido gerada nos anos 1980, e essa trajetória dos feminismos populares se quebra. São bem poucas as organizações que persistem dentro dessa estratégia do feminismo popular.

Hoje em dia, tenta-se ressignificar o feminismo popular, mas em um marco de transformação de todas as formas de associatividade popular no Chile. O feminismo não fica isento desse processo. Daí a necessidade, hoje, de revermos o que poderíamos chamar de feminismo popular. No Chile, há claramente um feminismo de esquerda, que trabalha em certas dinâmicas concretas, em certas práticas no território, o que é um traço do feminismo popular. Estão sendo gestadas práticas territoriais que utilizam o feminismo a partir de outros lugares: juntas de vizinhos, organizações comunais de mulheres jovens. Mas, hoje, as vias de acesso ao feminismo são distintas, há mais vias de entrada, ou essas inserções se dão de forma mais plástica, menos rígida. Nos anos 1980, o feminismo popular se ancora nas práticas de sobrevivência das mulheres nos territórios, vinculadas aos restaurantes populares, às *ollas comunes*, ou a espaços de resistência diante da carestia da vida no contexto da crise econômica de 1982.

Atualmente, por outro lado, o feminismo está em movimento, permeia distintos espaços, não se fixa em lugar algum. As feministas jovens de hoje, em muitos casos vinculadas ao mundo estudantil, não são as estudantes universitárias dos anos 1980. São estudantes endividadas, precarizadas, que têm de trabalhar para sobreviver e que saem das universidades com diferenciais de prestígio e de qualidade em sua própria formação, que as farão inserir-se no mercado de trabalho de forma também diferenciada. Embora sejam mulheres que tiveram acesso a uma educação superior, não são necessariamente abastadas, não estiveram em uma situação de privilégio como as estudantes das décadas anteriores. Há aí uma diferença entre o feminismo popular ou territorial de antes e sua reconfiguração atual, e essa diferença passa, sobretudo, pelo "lugar" ou pelo território no qual se insere o feminismo.

LAS TESIS E A PARTICIPAÇÃO POLÍTICA DAS MULHERES

A massiva participação da mulher em distintos espaços políticos tem a ver com a plasticidade das formas de inserção política a que nos referimos, com as transformações produzidas pelo neoliberalismo sobre o tecido social e que só agora estamos percebendo. O "antes" e o "depois" do que foi o neoliberalismo extremo, implantado no Chile a partir dos anos 1980, obrigam a flexibilizar os critérios usados para ler a esquerda e o feminismo. A mesma pergunta se pode fazer com relação à representação: estaria o feminismo desestruturando os cânones de entendimento e inteligibilidade com os quais compreendemos a esquerda latino-americana durante as últimas décadas?

Um exemplo dessa desestruturação pode ser a performance de Las Tesis que tanto circulou pelas redes e que se inscreve em certa trajetória feminista: o tema da performance, da interrupção através da arte e de práticas que não necessariamente são reconhecidas como políticas, mas que o feminismo toma para si e politiza. Las Tesis põe em palavras e em performance o que reconhecem como teoria feminista, chamando a atenção para questões como a violência e o estupro. Uma particularidade é a recepção massiva, global, que teve essa performance — o que nos diz algo sobre o caráter internacionalista do feminismo, algo que sempre esteve presente nesse movimento, mas que retorna hoje em dia com a questão da violência de gênero. Isso é feito abordando um tema cotidiano com uma coreografia e uma música difícil de esquecer, que pode falar de algo grave de um modo lúdico e contagiante. Em uma entrevista, suas integrantes dizem: "Isso não é divertido". Essa mistura faz com que a potência de Las Tesis seja fundamental. Elas conseguem exteriorizar a violência privada e levá-la ao espaço público, situá-la em termos comuns, coloquiais, que são sentidos pela maioria. Isso possibilita, por sua vez, que se formulem perguntas sobre o caráter patriarcal do Estado: que sentidos assume a violência transversal? Que vínculos estabelece com as forças públicas e da ordem? E essa dinâmica não é particular, local, não tem a ver apenas com Santiago, mas pode ser observada em outros lugares. É o caráter mundial do patriarcado que instaurou um tipo de prática de dominação mediada pelo masculino.

O exemplo de Las Tesis é muito interessante para mostrar como o texto de uma performance pode expressar algo comum dentro da diversidade mundial. E essa condição comum tem a ver com a necessidade internacional do feminismo e com a pertinência da crítica feminista em nível mundial, na medida em que o patriarcado também é universal. A isso responde a pluralidade do feminismo, que sempre é pertinente, mas que requer uma concatenação específica que faz com que existam momentos como o atual (as ondas históricas, os períodos). Hoje vivemos um momento de desestabilização política, há um descalabro internacional que permite que o feminismo adquira um nível de importância que, em outros períodos, não teve.

O FEMINISMO INTERNACIONAL

Ao se pensar nas "ondas" históricas, é interessante não tomar o sentido da visão hegemônica, como acontece em geral nos países do Norte — como se o feminismo fosse único, universal e homogêneo —, mas a partir da concatenação de movimentos a longo prazo. Isto é, pensar a onda em um sentido estendido, capaz de contagiar o resto e mover multidões. Mais do que em uma onda, penso em uma maré. Seguindo essa metáfora, pode-se falar de uma "maré" feminista, pois o movimento gera processos de concatenação da reflexão e da ação por meio de um ponto de vista particular. Tivemos momentos do sufragismo, do direito ao voto, da vinculação com a democracia no caso latino-americano nos anos 1980. E, hoje em dia, o tema da violência é uma prova de como o feminismo pode se internacionalizar.

No entanto, a palavra internacionalização é injusta, porque denota como uma reivindicação particular se externaliza, e creio que no feminismo ocorra o contrário: aquilo que é privado se socializa, se torna público, ao reconhecer que a experiência pode ser comum — a minha com a sua, mas também a minha com a de uma mulher na Turquia — pelo simples fato de sermos mulheres. Reconhecer-nos como mulheres estabelece uma solidariedade, um vínculo e uma reivindicação que é transversal e tem o feminismo como ponto de partida.

Mais do que internacionalização, há uma transversalização das pautas feministas que tem a ver com essa impossibilidade de construir pontes gerada pelo neoliberalismo. Há uma resposta contraneoliberal por meio da qual o feminismo constrói pontes de sororidade e vínculos para reagir a problemáticas fundamentais como a violência de gênero. Também existem os temas mais coloquiais e midiatizados, como o *Me Too* [Eu também] ou o argentino #NiUnaMenos, e toda essa organização tão importante gerou um eixo que, hoje em dia, impacta todo o Cone Sul. Levou também a um autorreconhecimento, a nos reconhecermos dentro de nossa própria cotidianidade, a nos perguntarmos o que vivenciamos aqui e que aparentemente é tão comum.

Uma possibilidade futura para o feminismo é fortalecer essas pontes, deslocalizar a problemática, mas sem perder seu conteúdo crítico, que também é local e contingente. Às vezes, ao socializar, ao construir pontes, costuma-se perder de vista a condição particular da demanda local que são importantes para exercer mudanças concretas e contingentes que os países requerem em nível constitucional, legal ou do sistema político. O feminismo tem que jogar esse jogo duplo: por um lado, a transformação contingente local e atual; por outro, o ponto de vista histórico, estrutural, de longo prazo, que implica os processos de internacionalização e transversalização da pauta.

OS PROBLEMAS TRANSVERSAIS: A DÍVIDA

Se essa globalização gerou algo foi a transversalização das problemáticas. Aqui no Chile, saímos da universidade devendo quase o valor de uma casa, o que os salários não podem pagar. Hoje em dia, a dívida é um problema econômico, mas também político, psicológico e estrutural. A questão do endividamento não pode ser separada da questão, recorrente no movimento feminista, sobre como queremos viver e construir essa sociedade, quais são as práticas com as quais nos sentimos seguras, que ensejam uma valorização da vida em sentido integral, quais espaços estão isentos de violência estrutural, ou melhor, como construímos esses lugares. Aí a reflexão feminista é decisiva, ou então acabaremos por replicar os sistemas, as formas institucionais e as práticas políticas que retomam as explicações tradicionais sobre a ordem das coisas. Um desafio para as feministas é pensar esse outro mundo, os caminhos para chegar a outros lugares. As práticas políticas e territoriais são fundamentais como exercício de imaginação política, que é o que mais falta hoje. Como em geral acontece nos processos revolucionários, é preciso ativar esse germe da imaginação política e poder construir não apenas possibilidades reais e alternativas, como também os caminhos para alcançá-las. A necessidade de não replicar receitas engessadas e antiquadas é determinante para não se cair em um velho problema.

Mas há distintas visões a respeito, e uma das diferenças é sobre onde ou de que maneira se constrói essa outra forma política. É um dos temas mais complicados do feminismo. De um ponto de vista mais político, não tão acadêmico, creio que tenha que ser uma construção conjunta. Creio que os processos de construção coletiva, ou de reflexão feminista, podem, sim, ser reduzidos, locais, particulares, ou dar-se em grupos específicos. Mas também acredito que a transformação social ocorra em conjunto. Nesse sentido, temos que saber socializar o feminismo dentro de uma diversidade mais ampla. Não é fácil, entre as feministas, chegar a um acordo, superar esses obstáculos históricos dentro do movimento, mas também temos que conseguir permear todos os que compõem a sociedade. Homens, avós, irmãos. Creio que os partidos políticos também podem ter um lugar. Ou poderíamos formulá-lo como pergunta: o feminismo é capaz de operar por meio dos partidos políticos? Estive e estou militando, faço uma reflexão de um lugar situado: creio ser possível trabalhar a perspectiva do feminismo onde quer que se esteja, mesmo quando se trata de partidos políticos.

Pensar a mútua exclusão de partidos políticos do feminismo é reproduzir uma visão muito cara ao século XX sobre os partidos. Temos que fazer também esse exercício. Se estamos em um exercício de imaginação política, por que teríamos que reproduzir os cânones do partido político do século XX, em vez de criar outras formas de compreensão da política partidária e fazer com que esta aprenda a ler criticamente o passado e possa incluir o feminismo como uma possibilidade de transformação da política? É uma aposta de transformação passível de ser estendida aos partidos de esquerda, que incorporam o feminismo como um eixo prioritário, de base. Não creio que a política possa ser separada do feminismo, e sim que a política só é política na medida em que também é feminista. Os partidos que têm essa compreensão e que expressam o feminismo devem incorporá-lo a seu gene e deixar de pensá-lo como mais uma dentre as demais reivindicações. O feminismo deve fazer parte da própria compreensão da política, uma vez que reivindica uma profunda transformação das formas de exclusão e subordinação. Se apelamos a uma política de esquerda, o feminismo deve ser parte substancial dessa reflexão. Sem dúvida, haverá tensões, problemáticas, diferenças com relação a outros modos de pensar o feminismo, mas o movimento feminista é composto dessa diversidade. E isso inclui os espaços institucionais: o Parlamento, as prefeituras, lugares onde se trata de levar adiante, institucionalmente, uma aposta de transformação.

PARIDADE DE GÊNERO E PROCESSO CONSTITUINTE

Há aspectos que me parecem interessantes com respeito à paridade. Não poderia não estar orgulhosa e saudá-la, já que foi uma reivindicação levantada por feministas de distintas correntes, mas que é, sobretudo, filha dos processos do movimento feminista anterior. É uma resposta à mobilização social feminista no Chile, que fez com que os parlamentares escutassem as organizações, e a rede de mulheres especialistas em ciência política teve nisso um papel fundamental, ao lado das frentes feministas de alguns partidos. Foi possível conformar uma proposta importante, mas sua legitimidade só adquiriu espessura porque havia um movimento por trás. É fundamental que a elaboração de uma Constituição considere essas vozes que antes não eram incorporadas dentro do plano político, mas, como diz Alejandra Castillo, é igualmente importante que, durante esse processo, se revogue também uma representação elitista da política, que se questionem lugares de privilégio conferidos pela classe social ou pelo poder econômico. A elaboração desse exercício democrático não pode prescindir das mulheres como modelo alternativo de representatividade para a sociedade em seu conjunto. Não queremos uma maquiagem de reformas legais. A Constituição e a discussão paritária relacionada à Convenção Constitucional são parte de uma forma de fazer valer as distintas vozes, de poder diversificar aqueles lugares historicamente construídos pelos homens. É a forma através da qual vamos ampliando o marco da democracia. Há cinco anos teria sido irrisório, e hoje é uma exigência. Isso é um avanço. Desconhecê-lo como um avanço seria não assumir as consequências do movimento feminista no curto prazo, e é o que faz com que possamos produzir efetivamente processos de transformação radicais, no sentido da permanência e da condição estrutural de nosso país.

A exigência de uma nova Constituição é um ponto de partida incontornável, é uma reivindicação histórica. O Chile nunca enfrentou uma transformação constitucional popular depois do fim da ditadura; houve apenas reformas. O processo de transição coincidiu com a configuração das bases estruturais do neoliberalismo implantado no período ditatorial. Nós continuamos falando dos processos de transição e, inclusive, de segundas transições, trinta anos depois. Essa homologia entre transição para a democracia, neoliberalismo e governos da Concertación pode hoje ter um ponto-final nesse processo constituinte. É a possibilidade de se abrir uma nova porta no que diz respeito às relações políticas e ao modo como se estruturam as políticas das transições no Chile: uma política de acordos a portas fechadas, que ignora os direitos humanos e compactua com os estupradores, que mina os processos de justiça. Uma nova Constituição permite pensar uma nova ordem das coisas, um salto histórico-político que busque restituir aqueles direitos sociais de que foi despojada de forma violenta a cidadania.

A Constituição deve cumprir, simbolicamente, um papel determinante. É uma forma de democratização social, e temos que incentivar a participação cidadã: as pessoas devem se organizar, consolidar o que foi discutido nas assembleias, suas ideias, suas necessidades, essas outras formas de politização que estão se desenvolvendo nessa revolta. São espaços que pensam e expressam de forma precisa como se quer um outro Chile. É necessário utilizar a Convenção Constitucional para construir não apenas uma performance política, mas para forjar essa potência imaginativa que vem sendo gestada e que não teve uma representação no campo da política tradicional. É um processo que não está fechado, e devemos continuar abrindo-o. Devemos pensá-lo não como dois âmbitos dicotômicos, mas a partir da vinculação e da concatenação entre o social, o popular, o territorial e o espaço da Constituinte. O feminismo se materializa e ganha conteúdo por meio da necessidade contida na construção coletiva.

SOJOS del
EBLO
USAN
STADO

"É NECESSÁRIO CONSTRUIR NOVAMENTE UMA ESQUERDA COM PENSAMENTO ESTRATÉGICO"

ENTREVISTA COM **RODRIGO RUIZ**

Rodrigo Ruiz, antropólogo, é integrante do movimento Territorios en Red (TER) e membro do gabinete político da prefeitura de Valparaíso. No início dos anos 1990, foi um dos fundadores do Movimiento SurDA. Em 2012, fundou *El Desconcierto*, uma revista de referência para a esquerda chilena, da qual foi diretor, posteriormente coordenando o selo editorial lançado pela própria publicação. Em 2016, deixou o projeto. Foi membro da direção nacional do Movimiento Autonomista e formou parte da Convergencia Social até 15 de novembro de 2019, quando apresentou sua renúncia — assim como vários militantes, entre os quais se destaca o prefeito de Valparaíso, Jorge Sharp — depois da assinatura do Acordo pela Paz e pela Nova Constituição, que, para ele, "é essencialmente contrário às reivindicações que as diferentes manifestações enunciaram nas ruas". No entanto, crê que seja necessário participar do processo constituinte e "fazer com que a Constituição tenha um conteúdo mais radicalmente pós-neoliberal".

Para Ruiz, a revolta expõe um enfraquecimento da dinâmica institucional no Chile. O movimento feminista é o que mais claramente põe em cena uma linguagem em tensão com a matriz hegemônica e expressa uma força destituinte contra essa forma neoliberal de conceber a vida. Estão dizendo: esse é o momento para mudar profundamente as coisas, porque estamos em risco como humanidade. "Provavelmente estejamos assistindo aos prolegômenos das revoluções do século XXI", teoriza.

A IMPUGNAÇÃO TOTAL

O Chile é o país pioneiro da instalação do neoliberalismo no mundo. Falou-se muito dos trinta anos, mas creio que seja interessante falar dos quarenta anos de neoliberalismo — foram, no mínimo, dez anos neoliberais dentro do contexto ditatorial, desde o giro que se dá no final da década de 1970, na ditadura de Pinochet, até a instalação do modelo enquanto tal. Isso se expressa em políticas sociais, mas também no comportamento dos meios de comunicação massiva e na própria Constituição. Também é visto na "gestão civil" do neoliberalismo desde 1990, com um processo, digamos, de aperfeiçoamento democrático no pós-ditadura. Tudo isso é o que começa a explodir em 18 de outubro de 2019.

É muito difícil estabelecer uma hipótese clara sobre o que está acontecendo no Chile, mas é evidente que há um enfraquecimento da dinâmica institucional. Isso se expressa na parte política da mobilização que ocupa as praças e, parcialmente, em condutas como o saque. Tudo isso tem um caráter político, porque contém uma impugnação ao Estado e à forma institucional que instala o neoliberalismo no Chile.

Mas, é claro, o saque carece de uma dimensão política fundamental, uma vez que não está vinculado a um ideal e a uma forma de organização, e sobretudo porque lhe falta a dinâmica de uma ruptura que aponte um futuro possível.

Aqui, fomos construindo uma leitura que dá muita importância à noção de produção. Lemos Marx segundo essa perspectiva. Também lemos Lefebvre, que, quando fala da produção do espaço, sublinha que o lugar teórico da produção já é bem forte em Hegel. Nessa linha, é muito interessante quando Judith Butler diz que a produção do gênero deve ser entendida como parte da forma como se produzem os próprios seres humanos de acordo com os moldes heteronormativos atuais. É a partir desse pressuposto que pensamos a construção política: da produção do território. A transformação dos territórios e a nova produção democrática socializada do território não são operadas pelas forças tradicionalmente vinculadas ao capital, mas pelas vinculadas à comunidade. Por esse ponto de vista, também há uma compreensão do neoliberalismo como um espaço produtivo: um regime de produção de um novo tipo de subjetividade. E quando digo "subjetividade", não me refiro apenas a modos de pensar, mas à existência dos sujeitos, a formas materiais de construção do sujeito. Isso é o que está desmoronando, tudo isso explode de alguma maneira.

OS ESTUDANTES E O "CHEGA DE LUCRO"

Isso começou em 2006 com a Revolta dos Pinguins. Depois, foi muito forte em 2011 ou 2012, quando se levantou uma reivindicação massiva: "Chega de lucro", sobretudo no plano da educação. Trata-se de uma reivindicação estrutural, porque aponta a matriz teórica básica, elementar, do neoliberalismo, isto é, a ideia de que as pessoas devem se conceber como empresas individuais e de que a vida é uma espécie de projeto de rentabilização individual do capital humano. Toda essa lógica no Chile está muito entranhada, dispõe de um dispositivo de legitimação brutal tanto por parte do Estado quanto do mundo privado e de suas instituições.

Todo o sistema educacional chileno é guiado por essa lógica há muito tempo. Por exemplo, os sistemas de medição de "qualidade de educação" estão vinculados à lógica do capital humano. É uma coisa que não existe, nesse nível, em parte alguma da América Latina. No Chile, hoje, é absolutamente inimaginável a existência de uma instituição como a Universidade de Buenos Aires (UBA) ou a Universidade Nacional Autônoma do México (Unam). Ninguém avalia a UBA e diz se é uma universidade boa ou ruim em função de formar um melhor ou pior capital humano. Mesmo com o presidente Maurício Macri, isso seria impensável. No Chile, esse é o pão de cada dia. Mesmo gente de esquerda o repete. A ideia da sociedade das oportunidades, a ideia do capital humano, incorporou-se de maneira brutal.

Então, creio que haja um esgotamento dessa matriz neoliberal que foi hegemônica durante os últimos quarenta anos. É uma revolta que interroga e interpela a forma do Estado, que interpela sua produção de subjetividade. As pessoas estão dizendo: "Basta, não quero mais viver dessa forma nem quero pensar em mim mesmo dessa maneira". Nesse marco, o movimento feminista é o que mais claramente põe em cena uma linguagem em tensão com essa matriz, que o verbaliza e o articula de uma forma muito nítida ao percorrer todo o problema da existência humana, da reprodução até o Estado. Isso é muito potente, porque é feito a partir de uma cultura nova.

REVOLTA E PROCESSO CONSTITUINTE

Acredito que estamos adentrando um processo constituinte baseado nessa força destituinte, encarnada com especial potência pelo movimento feminista. É uma força destituinte contra essa forma neoliberal de produzir a humanidade, uma revolução profunda. Provavelmente estejamos assistindo aos prolegômenos das revoluções do século XXI — que não serão feitas por barbudos na Sierra Maestra, terão outras formas. São revoluções no sentido de que põem em marcha uma potência destituinte centrada no que há de mais profundo na construção da ordem atual, em seus elementos mais estruturais. Por que as pessoas arrancam a cabeça da estátua do conquistador Pedro de Valdivia e a colocam nas mãos de um líder da resistência mapuche de Caupolicán? As pessoas estão dizendo: "Tudo isso está errado desde o início". Há quinhentos anos isso está podre. É uma mobilização que se atreve a pensar com essa profundidade histórica.

Aí vem a pergunta: está aberto um processo constituinte, o que vamos fazer? Vamos construir uma nova forma de resolver a relação dessa mobilização com a totalidade social? Creio que isso ainda não seja possível. E tem a ver com o fato de o Chile ainda não possuir um líder. Ou seja, não há um Evo Morales, um Néstor Kirchner ou um Fidel Castro. E não devemos criar complicações por isso. É preciso escutar. É muito interessante o que está acontecendo. Tenho uma grande simpatia pelos nomes que acabo de mencionar, mas creio que as pessoas estejam dizendo: "Não resolverei a minha relação com a totalidade social através de fulaninho como encarnação do Estado". Então, a lógica do populismo talvez tenha que ser revisada.

Diferentemente da experiência argentina, aqui não há uma força como a que encarnou o kirchnerismo; isto é, não há um peronismo capaz de conduzir uma mobilização popular, nem a possibilidade de tentar resolver a situação com esse deslocamento do popular à totalidade através de uma experiência "populista", para nomeá-la de algum modo. A política argentina evidentemente sabe ou soube como resolver uma crise política com uma mobilização de massas. A política chilena, não.

Mas, sobretudo e mais importante, creio que a revolta deva ser entendida em um ciclo mais longo e muito mais difícil de finalizar, de capturar. Pensando um ciclo curto, talvez a elite político-empresarial possa se apropriar do processo constituinte. De fato, nesse ponto foram vitoriosos: à revelia da população, conseguiram que o Acordo pela Paz fosse assinado e também conseguiram desenhar o processo constituinte. Para mim, é preciso saber ler quando a elite consegue fazer seu trabalho e é bem-sucedida ao instalar esta ideia, falsa, em minha opinião, de que a Convenção Constitucional é o mesmo que a assembleia constituinte.

Ainda que compreendamos isso, o pano de fundo dessa situação é que essa elite não possui nenhuma capacidade de processar as reivindicações mais profundas que estão instaladas nas ruas, que são as que, no fundo, definem a temporalidade real desse processo. As pessoas dizem, massivamente, com clareza e há vários anos: "Basta de AFP", basta deste engodo que são as administradoras de fundos de pensão. Mas o capitalismo chileno não tem como funcionar sem formas permanentes de acumulação originária como as AFP. Por isso, creio que o governo e a direita montaram essa defesa doutrinária diante do desconto de 10% da poupança que as pessoas tinham nas AFP, embora tenha sido uma forma de injetar dinheiro nas economias familiares em meio à crise.

Essa gigantesca massa de capital disponível para as grandes instituições financeiras não é mais do que o dinheiro dos trabalhadores, de seus salários. Se retirarmos essa forma de obtenção de capitais da economia chilena, um conjunto de fatores entraria em crise — entre eles, o próprio sistema bancário. Outro dia, ouvi alguém dizer: "Salvador Allende havia cunhado a ideia de que o cobre era o salário do Chile, mas agora o salário do Chile é a economia financeira", e é verdade, a nossa economia é financeirizada há muito tempo. A economia chilena é, como muitas outras da América Latina, uma economia extrativista. Mas a questão financeira é a que rege seu funcionamento. E as pessoas têm sérios problemas com essa dinâmica.

Como se resolve essa situação? Que tipo de configuração da elite política, hoje em dia, pode se encarregar disso? Não existe. Podemos chegar a redigir uma nova Constituição, mas temo que não cheguemos a delinear os modos de superar uma ordem econômica como a que imperou por tantos anos. Talvez haja outras temporalidades. É a isso que me refiro quando digo que há uma corrente subterrânea de longa duração, que diz: "O neoliberalismo, tal como o conhecemos no Chile, acabou, não funciona nem funcionará daqui em diante". De certo modo, isso não é novidade: a crise era e é o modo de existência do neoliberalismo. Mas agora parece que já não lhe interessa funcionar com festa e paz. Ou já não lhe resta escolha. Talvez Maurício Macri tenha representado isso na Argentina: qual é o problema se depois trazemos o Fundo Monetário Internacional (FMI) e nos dão uma injeção de dinheiro, tentam nos salvar e depois seguem caminho para onde quer que ecloda uma crise — assim funcionam as instituições financeiras mundiais. Creio que a revolta nos põe diante da necessidade de resolver esse tipo de questão, nada menos. Assim se desenham os níveis de profundidade com que a Convenção Constitucional deveria trabalhar.

O DESACATO: "BASTA!"

O fundamental é o que estão dizendo os de baixo: "Basta, não aguento mais isso". O que acontecerá quando milhares de universitários que já se formaram deixarem de pagar sua dívida com o sistema privatizado de financiamento da educação? O que acontecerá se as pessoas disserem: "Não pago mais, processem-me, prendam-me, não me importa, não vou pagar"? Começa a haver uma situação com esse nível de anomalia, de disfunção do sistema. É um mistério porque todos nós pagávamos nossas parcelas anuais da dívida da educação mesmo sabendo que é uma grande injustiça. Mas pagávamos.

Então, há um momento em que alguém diz: "Não pago mais, vá à merda, não pago mais e acabou". E hoje dizemos: "Não paguemos mais, não paguemos mais". Ou nos dizem: "Vocês têm que deixar a praça". E a multidão responde: "Não vou embora da praça, não quero, a praça é minha, não vou, não vou e não vou". E não foram. Mas miram nos olhos! Há um rapaz com um olho a menos, dois, dez, cem, duzentos. E, ainda assim, ouve-se: "Não vou embora da praça". Em suma, é impressionante a vontade popular que diz: "Não aceito mais que isso funcione como vinha funcionando", embora não se elabore muito mais do que isso. Acredito que estejamos nesse estágio, não sabemos muito mais do que isso, mas já não aceitamos mais o que existia. Em segundo lugar, não aceitamos que ninguém venha nos dizer como as coisas têm de ser. Esses dois elementos estão radicalmente presentes na situação chilena atual e representam um tremendo desafio para os que, como nós, atuam politicamente.

Agora, precisaremos de um novo presidente no Chile, claro; haverá novos parlamentares, prefeitos; terão que existir constituintes. Não se trata de desconhecer uma dinâmica desse tipo — as instituições não desaparecerão, nem é desejável que isso aconteça. Nós não somos anti-instituições. Trata-se, ao contrário, de pensar que o Chile terá que entrar em uma espécie de processo de reinstitucionalização. Pensamos que isso seja fundamental para avançar rumo a uma forma mais radicalizada de participação social. Isto é, rumo a uma democracia com real profundidade social.

AS FORMAS DE PARTICIPAÇÃO POLÍTICA

Desde o primeiro dia em que chegamos ao governo local em Valparaíso, impulsionamos um processo participativo. As três ou quatro coisas mais relevantes desta administração foram feitas assim. E esse é um processo que não é nada simples, não é fácil suspender o próprio poder político. Em 2014, para um livro que depois publicamos, fizemos uma entrevista com o então vice-presidente boliviano Álvaro García Linera, na qual ele refletia sobre essa lógica do Estado e sobre como pensar um socialismo não estatista. Como recuperar o imaginário do socialismo sem a centralidade do Estado? Uma centralidade que, ademais, o Estado nunca teve e que foi inventada posteriormente por necessidade prática. Um socialismo que tenha como eixo a ação da comunidade organizada e a transferência de poder a essa instância, e um Estado que se retraia em benefício dessa participação. Se pensamos na rede de serviços de saúde que articulamos na prefeitura, em Valparaíso, o que vemos é um serviço público não estatal, baseado em formas de participação profunda, poderíamos dizer. Porque as pessoas participam, inclusive, na designação dos funcionários que serão contratados para trabalhar nesse lugar. Então, com relação aos desafios, não se trata de organizar ninguém. Isto é, não creio que tenhamos a habilidade, o conhecimento e tampouco o poder de organizar o outro. A linha de frente dos protestos é um exemplo impressionante, uma forma de organização que não vem de nenhuma instância superior. Ninguém pode arrogar-se a condução ou a autoria de semelhante coisa, não foi pensada por nenhum partido ou força. Ali correm, com toda certeza, rios subterrâneos de memórias históricas, de aprendizagens do movimento popular chileno de tantos anos.

Naturalmente, não é fácil encontrar os mecanismos para levar adiante formas de participação profunda. Mas o que há, por exemplo, na Plaza de la Dignidad, é um grande Parlamento que funcionou durante vários meses no Chile. Ali, as pessoas falavam, parlamentavam de formas distintas, com canções e mensagens. Podemos elaborar uma seleção ao fim do dia, ou da semana, do que é preciso ser feito apenas escutando o que se diz ali. A pesquisa não é necessária, as pessoas, de alguma maneira, dão sinais. Não sei como foi que passamos a ir todos os dias, a todos os lados, às sextas-feiras, na Plaza de la Dignidad, por exemplo. Quem instituiu isso? Quem o imaginou? Não faço ideia, mas funcionou. Há uma lógica organizativa que não pode ser pensada a partir da coordenação entendida em sentido conspiratório, como crê a imaginação do governo; essa imaginação meio espantosa de que há um poder obscuro por trás de tudo isso, que coordena as ações através das redes sociais. Isso é falso, é não entender nada. Aqui o que ocorre é outra coisa, que tem a ver, na verdade, com uma ideia de democracia diferente da que foi imposta depois da ditadura.

Temos que nos pôr nessa seara e avançar com a resolução desse problema tão importante. As deficiências de condução da revolta são preocupantes. Esse é um problema real, que não deve ser ignorado por uma leitura romântica da mobilização. A saída de tudo isso dependerá da capacidade de construir uma direção política para o processo. É um problema da maior importância. E creio que só possa ser resolvido se as distintas opções transformadoras escutarem o que há nas ruas, colocando-se à disposição com mais humildade. Do contrário, a separação entre as distintas esquerdas e a mobilização poderá se aprofundar, prolongar e agravar. É preciso estar à altura sem ignorar ou falsificar a realidade de que a mobilização não tem uma relação orgânica pré-construída com nenhum setor da política, nenhum.

A POTÊNCIA DESTITUINTE: DE ALLENDE AO 18 DE OUTUBRO

Temos que pensar seriamente na magnitude da potência destituinte. O dia 18 de outubro de 2019 abriu um longo ciclo. Nós sempre dizemos: "A explosão de outubro é uma abertura". Mas dizer que é uma abertura poderia ser um lugar-comum, algo óbvio. Algo menos óbvio é dizer que, no marco dessa explosão, não se produzirá um fechamento. Ou seja, não devemos pedir que esse ciclo curto encerre aquele outro maior, porque aí nos equivocaremos. Efetivamente, há desfechos parciais, como o Acordo pela Paz e pela Nova Constituição. Mas o fundamental é o processo que se abriu para o povo chileno.

É interessante voltar a falar do povo, ou melhor, dos povos do Chile — porque há o povo mapuche, e, por outro lado, as mulheres nunca foram incluídas no "povo chileno". Há muitos povos. Todos esses povos estão dizendo que querem avançar rumo a uma forma de vida distinta. Os que melhor expressam isso, sem dúvida, são os mais jovens. Particularmente as mulheres, porque têm que viver a vida de uma maneira profundamente desigual. Nelas se expressa um tipo de condensação, de cristalização de um imaginário do futuro que assume, por exemplo, que o planeta, assim como está, pode se tornar inabitável daqui a cinquenta anos. Elas estão mais conscientes dos problemas da socialização atual. Estão dizendo que este é o momento para mudar profundamente as coisas porque estamos em risco como humanidade.

No Chile, esse longo ciclo explode em nossa cara no dia 18 de outubro. É um ciclo longo e profundo, que remonta à instalação do modelo neoliberal em nosso país, ou melhor, à derrota do outro grande momento de imaginação política que houve neste país: o governo de Allende, quando o Chile se atreve a pensar em um caminho para o socialismo que não existia no mundo. "A revolução com empanadas e vinho tinto", uma imaginação em escala global. "Vamos inventar uma coisa nova e ponto."

Vocês sabem que Che presentou Allende — que viajou a Cuba poucos dias depois de iniciada a revolução — com um dos primeiros exemplares de *La guerra de guerrillas*. E, na dedicatória, escreveu: "A Salvador Allende, que por outros meios tenta chegar ao mesmo". Parece-me ingênuo pensar que a distinção a que se referia ali era entre luta armada e luta eleitoral. Na verdade, o que dizia era: "Você e eu estamos pensando em como construir uma via latino-americana distinta da soviética". Sabe-se que Che tinha isso na cabeça. Allende, à sua maneira, também. Esse projeto foi derrotado. Quarenta anos de construção de classe, de levantes populares, foram destruídos em 1973. A contrarrevolução histórica instala o modelo neoliberal e destrói um nível de imaginação histórica que havia começado a ser construído nos anos 1920, quando entra em crise a dominação oligárquica no Chile. O que estamos vendo hoje, de novo, é uma ruptura. Dessa vez, o que está em jogo é a possibilidade de uma ruptura com essa longa sequência, que na América Latina não é tão longa, e que se concretiza no Chile com a derrota de 1973. Estamos em um momento que tem a profundidade histórica das décadas de 1920 e 1930, quando surge a esquerda chilena, fundam-se o Partido Comunista e o Partido Socialista, ou aquele período no qual se constroem o modelo da Unidad Popular e o governo de Allende, com a ideia do socialismo e a revolução com empanadas e vinho tinto. Está começando a maturar uma força histórica com essa profundidade. É uma crise de época; é uma possibilidade de abertura de outra época. No entanto, não há nada garantido.

Evidentemente, não é simples traduzir isso em ação política imediata. É preciso construir outra vez, no Chile, uma esquerda com pensamento estratégico. O grande problema da esquerda chilena, depois da derrota de 1973, foi não ter conseguido alavancar um projeto com vocação estratégica — como fizeram os comunistas, socialistas e anarquistas do início do século XX. Um projeto estratégico que encare o capitalismo do século XXI e se questione: "Como derrotá-lo?". Devemos voltar a processar essas ondas longas em função de como construímos um projeto de luta e de nova sociedade. A situação está aberta. Para isso, as esquerdas têm que se repensar, se reconstruir internamente.

Em outro plano, há um fechamento imediato, a conjuntura no curto prazo precisa terminar de alguma maneira. Seguramente, o fechamento da conjuntura é o processo constituinte. Mas, ao mesmo tempo, isso abre um novo momento importante, um pouco mais longo, com suas discussões, com suas formas de organização específicas.

Devemos nos articular com o mundo institucional sob condições que não escolhemos. Esse é o campo de jogo, não o desenhamos, não dispusemos as regras nem o tempo de duração do jogo, mas jogaremos e tentaremos ganhar o campeonato. E o que isso significa? Que a Convenção Constitucional esteja o mais perto possível do imaginário destituinte que está presente na mobilização. Ponto-final. Isto é, que tenha o conteúdo mais radicalmente pós-neoliberal possível, para dizê-lo de alguma maneira.

“O NEOLIBERALISMO NOS TIROU A MEMÓRIA DA VIOLÊNCIA POLÍTICA”

ENTREVISTA COM **CLAUDIA ZAPATA**

Claudia Zapata é historiadora, especialista em pensamento indígena e na história contemporânea da América Latina. Dirige o programa de mestrado em estudos latino-americanos do Centro de Estudos Culturais Latino-Americanos da Universidade do Chile, local em que nos encontramos para conversar: tínhamos uma série de perguntas sobre a revolta de outubro de 2019 e suas derivas. O que restou do “milagre chileno” depois da explosão social? Em que ciclo de lutas devemos inscrever esse movimento sem liderança, e quais são seus desafios? É possível pensar na transformação social sem apelar à violência política? A respeito do processo constituinte: sobre que bases fundar um novo pacto social anticolonial e antipatriarcal? O povo evangélico oferece um espaço de disputa política? A seguir, suas respostas.

DA AGONIA À FAÍSCA (E ALÉM)

Um ponto de partida inevitável é o fato de que os milagres econômicos do neoliberalismo chileno estão minguando.

Falar de crise do neoliberalismo chileno era algo totalmente impensável antes de 18 de outubro. E isso é uma conquista do movimento, definitivamente. O neoliberalismo chileno sempre foi muito sólido, não havia crise macroeconômica, nunca houve, pelo menos desde 1982, quando houve uma crise mundial. Uma das fatalidades que tivemos de suportar é que, no Chile, esse modelo funcionou muito bem: à diferença de quase todos os países latino-americanos, onde as crises foram constantes, o neoliberalismo no Chile funciona — em nível macro, obviamente. Desse modo, o Chile se transformou em uma referência ideológica do neoliberalismo, embora tivesse uma economia insignificante em termos globais. Nenhum país parecia ser tão neoliberal como o Chile; nenhuma metrópole era tão neoliberal quanto as principais cidades chilenas. E, de repente, a explosão dos protestos torna a crise visível, uma crise que é social e tem a ver com o modo de vida também. Isso é muito importante.

O processo de instauração do neoliberalismo no Chile não foi linear. Houve idas e vindas, mas — incluindo campos de concentração — termina se instalando um modelo bastante compacto. Esse modelo contou com o apoio do Estado quando passou por momentos de crise, de imperfeição, de quase queda na década de 1980. Posteriormente, nos anos 1990, foi muito aperfeiçoado, com a ampliação das privatizações e da capacidade de consumo da população, de modo que consegue sustentar uma grande estabilidade macroeconômica. Daí essa ideia de que não há crise. Mas o outro lado dessa estabilidade é o enorme sofrimento cotidiano que a manutenção desses níveis de consumo implica para a população chilena: uma enorme frustração, expectativas truncadas, desigualdade. Tudo o que dá sustento a essa estabilidade.

Tal estabilidade fazia com que, até antes da explosão, não houvesse neste país graves crises de emprego; o desemprego era baixíssimo. Mas qual é o salário das pessoas? Quantas horas trabalham? Basta prestar atenção em como as pessoas voltam à tarde para casa, dormindo nos ônibus, exaustas; elas não aguentam mais. O nível de abuso é espantoso. Se a essa agonia, a esses abusos, forem somados os casos de corrupção que estouraram — inclusive nessa televisão tão controlada ideologicamente —, entende-se por que as pessoas se cansaram. E esse cansaço foi a faísca que acendeu o 18 de outubro.

A EXPLOSÃO IMPREVISÍVEL

Houve todo um debate sobre como nomear o que aconteceu em 18 de outubro de 2019: "protesto" não é suficiente; "revolução", um pouco demais. "Revolução de outubro" é pior, excessivo. Gosto de "revolta", "rebelião", "explosão", porque efetivamente se trata de uma explosão social que rompe uma forma e implica o fim de uma normalidade. E, embora não a possamos chamar de "revolução", todas as revoluções partem de uma explosão. Não sabemos no que isso vai dar, mas já é bastante considerando a normalidade neoliberal que tínhamos no Chile. Isso torna a explosão um fato surpreendente. Sabíamos que era uma panela de pressão, mas ninguém sabia que explodiria, era impossível prever. A história latino-americana me interessa muito: eu estudei outras revoluções, e nunca há uma correlação direta entre maiores níveis de exploração e uma explosão revolucionária. Nunca. Na Revolução Mexicana, por exemplo, as regiões mais hiperexploradas não se sublevaram. Então, creio que esse elemento imprevisível, surpreendente, seja característico dessa explosão social. E toda intepretação que façamos dele será muito instável, porque é um processo aberto.

O que a explosão fez, e o que marcou sua diferença, foi a articulação de mal-estares e reivindicações que até então apareciam como setoriais; isto é, a explosão gerou uma confluência nacional dessas reivindicações. Existe uma diferença de envergadura. Por exemplo, entre outras questões, há uma opção pela violência política, ou esta, de alguma maneira, se encontra legitimada pela população que saiu às ruas para expressar seu descontentamento. Temos que discutir isso com muita seriedade, porque aqui não valem diagnósticos moralistas. O que aconteceu na explosão foi que houve altos níveis de violência política apoiada pela população. Não sei se amanhã será igual, mas, nos primeiros dias da explosão, nas primeiras semanas, as barricadas e os saques foram apoiados pela população. Enfrentou-se, também com violência política, as expressões locais do modelo neoliberal.

A questão eclode em Santiago e se expande rapidamente, como rastilho de pólvora, para todo o país. Esta cidade tem um histórico de revoltas populares, quase sempre devido à carestia e ao abuso. E também tem uma história de violência política. Desde os fins do século XIX, houve em Santiago greves da carne, dos arrendatários, greve pelo transporte público, a "greve da vagem". E todas aconteceram com violência popular, a ponto de tombarem e queimarem caminhões, arrancarem semáforos e saquearem o comércio. Ou seja, isso existe e preexistia à explosão de outubro. Sempre existiram manifestações em massa nesta cidade. Há nela uma história que havíamos esquecido. Nesse intervalo de tempo, também aparecem os discursos moralistas, pacifistas.

Porque, entre outras coisas, o neoliberalismo nos tirou a memória da violência política. Todos nós havíamos esquecido. Em geral, as pessoas aqui são pacíficas: no marco da revolta, inclusive recorrendo à violência política, até o momento não haviam matado nenhum *paco*. E, em Santiago, que tem uma história de muita violência política, isso geralmente não acontece. Nunca. Salvo alguns pequenos grupos armados como o Lautaro,[1] em sua época, mas isso já é outra história. De qualquer forma, a violência popular de rua nunca havia matado *pacos*. Houve ocasiões extremas, mas, nesses casos, lhes armam um escudo humano. Então, trata-se de uma violência política que, no fundo, tem um limite bastante ético.

O CICLO DE LUTAS ANTINEOLIBERAL

Para entender o que ocorre hoje no Chile é preciso inscrever essa explosão em um ciclo mais longo de combate ao modelo neoliberal — um ciclo que poderia remontar a outubro de 1997, ao início do que a imprensa conservadora chamou de "conflito mapuche". É nesse momento que uma parte mais radicalizada do movimento mapuche decide, fazendo uso da violência política, enfrentar esse poder que se apropriou de seus territórios, que alterou seu equilíbrio ecológico etc. E naquele momento, como hoje, atacam-se símbolos do poder. Nesse caso, eram os caminhões das empresas florestais, e três deles foram incendiados.

Junto com essas primeiras expressões de violência política, aparece a criminalização do movimento. E aí surgem os paradoxos e problemas que temos hoje em dia. Um deles é que se opta pela violência política sem ter a formação necessária para fazê-lo, o que é um tema que temos de enfrentar. Fazemos ou não fazemos? É necessário tanto custo? Não faço ideia. São

---

1 Lautaro (*c.* 1535–1557) foi um indígena mapuche que liderou um levante contra os invasores espanhóis na região centro-sul do Chile entre 1553 e 1557. Entre outros feitos, Lautaro capturou e executou Pedro de Valdivia (*c.* 1498–1554), o fundador da cidade de Santiago cuja estátua foi derrubada pelos chilenos durante os protestos de 2019. [N.E.]

coisas que também foram fraturando o movimento mapuche. Porque ele passa a ser criminalizado, começam a persegui-lo, a assassinar e encarcerar seus *comuneros* etc. Ou, em outros termos: tudo o que vimos desde outubro de 2019 no centro das cidades (a militarização, a repressão, os assassinatos etc.) teve como laboratório a Araucanía, desde 1997 até agora.

Não podemos entender a explosão se não a pensarmos nessa linha, como confrontação ao modelo autoritário nacional do neoliberalismo chileno. Um modelo que se implantou com um nível muito alto de radicalidade, algo que só é possível porque somos o quintal dos Estados Unidos, somos a periferia mundial. A intervenção dos militares foi terrível e nos despojou de muitas coisas. Mas os grandes repressores foram os *pacos*, a polícia, que há mais de vinte anos vêm operando na Araucanía com seus *montajes* [implantação de falsas evidências], suas articulações com a justiça. Inclusive, a demanda por uma nova Constituição que possa verdadeiramente revogar os legados da ditadura começa a aparecer no final da década de 1980, e é também uma proposta feita pelo povo mapuche. Em muitos casos, a reivindicação era: "Não queremos reconhecimento constitucional, porque não queremos essa Constituição". Desde o primeiro dia, a proposta era a transformação do texto constitucional.

Depois da explosão da questão mapuche ocorre a Revolta dos Pinguins, isto é, o movimento estudantil de secundaristas, em 2006. Mas, em paralelo, apareceu um movimento de trabalhadores terceirizados, que são os trabalhadores exemplares do neoliberalismo. Trata-se do movimento dos terceirizados do cobre, no norte, liderados por Cristián Cuevas, uma figura muito importante desse período. Aí também havia a questão da violência política. Os terceirizados do cobre diziam o seguinte: "Parece que se você não arranca os semáforos, não te ouvem". E de fato era assim, explodiam-se semáforos e caminhões. O discurso era: "Arranco o semáforo porque também me pertence". Enfim, o movimento atual é bastante transversal socialmente, e a violência política que vemos hoje vem dali, do sótão, da parte mais operária e da parte mais excluída: os Mapuche.

Depois, nos anos 2006 e 2007, como eu dizia, há o movimento secundarista e a ocupação das escolas. Trata-se de um movimento também transversal e que tem a ver com um problema bem específico do neoliberalismo: amplia-se o sistema educativo, todos chegamos à educação secundária, uma parcela menor entre nós chega à educação superior. Mas a questão é para quê as alcançamos, porque a promessa de que a educação permite a mobilidade social, algo que era uma espécie de dogma, não se cumpre. O que ocorreu foi outra coisa: o neoliberalismo chileno impulsionou um mercado da educação que permitiu a expansão do acesso, mas sem maior preocupação com o que as pessoas formadas fariam da vida. Porque, no Chile, nós, os pobres, chegamos à universidade por uma necessidade do neoliberalismo, não por uma abertura democrática. E chegamos a uma universidade totalmente mercantilizada, que replica os termos da desigualdade. A variável não é se alguém foi ou não à universidade, porque hoje em dia ter um título universitário não garante nada. A frustração e a desigualdade começam a ficar muito evidentes, e a situação começa a irromper.

Nesse sentido, foi muito assombroso, naqueles anos, o nível de politização dos estudantes secundaristas. No Chile, os estudantes não têm direitos políticos (como o direito ao voto), mas têm responsabilidade penal (a partir dos catorze anos). É uma questão absurda, que retrata um Estado neoliberal chileno bastante autoritário, bastante policialesco. Mesmo assim, o nível de politização dos jovens, dos chamados *millennials*, é muito alto. De fato, foram eles que mantiveram aberto o conflito com o neoliberalismo durante os anos seguintes.

O MOVIMENTO E SUA CONDUÇÃO

A explosão social de 2019 lamentavelmente nos encontrou em um momento de declínio das lideranças de organizações sociais, como as estudantis, muito ativas e visíveis em outros períodos. Tanto a Aces quanto a Cones, que são organizações de estudantes secundaristas, estão em um momento muito crítico. A Confech, articuladora das federações de todas as universidades, praticamente não existe.

A falta de condução do movimento me preocupa. Não porque acredite em uma condução vanguardista, mas foram muitas as vítimas para o pouco que conseguimos até agora. A falta de condução me parece um problema, porque, sem condução, a energia do movimento é desperdiçada. E reduzir o nível de energia empregada permite que essa mesma energia possa ser direcionada a um processo capaz de capitalizá-la melhor.

Mas, enfim, era essa a situação, e isso é evidente. Um pouco antes do processo chileno, houve uma explosão social também no Equador, e aí sim podíamos ver vinte líderes indígenas com trajetórias e lideranças não vanguardistas em movimentos sociais. Aqui não há clareza sobre com quem se pode conversar, com quem se pode negociar. O mundo social está desarticulado em termos de liderança. E a oposição parlamentar fica isolada e acaba fazendo um acordo para o povo, mas sem o povo. O próprio governo dizia: “Com quem teríamos que dialogar?”. Não é fácil responder a essa pergunta.

O movimento mapuche tem condições de liderança, mas, neste país, nunca olhamos para os Mapuche. Nunca. A fronteira histórica, geográfica e cultural também é reproduzida pelo mundo social. Eles foram os primeiros a falar de uma nova Constituição. Eles sempre imaginaram outro país, com diversidade cultural. Aí há condições de liderança. Gente que há anos fala sobre essas questões. São anos disputando os espaços de voto da direita. Porque a Araucanía votava na direita. Mas nós negamos qualquer possibilidade de articulação com eles, bem como de condução. Negamos totalmente. Por outro lado, a Confech precisa se rearticular como força. A Confech sempre teve legitimidade social, porque foram os que começaram a dizer: "Queremos que todos os pobres cheguem à universidade e estudem gratuitamente". Mas ela precisa se rearticular, assim como a Aces e a Cones. O MAT também tem que ter mais visibilidade pública e maior articulação.

E depois, claro, há o movimento feminista, muito forte e reticente com relação a certas lideranças, evidentemente. Mas, ao mesmo tempo, negocia muito mais do que outros movimentos em prol da transversalidade. Muitíssimas de nós, feministas, trabalhamos em assembleias de bairro, inclusive em espaços liderados apenas por homens; em painéis e atividades nos quais predominam homens. É espontâneo, não deliberado, mas é um gesto político enorme. Somos reticentes a essas lideranças tradicionais? Sim, mas na hora de compor politicamente, atuamos com generosidade. Não vejo no feminismo um problema de intransigência a certos tipos de construção de lideranças. Sabemos que a condução do mundo político foi péssima, mas também já sabemos que isso não é suficiente e que o problema é mais amplo. O mundo social também está cheio de problemas, é atravessado por hierarquias e ânimo de protagonismo; pensemos, por exemplo, no predomínio exclusivo de homens e na importância dada aos técnicos e especialistas em determinados espaços. Isso aconteceu muito nas assembleias populares: começou-se a substituir a voz das pessoas comuns, com seus problemas, por advogados constitucionalistas, por técnicos. O técnico, ademais, sufoca a discussão política, bloqueia a riqueza de um novo pacto social. Ao contrário, é necessário estimular os debates cidadãos; um processo constitucional em qualquer parte do mundo passa por um debate cidadão que não se deixa sufocar por técnicos.

ELEMENTOS PARA UM NOVO PACTO SOCIAL

Uma particularidade de nosso país é que nunca houve um pacto social, ou pelo menos é nisso que acredito. O Estado chileno foi muito forte desde o princípio, apesar de nós. Isso nos prejudicou, definitivamente. Nunca derrubamos um governo. Talvez derrubar Piñera não teria significado nada em termos concretos, mas seria a demonstração de uma força que nunca tivemos. Porque aqui os que sempre derrubaram presidentes foram os golpistas de direita. Esse é o pano de fundo no qual se está impulsionando um processo constituinte.

Nesse sentido, a primeira coisa a se dizer é que uma nova Constituição não implica *a priori* uma refundação nacional. A forma que assume um processo constituinte depende do momento político que o povo está vivendo. Obviamente, se o movimento tem um viés fascista, o resultado será uma Constituição fascista, para dar um exemplo extremo. Se chegaremos a uma refundação nacional ou não, dependerá desse processo político, não da fórmula da Convenção Constitucional, embora esta seja um espaço importante para que tal refundação eventualmente ocorra.

O segundo elemento para pensar um pacto social é que, diferente de outros processos constituintes latino-americanos (como o boliviano, o equatoriano ou o venezuelano), estamos em uma situação em que teremos de inventar tudo sozinhos, porque a sociedade chilena não tem experiência histórica nesse tipo de dinâmica. Nunca passamos por um processo de construção de aliança popular, de um bloco popular que possa projetar uma coalizão de governo. Ainda não chegamos a isso, e não sei se um dia o faremos, porque estamos muito carcomidos pela dicotomia entre governo e movimento. Devemos também considerar que não temos um governo que respalde a agenda, diferente dos países que mencionamos, nos quais a refundação nacional foi impulsionada pelo governo e enfrentou o Parlamento. Mas esse não é nosso caso: na verdade, vivemos um processo inédito e com muitas desvantagens, que exige um movimento social muito forte para poder se sustentar. Até agora, a força esteve na envergadura da explosão, no fato de ocuparmos a rua da forma como ocupamos. Mas não o fizemos necessariamente com um discurso e um conjunto articulado de reivindicações. Nesse sentido, não há bloco popular.

Um terceiro elemento para pensar esse pacto social tem a ver com a sociedade civil. Essas sociedades neoliberais contemporâneas possuem classes políticas muito profissionalizadas, que substituem integralmente o exercício da política por parte dos cidadãos. Esse movimento, essa explosão, é também um desejo de participação. Por isso é tão problemático o Acordo pela Paz e pela Nova Constituição. Um acordo que, por outro lado, havia sido impensável sem a explosão. A direita chilena é muito ideológica, jamais teria cedido nesse ponto. Mas a luta é também pela participação, e é fundamental inventar mecanismos para que essa participação seja efetiva e não se acabe redigindo uma Constituição de costas para o povo.

Uma última questão que deve ser considerada nesse novo pacto social é a necessidade de nos reconhecermos como latino-americanos e de reconhecer, assim, o caráter periférico de nosso capitalismo. Creio que há um interesse em olhar para fora, mas não se sabe como fazê-lo. Não se sabe nada sobre a América Latina neste país. Não se sabe nada: este país se formou de costas para seus vizinhos.

ESQUARTEJAMENTOS RITUALÍSTICOS E VIOLÊNCIA POLÍTICA

Estamos vivendo um momento histórico, sem dúvida, independentemente de quais forem seus "resultados" finais. É sempre injusto avaliar as explosões sociais por seus resultados finais, embora, no fundo, sejam o que mais importa. É claro que queremos vitórias, mas o nível de energia envolvida no processo já é algo que, se por ventura não nos serve agora, de imediato, será valioso amanhã. Fizemos algo que não sabíamos sermos capazes de fazer.

Se olharmos de uma perspectiva histórica, muitas coisas foram viradas de cabeça para baixo, e questionou-se uma narrativa pátria que parecia estar no "DNA chileno", para usar um clichê da imprensa. Evidentemente, havia muita inconformidade com essa narrativa pátria colonial e patriarcal, e que foi projetada ao período republicano. Isso ficou muito claro com as massas derrubando monumentos, algo que é frequente na América Latina, que existiu na Revolução Mexicana, mas que nunca havia ocorrido no Chile, ou pelo menos não com essa envergadura e massividade. Ocorreu também na Califórnia, nos Estados Unidos, onde derrubaram uma estátua de Cristóvão Colombo, "por ser responsável por um genocídio". Mas aqui não havia acontecido. Agora, no marco da explosão, em Arica, puseram abaixo um monumento enorme de Colombo em mármore, de 1910.

Evidentemente, é um momento muito favorável para discutir essas questões vinculadas aos símbolos do Estado nacional e sua monumentalidade. E, sobretudo, à continuidade colonial do Estado. De fato, foram derrubadas estátuas de figuras que vão desde conquistadores espanhóis até personagens da República e soldados do Exército mais contemporâneos. Houve, inclusive, esquartejamentos ritualísticos desses monumentos, em uma repetição daqueles que ocorreram na guerra colonial. Em um dos casos, por exemplo, cortaram a cabeça da estátua de Pedro de Valdivia; de outra estátua, cortaram os braços, deixaram apenas seu tronco, e arrastaram-na, chutaram-na, banharam-na em tinta vermelha, simbolizando o coração, atearam-lhe fogo e largaram-na em seguida aos pés da estátua de Lautaro. Isso é bem simbólico, porque Lautaro foi escravizado por Valdivia, e depois se rebelou. De outro também arrancaram a cabeça e a deixaram pendurada, simulando manchas de sangue. São esquartejamentos ritualísticos. A vingança em seu estado simbólico básico, e bem forte. Jamais imaginei que aconteceria algo assim aqui; os desdobramentos simbólicos que presenciamos foram absolutamente inesperados. Nenhuma revolta ou revolução se esgota com seus resultados efetivos, de modo que a análise dessas dimensões dos conflitos não deve ser subestimada.

CENÁRIOS POSSÍVEIS E EM DISPUTA

É inevitável a pergunta pela saída dessa situação. Em minha opinião, há três cenários possíveis. O primeiro é a solução gatopardista: tudo muda para que nada se transforme. Porque, efetivamente, estamos transitando por um processo constituinte, mas que ainda está aberto, não sabemos o que ocorrerá. Pode ser que geremos uma nova Constituição, o que não é pouco. Mas pode ser que geremos uma nova Constituição que se estruture a partir de uma lógica subsidiária, e não de direitos. Isso pode acontecer. Esse é o primeiro cenário.

O cenário dois: também pode ser que tudo se radicalize e vá pelo ralo, e este país exploda pelos quatro cantos. Pode acontecer. Creio que, nesse contexto mundial, é muito difícil que isso aconteça. Mas tudo pode se radicalizar, as vítimas podem aumentar, e tudo isso pode ser refundado. Não faço ideia em que direção, mas pode se refundar através da radicalização.

E o terceiro cenário possível é a direitização do processo. A envergadura que a mobilização teve nas ruas foi enorme, e o mal-estar também é muito grande. A questão é se toda essa gente, que está descontente e tem a sensação de injustiça, relaciona essa sensação ao voto. Esse será um problema. Então, essa pode ser uma fonte de direitização. Porque nossa educação política, a mais convencional, é bastante deficitária. Em geral, as pessoas não sabem distinguir entre esquerda e direita. Além disso, a própria esquerda, ou uma parte dela, abandonou esse debate. A direitização tem muitas explicações, não é que as pessoas sejam de direita. Ninguém é progressista em si mesmo, tampouco é fascista. Esse é um espaço de disputa política. E se não há bloco popular articulado, temos menos condições para disputá-lo.

O outro espaço que creio ser disputável é o poder evangélico, e seria estranho que o Chile se mantivesse imune a esse fenômeno, porque ele teve um papel central no giro à direita em alguns países da região, principalmente no Brasil. Por que não aconteceria aqui, se aconteceu em outros lugares? E como é disputável? A partir da distinção entre base e liderança. Porque não se pode dizer que todos os evangélicos são fascistas. Parece que, neste continente, se esqueceu que a Teologia da Libertação começou com os evangélicos. E há ainda vertentes da Teologia da Libertação muito fortes entre eles. Naturalmente, já apareceram vídeos de grupos evangélicos contra a nova Constituição. Então, pergunto: disputaremos esse espaço ou não? Qualificaremos todas as pessoas que vão à igreja, que vão até ali para construir uma comunidade porque não a possuem em nenhum outro lugar, trataremos todas elas como fascistas? Porque é preocupante tratá-los como fascistas e abandoná-los nesse espaço, onde o único discurso que escutarão é o do pastor. Preocupa-me bastante a forma como abordamos politicamente essa esfera que, para muitos de nós, é próxima, por nossas histórias familiares, pelos lugares de onde viemos. Por ora, um fenômeno interessante e auspicioso é que estão surgindo algumas expressões do mundo evangélico que apoiam a explosão social e o processo constituinte.

“UM NOVO TEMPO HISTÓRICO SE INICIA NO CHILE”

ENTREVISTA COM **MARIO GARCÉS**

Desde o começo da explosão social, em outubro de 2019, o historiado chileno, ex-militante do MIR e atual diretor da ONG Educación y Comunicaciones (ECO), Mario Garcés, dedicou-se a elaborar e difundir análises de conjuntura. Examinou periodicamente os fatos à medida que ocorriam, marcando etapas, momentos relevantes, atores e dilemas enfrentados pelo movimento social e cidadão. Esse material foi compilado e publicado em março de 2020 — um pouco antes de a pandemia do coronavírus se instalar na América Latina —, com o título *Estallido social y una nueva Constitución para Chile* (LOM, 2020).

Para Garcés, com a explosão, e depois com a esmagadora vitória do *Apruebo* no plebiscito, finda-se o ciclo da ditadura e suas heranças, e se abre um novo tempo histórico para o Chile e as lutas populares, um tempo marcado pela experiência inédita de um processo constituinte, um antigo desejo do movimento social. Para que esse processo seja uma expressão genuína e democrática da soberania popular, esse movimento social terá de contemplar, inevitavelmente, três dimensões: a primeira é a discussão pedagógico-política dos conteúdos da nova Constituição; a segunda, o problema de quais mecanismos do processo constituinte asseguram a participação popular e cidadã; e, por último, o problema de como manter ativa a mobilização social desatada em outubro de 2019, com suas articulações e reivindicações.

Para começar, o historiador propõe uma análise da explosão e da crise chilena com base nas dimensões nacional e popular — ausentes na política local desde a derrota da Unidad Popular —, e sustenta que, embora haja traços comuns com a rebelião de 2001 na Argentina, o caso chileno apresenta características singulares: "A figura de Allende pode ser reivindicada como uma figura histórica, como referência, mas os conteúdos do projeto, sua capacidade de unificar o popular, tudo isso foi deixado à sombra".

Um comentário geral a propósito do 2001 argentino: embora haja semelhanças entre nós, não temos tradição peronista. Então, não temos saída por essa via histórica. É claro que o "*Que se vayan todos*" está presente. Não se expressa assim no Chile, mas a distância, o rechaço, o mal-estar em relação à classe política são impressionantes, estão muito presentes, até mesmo em redutos da própria esquerda. No fundo, não temos uma tradição histórica de algum tipo de projeto que encarne o nacional, o popular, que possa se reformular, reciclar-se. Isto é: não é que não tenhamos, em nossa história, esse tipo de projeto, mas não há maneira de esse projeto se tornar atual, porque a Unidad Popular ainda é inominável. Como diz o historiador estadunidense Peter Winn sobre a "nova memória proibida": se durante a ditadura a memória proibida era a violação dos direitos humanos, na transição foi a Unidad Popular. Disso não se fala.

E a verdade é que esse projeto não possui consenso na própria esquerda. Há segmentos que mais ou menos o reivindicam, outros o criticam radicalmente por sua incapacidade democrática para somar maiorias, outros, ainda, pela ausência do componente armado e sua ingenuidade frente às Forças Armadas. Em resumo, é um assunto sobre o qual não há consenso. Então, a figura de Allende pode ser reivindicada como uma figura histórica, como referência, mas os conteúdos do projeto, sua capacidade de unificar o popular, tudo isso foi deixado à sombra. Digo isso porque, neste ano [2020], faz cinquenta anos da eleição de Allende, e é necessário reivindicar essa memória, mas com conteúdo: de que se tratou o programa, que conflitos enfrentou, por que termina como termina? É necessário abrir o debate sobre esse projeto.

Em qual contexto se deu a explosão social e quais as suas características?

A minha primeira hipótese é de que essa explosão se produz em meio a uma crise da política mais tradicional e de um levante sem convocação centralizada, sem organização e, pode-se dizer também, sem um projeto político bem definido. Isso se alterou com o passar do tempo. De alguma maneira, foi se configurando um programa político a partir das próprias experiências das assembleias e das distintas articulações. Ou seja: se revisarmos as propostas da Unidad Social, que agrupa os sindicatos, há uma lista de dez pontos sobre riquezas básicas: água, saúde, educação etc. Além disso, se fizermos uma revisão sobre a assembleia realizada no estádio do Colo-Colo, o clube desportivo nacional, vemos que são oito, nove pontos propostos, e quase os mesmos. Não há muita diferença. Outro dia li uma proposta feita por um comitê formado por estudantes, professores e funcionários da Universidade de Santiago, que também é mais ou menos parecida. E a consulta municipal feita em 15 de dezembro foi notável: de dois milhões e pouco de votos apurados, 92,4% inclinaram-se pela mudança da Constituição. É impressionante. Essa consulta formulava uma pergunta sobre prioridades de mudança social. Podia-se votar por três, e as mais votadas foram as pensões, a saúde e a educação. Estão presentes em todas as reivindicações. Há um certo nível de consenso nesse campo, o que é interessante. Atrelada a essas reivindicações existe uma série de considerações técnicas que ainda não estão muito claras. Por exemplo, a questão das pensões é um tema fundamental que vem desde 1981; são quase quarenta anos de capitalização privada obrigatória, não há possibilidade de escapar.

No fim de 2019, chega à Câmara dos Deputados um pacote de leis repressivas "antiencapuzados", ou seja, a tentativa do governo, da direita, de ampliar as ferramentas legais para reprimir os protestos e desativar a mobilização social.

Essa é uma questão muito complexa. Trata-se do segundo pacote de leis que o governo apresenta na Câmara dos Deputados — o primeiro era governo agenda social e o segundo é esse, sobre o controle da ordem pública. São quatro ou cinco leis repressivas: antissaque, antiencapuzados, antibarricada. É brutal. Dessas leis, duas são discutidas explicitamente no Parlamento: a antissaque e a antibarricada. Aí se produz uma situação muito complexa, porque, com a questão dos saques, Piñera, ou o oficialismo, consegue certo consenso.

Além disso, ainda nesses dias, há declarações de grupos socialistas, com sessenta ou setenta assinaturas, que dizem que a democracia está ameaçada, e que a ação de grupos de vândalos, de fundamentalistas, faz parte da ameaça. Tudo isso gera um clima que leva à discussão e à aprovação dessas leis na Câmara dos Deputados, por ampla maioria, com o Frente Amplio incluído, no dia 4 de dezembro. Com 127 votos a favor, apenas sete contra e três abstenções, aprovam-se as leis repressivas. Ao analisarmos os que se abstêm e votam contra, veremos que o fazem apenas dois comunistas, três ou quatro integrantes do Frente Amplio e um independente. Abstêm-se ainda todo o resto dos comunistas e alguns membros do Frente Amplio — entre eles, o secretário-geral do Partido Comunista (PC) e Camila Vallejo, a grande dirigente de 2011.

Isso é terrível, porque o Frente Amplio entra totalmente no jogo e o PC se desorienta. Alguns me diziam que se tratava de uma abstenção como forma de rechaço. O que acontece é que eles se perdem, entram no jogo perverso da defesa da ordem pública, afirmando, ao mesmo tempo, que são eles, como representantes políticos, os únicos capazes de resolver essa crise. E isso é parte da tradição no Chile.

Além do Parlamento e seus partidos, o outro campo que cabe abordarmos nesta análise de conjuntura é o das organizações e movimentos sociais, dos sindicatos, mas também das assembleias e de tudo o que acontece nas ruas; em suma, o amplo espectro de forças que compõem a resistência social ao governo.

Nesse ponto, tendo a reconhecer pelo menos três campos de articulação nos quais se pode configurar um projeto político em sentido mais amplo, não apenas de programas. Por um lado, há uma etapa de desenvolvimento, ascensão e enfraquecimento da Unidad Social, a agrupação dos sindicatos. Acho que agora estamos nessa última fase, sobretudo diante da situação produzida em 18 de outubro: não há quem unifique ou exerça liderança sobre uma grande mobilização e manifestação sem convocatória. E, quando há mobilização social, parece natural que apareçam lideranças, porque geralmente estão presentes os sindicatos mais históricos; mas, ao mesmo tempo, há suspeitas, porque são velhas formas de representação vinculadas aos movimentos sociais em articulação com os partidos políticos de esquerda, e se pensa então que as coisas não terminariam da melhor forma. De fato, as primeiras a levantar suspeitas são as mulheres: logo se dão conta de que há alguma coisa que não cheira bem. Os Mapuche próximos a esse espaço, em algum momento, também reclamam, porque no primeiro manifesto da Unidad Social não figura o Estado plurinacional. "Nós, os índigenas, ficamos de fora novamente?" E então têm de retroceder e incorporam, em uma nova declaração, o Estado plurinacional.

O segundo ator, em minha opinião, são os novos movimentos. Dou-lhes esse nome para diferenciá-los um pouco dos mais tradicionais. Abarcam o feminismo, os Mapuche e os movimentos ambientalistas, que talvez sejam os três núcleos mais relevantes.

O Maio Feminista de 2018 foi muito importante, e o 8 de março de 2019 foi a maior mobilização de mulheres da história do Chile. Digamos que elas estão no centro da cena. E o ponto culminante foi o coletivo Las Tesis, que faz uma performance que mobiliza as mulheres no Chile e em todo o mundo. Juntar dez mil mulheres no Estádio Nacional foi uma coisa impressionante. Nenhum tipo de movimento social conseguiu algo parecido. É original e muito potente.

No caso dos Mapuche, a questão é mais complexa. Há uma espécie de proximidade e distância com os acontecimentos que estamos vivendo. Um segmento participa, e outro diz que é problema dos chilenos: "Nós sempre fomos reprimidos; nós apoiamos, mas resolvam vocês". A reivindicação do Estado plurinacional deixaria muitos setores mapuche satisfeitos. No fundo, isso nunca ocorreu no Chile, e, portanto, caso acontecesse, os Mapuche estariam em condições de intervir e disputar de outro modo o sistema político chileno. Não houve manifestação na qual não tenha sido flamulada a bandeira mapuche. Ela correu o Chile de norte a sul e está presente em todas as manifestações e atos públicos.

O caso dos ambientalistas é um pouco difícil, por ser um

movimento socioambiental em que há também diferentes grupos: pela água, pelo território. Conheço mais o MAT. É um movimento interessante, porque levanta o tema do extrativismo. O caso chileno é diferente do argentino: aqui, a indústria extrativa de cobre, lítio, salmão e as florestas em si são um eixo central da economia, e seu mau uso não é denunciado. Convivem com alguma indústria nacional, mas o extrativismo é o eixo que articula o modelo.

Já se sabe que este país foi o melhor aluno do modelo neoliberal. Quais são suas vantagens comparativas? A produção de matérias-primas. Então, reduziram-se todas as tarifas alfandegárias. O Chile é um caso extremo: temos tarifas alfandegárias próximas a zero. Assim se proclamou nos anos 1990: o ideal é a tarifa zero, que as tarifas simplesmente não existam. O problema é que os efeitos mais perniciosos sobre o meio ambiente — a água, o ar, o solo — recaem mais sobre as outras províncias, e não sobre Santiago.

Esse é um tema em que também estiveram envolvidos os Mapuche, em alguma de suas etapas. Foi um conflito setecentos quilômetros ao sul, que não estava instalado em Santiago, apesar de haver muitos Mapuche urbanos. É claro que há problemas ambientais em Santiago com a contaminação, com o manejo das águas etc. Mas não há ali o impacto de águas contaminadas ou de zonas de sacrifício, como em Valparaíso, onde as emissões de gases das empresas produzem uma crise no povo de Quintero, onde as pessoas chegam aos serviços públicos de saúde com intoxicações. Até mesmo o nome que se dá a esses espaços é brutal: são zonas de sacrifício.

O que quero dizer é que é um movimento potencialmente bem forte. Muitos dos movimentos regionais dos últimos anos têm esse fundamento de preservação da natureza e de seus recursos. É um segundo campo de articulações, eu diria. Conviverá com a Unidad Social e será desejável algum tipo de articulação, mas não sabemos como isso será resolvido.

O terceiro campo — para mim, o mais inédito — é o das assembleias. Surge estritamente com a mobilização, e por isso o valorizo tanto. Creio que uma das maiores vitórias do movimento foi ter se configurado consensualmente, sem que um líder ou um general dissessem o que tinha de ser feito.

No Chile, a formação de assembleias autoconvocadas não é comum. Mas agora as pessoas têm a necessidade de se reunir. É claro que há tradição de organização, de coordenações de bairro desde que se criaram as *poblaciones*, com o poder popular durante a Unidad Popular, há as coordenações que lutaram contra a ditadura... não é que tudo se inventa do zero. Há uma certa tradição, e isso faz com que as pessoas comecem a se reunir, seja para discutir, seja para se atualizar, seja para começar a elaborar propostas de como imaginam a mudança. Surgem assembleias em bairros populares, incluindo os de classe média.

Algo que chama a atenção em relação à explosão é que, apesar de ser notória a fúria acumulada pelo povo, ou o desejo de "quebrar tudo", ela não acontece em um contexto de especial crise econômica ou política. Quase todas as pessoas com que falamos viram-se surpreendidas, em certo sentido, pela revolta.

Sim, completamente, foi uma surpresa para o governo, para todo o bloco de poder. Ninguém pode explicar o que está acontecendo. Creio que isso produza dois efeitos. Todos esses fenômenos questionam nossas categorias clássicas de análise. Primeiro, uma crise econômica; em seguida, uma politização que se expressa no Estado. Mas não estamos diante de uma lei histórica que tenha de realizar-se a qualquer custo, embora se expresse em alguns casos. A última grande crise chilena, em 1983, foi precedida por uma crise econômica extrema. Foi a primeira crise do neoliberalismo chileno. Mas não é esse o caso atual.

O que existe no Chile, de uma forma muito acentuada, é uma espécie de frustração de expectativas. Piñera faz promessas de bem-estar, de um crescimento econômico maiúsculo, de liderança internacional, e tudo isso começa a se desfazer no segundo ano de governo. No primeiro, o presidente ainda se beneficia um pouco de sua vitória sobre uma Bachelet que se atrelou ao Estado e se enredou à própria direita, avançando apenas parcialmente com seu próprio programa. Aí também há uma frustração, que, de algum modo, já havia sido expressa nas urnas por meio de uma abstenção eleitoral que chegou aos 64% em 2015. Ela também marcou a eleição de Piñera: no primeiro turno, apenas 42% do eleitorado votou; no segundo, 48%. Ou seja, os últimos presidentes, Bachelet e Piñera, foram eleitos com bem menos de 50% dos votos.

Desse modo, não é que estejamos diante de governos legítimos, constituídos de maneira contundente, por assim dizer. Acredito que a primeira expressão de mal-estar político é a desfiliação. Abandona-se o sistema, a política não resolve. Essa sensação de que não encontramos saída pela via política se estende à sociedade. E se estende entre os jovens. Então a dinâmica é outra e tem a ver com um mal-estar acumulado.

Ao mesmo tempo, as explosões sociais são um fenômeno muito latino-americano. Acumulamos raiva, mal-estar, até que, em algum momento, por uma crise ou por um fato menor, se explode, e quando isso ocorre tudo o que estava guardado subitamente emerge.

Nesse sentido, também creio que a forma como se configurou a política chilena na transição, tão distante da sociedade, do povo, tão centrada nos meios de comunicação — estamos falando da etapa em que a política chilena se torna mais midiática —, não é alheia à explosão. No Chile, a esquerda tem historicamente uma base popular. Mas tudo isso se debilita de maneira muito significativa da transição em diante.

Dou um exemplo: quando assassinaram Camilo Catrillanca, o líder mapuche, em novembro de 2018, impressionou-me a ausência de dirigentes da esquerda nos funerais, no sul. Em 1969, antes da eleição de Allende, no fim do governo de Eduardo Frei Montalva, houve uma matança de *pobladores* em Puerto Montt que ficou conhecida como o "massacre de Pampa Irigoin". Víctor Jara fez uma canção que denunciava Edmundo Pérez Zujovic, o ministro do Interior à época. Morreram dez *pobladores*. Allende era o presidente do Senado, e, na tarde daquele mesmo dia, se iniciam os trâmites de acusação constitucional ao ministro do Interior. Na manhã seguinte, Allende preside os funerais. Era outra esquerda. O caso de Catrillanca provoca uma comoção nacional, mas nenhum dirigente da esquerda chilena comparece a seus funerais — nem os históricos, como os socialistas, nem os mais novos, como os integrantes do Frente Amplio. Portanto, essa distância em relação à sociedade é muito evidente. E, no fundo, é uma distância de classe.

Alguns políticos, como Daniel Jadue, prefeito de Recoleta, do PC, conseguem ir até a Plaza Italia. Mas há casos como o de Gabriel Boric, grande líder estudantil das mobilizações de 2011, que esteve no Parque Forestal, a alguns quarteirões da Plaza Italia, e foi escrachado. E é o povo quem o faz. Quando se observam as imagens, as linguagens, as formas, os gestos presentes nas manifestações, vemos que são populares, são de classe.

No Chile, portanto, é uma mentira negar esse componente de classe, que foi o que fez a classe política nessa nova fase. É encobrir. Sustenta-se por um tempo, mas não é possível termos uma televisão que só expresse as classes médias, de rostos lindos e showbiz, e não processe nada substancial do que ocorre na sociedade. Agora apareceram alguns pro-

AQUÍ
ESTÁ TU
INVASIÓN
"ALIENIGENA"

gramas, talvez produzidos pela explosão, mas o rechaço aos meios de comunicação no Chile é brutal. A mídia não pode ir à Plaza Italia. Todas as suas gravações são feitas com drones ou das janelas de alguns apartamentos altos, alugados nos arredores. A questão de classe existe, não pode ser negada. E aí temos alguns déficits democráticos enormes.

Uma das razões da explosão pode ter sido essa invisibilidade dos setores populares, com o mal-estar gerado por essa maneira de "atuar como se eles não existissem"?

De fato, essa invisibilidade é constante. O povo chileno não está presente na televisão, salvo em casos de delinquência, roubo, narcotráfico, estupro. Às vezes, aparece um programa usando palavras bonitas, mencionando um grupo que, finalmente, fez um esforço louvável, que progrediu ou recorreu à solidariedade e resolveu um problema do bairro. Mas é exceção. A tônica dominante é representar um povo bárbaro envolvido com crimes, atividades ilícitas, violência. A outra forma de expressão desse povo está no humor, como no festival de Viña del Mar. Os que dizem mais palavrões, os que são mais radicais, são mais aplaudidos.

Mas a ausência do povo não se restringe à mídia. Ele também não está presente nas ciências sociais. No Chile, sempre tivemos estudos sobre o mundo popular, sobre as classes sociais. E, na ditadura, paradoxalmente, foi quando fizemos mais estudos sobre territórios e bairros. Essas pesquisas estão tremendamente debilitadas. As universidades deixaram de pensar a sociedade e, particularmente, o popular — que, aliás, desapareceu como categoria política. Na década de 1990, com a Concertación, o conceito de "povo" desaparece e é substituído pelo conceito de "pessoas". "As pessoas que querem uma transformação." O conceito de "movimentos sociais" também desapareceu por muitos anos. Ou seja, o efeito neoliberal no Chile, durante a democracia, foi feroz do ponto de vista cultural.

Curiosamente, depois das mobilizações estudantis de 2011, reemerge o conceito de movimento social. Às vezes, digo aos meus colegas: eu ministrava cursos de movimentos sociais no início dos anos 2000 e estudava os *piqueteros*, o Movimento dos Trabalhadores Rurais Sem Terra (MST), os zapatistas de Chiapas. Às vezes, estabelecia relações com o Chile, mas era muito difícil, porque o assunto havia desaparecido. Mas hoje é tema de destaque. A partir de 2011, o tópico reingressa no espaço público e hoje é a pergunta que todos se fazem, é algo que todos nomeiam. Então, o povo que não existia apareceu novamente. Hoje há povo. Há povo nas ruas. Movimentos sociais que haviam sido profundamente debilitados fazem parte dos grandes questionamentos. Há, então, outros campos em que se expressa a invisibilidade.

A dívida e o endividamento individual representam um outro campo em que esta crise ocorre de modo invisibilizado, ocupando seguramente o centro das mobilizações, que o tornam massivamente visível. As pessoas dizem: "Devem-nos uma vida".

Sim, absolutamente. Quando Piñera foi eleito, escrevi um artigo intitulado "O Chile girou à direita?". Tinha dúvidas e via que havia certos componentes, certos fatores do neoliberalismo que estavam sendo exitosos. Agora teria que revisá-lo, porque eram êxitos parciais. Escrevi algo como "finalmente o celular e o cartão de crédito são ícones do capitalismo mundial". Essa é a nova iconografia, um mecanismo de cooptação. Os aplicativos foram se multiplicando no Chile. E, portanto, isso constitui um veículo de mobilidade social, configura grupos com aspirações, abre possibilidades de consumo inimagináveis, começam a formar-se novos imaginários que transcendem a classe média acomodada, que chegam ao mundo popular, como viajar de férias para fora do país, trocar de carro, reformar a casa etc. Mas essa mudança, esse capitalismo intensificado, é *sui generis*, no sentido de que convive com uma desigualdade muito profunda. Diferente da idade de ouro do capitalismo europeu, do pós-guerra, esse que temos agora é um capitalismo que convive com a desigualdade. Creio que aí está uma das chaves do mal-estar, quando o cidadão se pergunta: "Como faço para pagar minha dívida?".

Nesse caso, o melhor trabalho foi feito pela Fundación Sol, que explica, com quadros e gráficos, como se sustenta um país com esse nível de endividamento. Sustenta-se porque o sistema financeiro, numa certa etapa em que havia muito dinheiro para emprestar, fez esses empréstimos e submeteu todos à dívida. Tínhamos acesso a bens impossíveis de se pagar apenas com o salário ou a renda, e isso gerava uma sensação de maior bem-estar, apesar do endividamento.

E aí começa o que, no Chile, se conhece como "bicicleta". A pessoa tem vários cartões e vai se endividando com um para pagar o outro, de modo que pode ir fatiando a dívida. Mas acaba pagando juros a vários bancos, lojas de departamento etc. Porque, ademais, a dívida constitui-se em uma forma de funcionamento do capitalismo que compromete todas as zonas de consumo. Lojas de departamento, como a Falabella e a París, criam seus próprios bancos, que emitem cartões ao consumidor — não estamos falando apenas do cartão bancário clássico, que, no início, era um privilégio das classes médias.

A origem da riqueza de Piñera está nos cartões de crédito. É ele quem massifica os cartões no Chile, nos anos 1980, e fica rico. Estuda-os nos Estados Unidos, volta e os implementa — há uma parte obscura no meio dessa história, mas essa é a fonte de sua riqueza.

Desse modo, a pessoa tem um cartão no supermercado,

outro na loja de departamentos para comprar roupas, outro na farmácia da esquina. Há cartões para todos os sistemas de acesso ao consumo. E se acumulam pontos, obtêm-se certos descontos, e então se gera dívida com todos eles.

Do ponto de vista do sistema, há aí uma dupla vantagem. O risco é que, em algum momento, a pessoa não consiga pagar. Mas há estimativas de que, aproximadamente, 50% dos lucros do varejo se produzam não pelo que se vende, mas pelos créditos. No Chile, esse esquema já tem vinte ou trinta anos de existência.

A segunda vantagem é permitir uma velocidade de circulação de capital inimaginável em outra época. As grandes lojas no Chile já não têm temporada de inverno e verão, mas, sim, as quatro estações. Além disso, há as datas emblemáticas: Dia dos Pais, Dia das Mães, Halloween, Natal, início das aulas. E também os períodos de ofertas. Dão também descontos especiais por mudança de temporada. Como estão vendendo tão barato? O que acontece, na verdade, é que estão cobrando muito mais do que cobravam antes. É uma incitação constante, uma sedução enorme para que se consuma. Nesse sentido, funciona bem. Combinando cartão e celular, há dias em que se vende mais barato, *Cyber Monday*, *Black Friday*. Cada vez são mais datas. Passagens de avião, geladeira nova, carros, entradas para o cinema, tudo com desconto e pela internet.

Há também um outro elemento: é mais barato vender pela internet do que na própria loja. É melhor que o consumidor compre e retire ele mesmo na loja, para não acarretar custos de frete e gastos com funcionários que tenham de entregar o produto. Não são necessários funcionários nas lojas. Tudo isso funcionou no Chile e foi um laboratório. Já temos caixas automáticos para pagar as compras nos supermercados. Tudo está automatizado.

Para terminar, como você vê o processo constituinte em curso? A força transformadora das ruas vai se impor? Acredita que os campos de força que você caracterizou anteriormente tendem a se articular à esquerda?

Como tenho dito, o que ainda está por resolver é a representação do mundo social e popular. Porque o velho sistema de centrais sindicais, de grandes organizações impulsionadas pelos partidos de esquerda, morreu. A ditadura o desarticulou, e ele não conseguiu se recompor. Tampouco houve desejo de fazê-lo depois do fracasso da Unidad Popular, da forma como termina a luta contra a ditadura. Não vejo que a solução esteja em recompor esse velho sistema relacionado com os partidos. Portanto, também está em crise o sistema de representação partidária.

A presença do Estado no Chile é muito forte. Não se pode prescindir totalmente dele. O problema é como se muda o Estado, como se modificam as relações do Estado. Isso se torna complexo. Por isso, falo de um impasse que, para mim, não está resolvido. Nesse sentido, é interessante que a Câmara, em princípio, tenha pelo menos aprovado a paridade, os espaços para os povos originários, mas teremos que seguir trabalhando. É a possibilidade de imprimir outros conteúdos à Constituinte. Se isso não ocorrer, retrocedemos. Há condições para que ocorra, e provavelmente os movimentos, os sindicatos, as assembleias terão que se prolongar no tempo e preservar alguma forma de autonomia que lhes permita continuar interagindo com o Estado. Enquanto não tivermos a possibilidade de fundar um novo Estado — o que é complexo no Chile —, podemos, pelo menos, democratizá-lo e gerar espaços de maior protagonismo para a própria cidadania. É necessário seguirmos avançando. Nesse aspecto, não sou tão negativo. Não sou cético, deixo-me guiar pelo espírito dos mais jovens.

O que acontece é que há aí outra questão: assim como temos problemas com as categorias para compreender as características desses eventos, desses processos, também temos dificuldades para caracterizar esses atores. O ambientalismo, o feminismo, os Mapuche são movimentos novos, que só agora impactam a sociedade. Elaboram categorias, enfoques, visões sobre a história do Chile que são muito interessantes. Eis a maior novidade do ponto de vista intelectual e moral. Em um sentido gramsciano, aí estão os componentes de uma nova hegemonia: Estado plurinacional, fim do colonialismo, luta contra o racismo e o patriarcado, estabelecimento de outras relações com a natureza. E isso está mais encarnado pelos jovens do que pelos velhos.

“A SOLUÇÃO PARA OS PRESOS DA REVOLTA NÃO É JURÍDICA, É POLÍTICA”

ENTREVISTA COM **NICOLÁS TORO**

Dois dias após a eclosão da revolta, o presidente Sebastián Piñera declara guerra a um “inimigo implacável”: o povo chileno mobilizado. Os efeitos dessa declaração foram catastróficos. Houve uma dúzia de mortes; os feridos, torturados, mutilados e detidos se tornaram incontáveis. A política repressiva foi também pedagógica e ameaçadora: mirar os corpos e cobrar-lhes a vida, ou os olhos.

Uma consequência especialmente cruel dessa pedagogia política é a que permitiu que, depois de um ano da explosão social, duzentas pessoas ainda estivessem encarceradas, a maioria com prisão preventiva e sem fundamentação. Outras oitenta foram condenadas à prisão domiciliar, uma situação invejável dado os longos meses de incomunicação pandêmica, na qual o vínculo com os próprios presos políticos se reduziu a uma encomenda mensal de um punhado de produtos básicos. Depois de meses de encarceramento, alguns foram absolvidos por falta de provas. O puro e recorrente *montaje*, a ausência de provas de culpa reais — na quase totalidade dos casos — evidencia a mensagem que o governo deseja passar aos chilenos: participar dos protestos tem seus riscos.

Foi o que aconteceu com Daniel Morales, de 35 anos, e seu sobrinho, Benjamín Salazar Morales, de dezesseis, ambos vinculados à facção antifascista Garra Blanca, do clube Colo-Colo, acusados de planejar o incêndio da estação de metrô Pedreros, na comuna de Macul. Ambos foram absolvidos por falta de provas depois de quase dez meses de prisão preventiva. Destino semelhante tiveram os irmãos Cristián e Rodrigo Sanhueza, acusados, sem provas, de queimar a igreja San Borja e liberados em meados de maio de 2020.

Menos sorte teve Anderson Rayo, de dezenove anos, colombiano, preso por 370 dias no complexo penitenciário de Punta Arenas, no extremo sul do país, por quebrar um vidro a pauladas durante a explosão dos protestos. Ainda pior é a situação de seu companheiro de cela, Marcelo Mandujano, 25 anos, destacado estudante de engenharia da Universidade de Magallanes, cujo julgamento está tramitando e não tem bom prognóstico: o promotor pediu onze anos de prisão por participar do incêndio de uma filial da AFP Habitar.[1]

O importante não é entender se são "bodes expiatórios" ou não. A indignação e a raiva são elementos comuns. Em grande parte dos casos, falamos de jovens com convicções firmes e ideias claras, como as de Cristian "Pelao", 27 anos, preso no módulo catorze da prisão de Santiago 1 há mais de um ano. Pelao foi acusado no marco da Lei de Controle de Armas sem mais provas do que o testemunho de um *carabinero* de uma delegacia denunciada por abusos e falsificação de provas. Ele é considerado um "perigo para a sociedade", uma apreciação tão absurda quanto a condenação a 602 dias de prisão de Ignacio Solís Carvajal, dezoito anos, por grafitar a frente da prefeitura

1 Mandujano foi condenado a cinco anos que devem ser cumpridos em *libertad vigilada intensiva* [liberdade sob vigilância intensiva], uma modalidade de regime aberto chilena que permite ao indivíduo cumprir a pena em liberdade, seguindo um plano de intervenção individual elaborado por um delegado, que prevê atividades de reinserção social e a prisão domiciliar noturna. [N.E.]

de Magallanes. A mesma caracterização manteve presa uma das poucas mulheres encarceradas na prisão de Santiago 1 por conta da explosão social. Paula Cisternas, 23 anos, técnica em medicina veterinária, feminista e vegana, foi detida junto com o namorado, Álvaro Martínez Barriga, 26, ambos acusados de tentar incendiar uma filial do Banco do Estado, na Avenida Providencia. Foram reconhecidos e incriminados pelo cartaz que usavam para vender comida vegana. Há também exemplos de crueldade extrema. É o caso de José Luis Labra, trinta anos, analfabeto, detido com prisão preventiva, acusado de danos, saques e incêndio ao governo de Melipilla. Naturalmente, José Luis não pode se defender. Todos eles — junto com as cerca de 11,3 mil pessoas detidas e 2,5 mil encarceradas desde que se desencadeou a revolta — são, enfim, vítimas desse casamento entre repressão e tortura que representa a prisão política.

A grande maioria dos presos não integra partidos ou organizações políticas de esquerda, de forma que são suas famílias e amigos que se encarregam da situação. Nesse contexto, surgem duas organizações fundamentais: a Organización de Familiares y Amigxs de Presxs Políticxs (Ofapp) e a Coordinadora por la Libertad de los Prisionerxs Políticxs "18 de Octubre". Essas organizações, além de auxiliarem de diversas maneiras os presos, mantiveram visível, sempre que possível, a sua situação política, que colheu seus frutos no primeiro aniversário da revolta, quando o pedido pela liberdade política dos presos políticos viralizou.

"Não são delinquentes, são ativistas sociais": hoje, a libertação dos presos da revolta é uma exigência central do movimento social. Apoiados pelo Foro Latinoamericano de Derechos Humanos, familiares e organizações impulsionam uma lei de anistia para libertá-los. A esquerda parlamentar tomou nota. A Convergencia Social, do Frente Amplio, apresentou um projeto de indulto para aqueles que foram detidos no contexto da explosão social. Ambas as iniciativas alegam o caráter político, mais do que jurídico, das detenções, o que provocou reação do próprio presidente Sebastián Piñera, que retrucou: "No Chile, não há presos políticos".

A discussão está aberta e a luta pela libertação imediata dos presos políticos se intensifica. Para tentar entender a complexidade da situação, conversamos com o advogado Nicolás Toro, membro do Comité de Defensa del Pueblo "Hermanos Vergara Toledo", com ampla experiência na defesa de ativistas sociais e advogado da Coordinadora por la Libertad de los Prisionerxs Políticxs 18 de Octubre.

Depois de tanta insistência no caráter político das detenções, finalmente foi possível se instaurar a discussão, dando visibilidade às situações processuais de cerca de duas mil pessoas encarceradas por causas vinculadas aos protestos.

Sim, para a Coordinadora é fundamental o reconhecimento do caráter político das detenções. O uso desproporcional da prisão preventiva durante todo esse tempo, para manter detidos os prisioneiros e prisioneiras da revolta, só se explica pelo contexto social, pela acentuação da luta durante a explosão. A prisão preventiva torna-se, assim, um instrumento de repressão política destinado a conter todo tipo de dissidência ou protesto. Isto é, são presos políticos, sofrem a prisão por participar de ações de rechaço ao modelo neoliberal no contexto de uma explosão social. É o caso de todos os que estão em prisão preventiva pela Lei de Controle de Armas, Incêndios ou Distúrbios.

Foi aplicada uma lei de caráter totalmente político, como é a Lei de Segurança do Estado, que surgiu em 1958 como resposta a outra rebelião social muito grande, conhecida como a Batalha de Santiago, também ocasionada pelo aumento da passagem, nesse caso contra o governo ditatorial de Carlos

Ibañez, em 1957, que resultou em estado de sítio com militares nas ruas. Carlos Ibañez, entre outras coisas, foi o fundador dos *carabineros*.

A discussão sobre a categoria de presos políticos é uma discussão central, mas nada simples. Diferentemente de outros ciclos de lutas, com maior presença de organizações, hoje essa discussão se dá com os familiares. O reconhecimento de que são presos e presas políticos é uma reivindicação central, uma conquista que se consegue através da mobilização e que tem claros efeitos políticos, como a anistia ou o indulto. Em termos legais, não há muitas diferenças, porque o Estado nunca reconheceu nem reconhecerá a prisão política. Em distintos momentos históricos, sempre foi o povo organizado que forçou o Estado a reconhecê-la. Isso ocorreu nos anos 1990, com os detidos das organizações que lutaram contra a ditadura, e também nos anos 1980, com os presos pertencentes ao povo mapuche.

Até 2004, pelo menos em Santiago, havia módulos penitenciários para prisioneiros políticos. Posteriormente, a classe política deu por "terminado" o conflito armado com o último grupo de presos que foram liberados em 2004 e 2005 e eliminou esses módulos. Desde a explosão social, retomou-se a figura da prisão política e, por pressão das organizações sociais, o Estado é forçado a reconhecer novamente a existência de módulos de presos e presas políticas. Esse é o caso das prisões que estão nas cidades, porque nas zonas mais rurais, como nos casos dos cárceres de Angol e Temuco, a prisão política é reconhecida de 1998 em diante. E há módulos especiais para os prisioneiros e prisioneiras políticos mapuche.

Na caracterização de presos e presas políticos, há uma interpelação por parte do Estado, mas essa forma de identificação também implica um processo de autorreconhecimento daqueles que estão presos, uma necessidade

de assumir esse lugar, de visibilizar algo que não é necessariamente evidente.

Sim, é verdade, de fato foi acontecendo todo um processo de se reconhecer e de lutar por seus direitos como prisioneiros políticos. Estão em uma situação difícil, mas, aos poucos, foram se organizando e puderam, de alguma maneira, ir conquistando espaços. Mas será uma tarefa longa, porque os presos e presas políticos estão, hoje em dia, em uma situação diferente. No período anterior, a maior parte deles pertencia a organizações monolíticas, que tinham determinadas estruturas que lhes permitiam atuar, mover-se no interior de um campo de regras que eles próprios haviam estabelecido. No caso atual, não. Aqui há inúmeras individualidades, afinidades, que participaram nesse processo insurgente e trazem novas dinâmicas. Essas dinâmicas enriquecem a luta dos presos e presas políticos, mas também implicam certas debilidades, como a falta de organização. No entanto, eles seguem lutando por seus direitos, por seu reconhecimento.

Você acredita que a prisão preventiva funcione hoje no Chile como instrumento de contrainsurgência, infundindo medo, castigando e desestimulando o protesto social? Até quando os presos podem ser mantidos nessas condições?

Creio que sim, porque a prisão preventiva está vinculada aos fins da investigação, e o pressuposto é o seguinte: manter a pessoa presa para que possam investigá-la sem que ela dificulte a investigação. Isso é o que diz o Código Processual Penal. Mas, concretamente, a prisão preventiva dura até que haja antecedentes que justifiquem sua mudança. Ou seja, dura muito mais do que a investigação. De fato, muitas vezes dura até a condenação. E quando sai a condenação, o condenado muda de módulo prisional. Como advogado e tendo vários casos antigos, diria que a solução não é jurídica, é política. O problema é político e requer uma solução política. Não é sustentável para o governo ter tantos presos políticos. Nos anos 1990, de fato, criou-se uma lei específica para que esses presos fossem libertados — pois, pela pena que lhes fora imputada, não sairiam nunca. A maioria dos presos das décadas de 1980 e 1990 estava condenada pela justiça militar, pela Lei Antiterrorista. E aí houve uma solução política. A prisão política sempre teve de ser solucionada por uma via política. Essa é uma das discussões centrais que propomos como Coordinadora em nossa luta pela liberdade dos companheiros e companheiras. Porque se só a via jurídica é usada, está claro que essas pessoas serão condenadas a quinze anos ou até mais.

Muitas das prisões preventivas se sustentam na famosa Lei de Segurança do Estado. Essa lei busca evitar e criminalizar os levantes, as rebeliões, castigando-os com penas muito severas. Foi essa a legislação evocada em 18 de outubro de 2019, em meio à explosão social, pelo ministro do Interior de Piñera, Andrés Chadwick. Por meio dela, aplicou-se a prisão preventiva aos jovens do Movimiento Juvenil Lautaro (Mapu) e ao professor de matemática que quebrou uma catraca, Roberto Campos. O caso dos três jovens do Mapu é emblemático, porque aí a prisão preventiva atuou com critérios diretamente políticos. Esses delitos jamais levarão a uma condenação com prisão efetiva. Jamais. É o exemplo mais grosseiro de que a prisão preventiva é um castigo. Nós o levamos à CIDH, que, posteriormente, em uma declaração, se mostrou preocupada com os presos políticos.

Também existe a Lei Antiterrorista, de 1984, que foi parte da doutrina de segurança nacional da ditadura chilena, e a Lei de Controle de Armas, que foi sendo modificada governo após governo para atenuar uma forma de expressão política radical: a violência política. Então, efetivamente, existe uma bateria de leis que, no longo prazo, têm um caráter absolutamente contrainsurgente. E é nesse contexto que a prisão preventiva foi aplicada de maneira absolutamente desproporcional para manter os detidos dentro das prisões. Isto é, funciona como um castigo e, consequentemente, tem um caráter político.

Que outros mecanismos existem, além da prisão preventiva, para criminalizar o protesto social?

Há muitas "irregularidades", poderíamos dizer. Mas, em primeiro lugar, não podemos esquecer que, tão logo explodiram os protestos, o presidente da República publicou três decretos, no sábado, 19 de outubro de 2019, no Boletim Oficial, nos quais declara o "Estado de exceção constitucional de emergência". Isso tem um significado muito grave: basicamente, restringem-se as garantias fundamentais, os direitos humanos. Devido a essa declaração, é decretado o toque de recolher, que limita a circulação noturna e envia os militares às ruas. Todas as pessoas que circulavam pela cidade começam a ser detidas por violar o toque de recolher. Houve centenas de detenções ilegais com intenção de punir os manifestantes e desarticular os protestos, daí seu evidente caráter político. Por que ilegais? Porque, de acordo com a normativa vigente, violar o toque de recolher é uma infração, não um delito. E essa infração, embora não habilite a prisão de cidadãos, foi utilizada como mecanismo de detenção arbitrária para levá-los a lugares não habilitados e cometer toda uma série de crimes graves, que vão desde torturas até estupros. E essa mesma legalidade voltou-se, posteriormente, contra eles mesmos, porque surgiram inúmeras querelas e investigações sobre essas violações aos direitos humanos. Em suma, são velhas ferramentas com as quais o Estado chileno sempre contou e que, em momentos de crise, voltam a ser utilizadas.

Já que o Estado possui essa bateria de leis para criminalizar o protesto social, que figuras legais permitiriam responder a esse avanço repressivo?

Por mais que existam muitos mecanismos legais que possibilitem a criminalização do protesto, o Chile é parte do Sistema Interamericano de Direitos Humanos e, portanto, está incumbido de aplicar toda a normativa da CIDH e seus mecanismos de controle. Isso quer dizer que a CIDH e a Corte Interamericana de Direitos Humanos são competentes para intervir em situações como a que o Chile está vivendo hoje.

O Estado chileno e os capitais por ele representados não darão resposta ao problema da violação sistemática dos direitos humanos a que nós, chilenas e chilenos, estamos submetidos, principalmente aqueles que estão presos. Talvez o Sistema Interamericano possibilite, no longo prazo, condenar o Estado chileno por todas essas violações aos direitos humanos. De fato, os tribunais no Chile têm o poder de aplicar diretamente os critérios do Sistema Interamericano, o que se chama "controle de convencionalidade" — bem conhecido na Argentina, onde foi mais aplicado.

No entanto, nós também temos a Lei 20.357, que aprova o Estatuto de Roma, do Tribunal Penal Internacional (TPI). Isso nos permitiu apresentar uma comunicação para responsabilizar o presidente da República e os altos comandos militares e policiais por crimes contra a humanidade. Esse é outro mecanismo que estamos utilizando para que, no longo prazo, as autoridades civis e militares responsáveis sejam condenadas por violações aos direitos humanos. E isso é muito interessante, porque hoje o que acontece no Chile é fundamental para estabelecer o padrão do que são as violações massivas de direitos humanos na América Latina. Nós estávamos acostumados à época em que um general fazia uma ligação e ordenava: "Mate-os, todos". Hoje o padrão não é esse.

O padrão é outro, e temos que levá-lo em conta. É inadmissível que as autoridades, civis ou militares, não façam nada para impedir as violações generalizadas aos direitos humanos da população, embora saibam que elas existem — ou seja, as próprias autoridades criam as condições para que esses delitos ocorram. Esse é o padrão que devemos ter em mente, e, levando-o em consideração, acreditamos que Sebastián Piñera e os altos comandos militares poderiam perfeitamente ser condenados.

Apresentamos uma demanda em 4 de novembro, a duas semanas da explosão social, quando ainda estávamos em estado de emergência e percebemos que já havia um padrão de ataque generalizado à população civil. Diversos organismos competentes vinham assinalando que as violações de direitos humanos eram atrozes e o Estado não estava fazendo nada. Por exemplo, todas as autoridades civis e militares foram avisadas, já na primeira semana, de que havia pessoas com ruptura no globo ocular. Depois, na semana seguinte, foram informadas de que os casos haviam duplicado, triplicado, e assim semana a semana. Como isso terminou? Na maior crise oftalmológica da história. Mais de quatrocentas pessoas tiveram danos oculares, algumas com perda total da visão, causada por estilhaços, golpes ou pelo uso de bombas de gás lacrimogêneo. A comparação mais efetiva que podemos fazer é com a Palestina, onde, em 27 anos de conflitos gravíssimos, uma quantidade menor de pessoas foi lesada nos olhos. Isso mostra que o padrão de vulnerabilidade dos direitos humanos no Chile é muito alto e que, efetivamente, as autoridades devem ser responsabilizadas. Mas isso é apenas um exemplo, e há muitos outros que nos permitem falar em crimes de lesa-humanidade. Não são casos particulares: inúmeras ocorrências mostram um padrão comum de conduta do Estado, generalizada ou sistemática — há uma discussão, no campo do direito, sobre a terminologia adequada.

Mas o que não dá margem a dúvidas é a responsabilidade das autoridades, que não impediram que se chegasse a essa quantidade de casos atrozes.

Os *carabineros* não são nem um pouco autônomos. Respondem ao Ministério do Interior — e, portanto, à presidência. Por isso, há uma responsabilidade direta do presidente na atuação das polícias e das forças militares. Lembremos que o presidente disse que o Chile estava em guerra. E usou a lógica do "inimigo interno". Notem que é a mesma lógica da doutrina de segurança nacional usada pelas ditaduras latino-americanas, em particular a de Pinochet, para estabelecer justamente um inimigo interno. O que ele esperava que acontecesse quando disse às suas tropas que estavam em guerra? Ativou a lógica do aniquilamento. Foi o que fez Piñera, e é responsável por isso, não apenas politicamente: há também uma responsabilidade jurídica concreta que deveria ser paga com a prisão.

E você acredita que essas políticas repressivas possam ser eficazes para desencorajar os protestos?

Há bastante tempo vêm sendo acirradas as políticas repressivas por meio de algumas leis, como as leis anticapuzes ou antibarricadas, e a Lei de Controle de Armas, que criminaliza o uso do coquetel molotov. Ainda assim, o coquetel molotov segue firme no Chile. Fizeram tudo o que podiam para que as pessoas que portassem coquetel molotov fossem presas, mas, mesmo assim, elas continuaram utilizando o explosivo. Talvez porque, no fundo, as pessoas saibam que o caminho do confronto direto foi o único que levou a algum resultado neste país. O Código do Trabalho no Chile, dos anos 1930, foi uma vitória das grandes greves operárias. Sem elas, não teria existido legislação trabalhista. E assim ocorre com vários temas. Obviamente, há setores mais pacifistas, mas, ao que parece, é difícil conquistar realmente direitos econômicos, sociais e culturais evitando o confronto.

O alcance das leis repressivas hoje é limitado porque, apesar das violações dos direitos humanos, apesar da prisão política, o protesto continua. Nos primeiros dias após a explosão, as pessoas gritavam lindamente: "Já não há mais explorados". Como se esse grito expressasse uma determinação do povo chileno que é respondida com leis repressivas, com militares, ou com o que quer que seja. Porque aqui está em jogo algo histórico. O Chile é o experimento da política neoliberal. Em outros países, também se tentou fazer o mesmo, mas não se conseguiu de forma tão taxativa como no Chile. Nosso país foi o primeiro a sofrer as reformas neoliberais na América Latina, as mais drásticas. Referiam-se a nós como "os jaguares latino-americanos". Pura mentira! As reformas neoliberais tornaram o Chile um dos países mais desiguais da região. São políticas que levam, inevitavelmente, ao trabalho precário, ao abuso, à acumulação de capital e de poder. Se nós, como povo, rompemos essas correntes, mandamos uma mensagem muito forte para o resto da América Latina. Porque não há outro caminho, como costumamos dizer: "Enquanto houver miséria, haverá rebelião".

Os serviços de inteligência são mais um elemento dessa maquinaria repressiva. Quais foram suas funções durante a revolta?

As equipes de inteligência no Chile estão absolutamente desprestigiadas, sobretudo a dos *carabineros*. Por quê? Porque se acostumaram ao *montaje*, tal como foi comprovado em várias ocasiões, e inclusive há pessoas condenadas por isso. O último e mais conhecido caso de *montaje* por parte dos *carabineros* foi a Operación Huracán, levada a cabo no final de 2017 para prender *comuneros* mapuche da Coordinadora Arauco-Malleco. Fui advogado de defesa nessa causa, no controle da detenção. E explicitamente se implantaram provas, criaram mensagens de WhatsApp que nunca existiram. Um dos acusados de mandar mensagens nem sequer tinha o aplicativo em seu telefone. Essa é uma demonstração de como atuam os serviços de inteligência no Chile, que estão acostumados ao *montaje* e também à lógica do inimigo interno. E isso se deve, em parte, ao fato de que, em nosso país, nunca houve uma justiça real a respeito de tudo o que aconteceu, em matéria de direitos humanos, durante a ditadura. No Chile, apenas as frações mais brutais e repressivas do Exército e das forças policiais foram condenadas. A maioria foi isenta de qualquer responsabilidade. Então, o que não se fez antes emerge agora.

Qual é a influência da ação direta ou da insurgência, assim como das lutas do passado, na revolta?

Há fragmentos da tradição insurgente na revolta de outubro de 2019. Há uma memória social muito forte, que é uma síntese da experiência militante em diversos níveis, de um colaborador de uma organização revolucionária até o militante ativo. A militância é uma tradição muito ampla e antiga.

No Chile, houve uma ruptura histórica em 1983: a ruptura da Juventud Combatiente. Por isso, existe o dia do Jovem e da Jovem Combatente, comemorado em 29 de março, rememorado ainda hoje como uma data de combate, sobretudo para a juventude popular. Uma juventude popular que recorda os irmãos Vergara Toledo, mas que também dá continuidade à sua história. Luisa Toledo — grande mulher e mãe, cujos filhos foram assassinados pela ditadura — ainda está viva e sempre diz: “Dia 29 já não recordamos apenas meus filhos, mas também Matías Catrileo, assassinado em 2008, Alex Lemun, assassinado em 2002, e muitos outros mais”. Há uma memória de resistência, e nisso há certa influência do que foi a subversão naqueles anos.

Atualmente, esse mundo popular resistente é mais heterogêneo, com novas aprendizagens oriundas do mundo indígena, feminista, anarquista, marxista. Há um acúmulo de experiências muito ricas, que têm a ver com a memória da luta insurgente no Chile. Ao observarmos hoje a linha de frente, não vemos apenas muita capacidade de combate mas também de organização, e muita inteligência na hora de distribuir funções e tarefas. É uma memória histórica das juventudes populares que se ativa, que transcende várias gerações.

Outro exemplo: quando assassinaram Camilo Catrillanca, em novembro de 2018, Santiago se incendiou. Foi um momento de combates muito fortes, ônibus foram queimados. Foi a advertência que a burguesia ignorou. O movimento popular disse à burguesia: "Cuidado, porque sabemos lutar e estamos dispostos a qualquer coisa". Não o escutaram; um ano mais tarde, tudo voou pelos ares. Há uma memória muito forte dessas lutas, desses cenários de resistência. O ano de 2011 também foi palco de confrontos muito intensos, assim como 2006. E, de 1998 em diante, o povo mapuche não parou de lutar pela recuperação de suas terras, de seus recursos, e pelo exercício da autonomia. Trata-se de uma dinâmica na qual não se é vitorioso por meio de eleições, mas, sim, da ação direta.

Dito isso, não creio que a ação direta, incluindo a violência, seja uma opção que o povo chileno tenha escolhido. Não creio que o povo chileno seja um povo em si violento. Ninguém gosta da violência. Mas aqui o Estado neoliberal nunca quis ceder o mínimo que fosse em seus privilégios. As sete famílias que governam o Chile nunca cederam em nada. Nesse sentido, também foram responsáveis pelo povo chileno começar a entender que a forma de conquistar direitos é através da insurgência. Por isso, o movimento popular hoje em dia no Chile é tão vigoroso. Porque tem a clara consciência de quem são seus inimigos e de quem são seus amigos.

Em relação aos sindicatos, há alguma expressão mais combativa, mais radical do que a CUT, que possa ser uma força de peso?

A CUT responde aos partidos tradicionais da esquerda no Chile (o Partido Comunista e o Partido Socialista), e eles têm um nível de incidência baixíssimo nesse movimento social e popular tão heterogêneo, que inclui trabalhadores e trabalhadoras precarizados, demitidos, estudantes. A incidência da CUT sobre esse mundo é quase nula; na verdade, ela esteve bem à margem de todo esse processo de mobilização, não teve um lugar de protagonismo. Ao mesmo tempo, há outras expressões sindicais que tentam buscar novas formas. A Central Clasista de Trabajadores y Trabajadoras é um exemplo, mas ainda é bem incipiente. Algo similar aconteceu com o processo de rebelião dos anos 1980, no qual o sindicalismo também não teve um papel importante.

As organizações sindicais costumam estar atadas a certa legalidade, que é desestabilizada por esses processos insurgentes. Ou seja, para poder desenvolver uma política mais conflituosa, é necessário não estar preso a toda uma série de interesses vinculados ao status quo. E o mesmo ocorre com muitos dos partidos políticos de esquerda. Quando Rosa Luxemburgo opunha "reforma" a "revolução", supunha que havia condições para ser reformista, para fazer reformas sociais no capitalismo. Mas, aqui no Chile, o reformismo terminou com Salvador Allende. Depois do golpe, as forças políticas e institucionais passaram a sintonizar-se com um Estado neoliberal. O Partido Socialista, por exemplo, participa de negócios vinculados às rodovias e tem muitos interesses em comum com os setores privilegiados deste país. O Partido Comunista teve uma base social mais popular, mas sua estratégia política é horrível e acaba convalidando e legitimando o Chile neoliberal que predomina desde a ditadura. Esses setores progressistas foram completamente cooptados pelos setores dominantes — o que permite entender por que a explosão no Chile teve essas características um pouco insurrecionais ou de sublevação: porque o caminho reformista foi esvaziado.

E se esvaziou pela potência da revolução neoliberal dos anos 1980. E também porque os setores de esquerda fizeram a opção de buscar lugares menores no Parlamento, para terminar sendo marionetes do poder econômico. Por isso, hoje em dia, todos os criticam. Algo muito parecido ocorreu com o Frente Amplio. O ponto central aqui é que, desde Salvador Allende, não se legitimou, no Chile, nenhuma via institucional para que reformas fossem feitas. Isso é muito característico do que ocorre hoje em dia. E não o digo em termos ideológicos, mas bem concretos: legislações que melhorem a educação ou a saúde, ou que regulem o roubo que são as AFP.

Há uma tradição anarquista no Chile, assim como também há uma tradição marxista revolucionária que não tomou o caminho institucional. Interessa-me especialmente essa tradição rubro-negra, a tradição mirista [em referência ao MIR] do Chile. O mirismo estabelece o tema do poder popular, uma questão próxima da linguagem anarquista, uma vez que enfatiza o protagonismo do povo e suas organizações de base, e os vê como elementos centrais dentro de sua estratégia política revolucionária. O mirismo, o lautarismo e, inclusive, o anarquismo confluem neste momento. Não há uma direção do movimento popular no Chile, não há um grupo que possa tomar para si a condução desse processo. São vários os grupos que estão de acordo com uma ideia central: não é o Estado que irá solucionar os problemas, é preciso abordar o processo político alternativo de outra forma. Por isso existem assembleias populares tão fortes. Aqueles como nós, que nos inscrevemos em uma tradição mais rubro-negra, acreditam que esse é o caminho para o exercício do poder popular.

Trata-se de uma tradição hoje encarnada pelo movimento feminista no Chile, que foi fundamental em todo o processo de mobilização atual. Não apenas porque permitiu questionar a própria esquerda mas porque suas reivindicações são absolutamente justas e confrontam esse modelo. Um modelo que precariza a todos, mas que, no caso das mulheres, incide sempre de forma mais cruel. Quem pode discordar disso?

NO

“EM 18 DE OUTUBRO, HOUVE UMA CONQUISTA DA BARBÁRIE SOBRE A CIDADE CULTA”

ENTREVISTA COM **FERNANDO PAIRICAN**

Fernando Pairican Padilla é um historiador mapuche. Nasceu em Santiago em 1984. Seu avô chegou à capital vindo do setor Latas, nos arredores de Osorno, ao sul do Chile. Seu pai é professor aposentado, e sua mãe, docente. Em idioma mapuche, Fernando seria um *xampurria*, isto é, um mestiço. Esse conceito foi por muito tempo repudiado dentro da comunidade, mas depois ressignificado através do reconhecimento das múltiplas e variadas histórias que formam os Mapuche.

Desde muito jovem, ele se interessou pela história de seus antepassados e, nos anos 2000, tornou-se membro da Agrupación Kilapan, uma rede de apoio ao movimento pela autodeterminação que se desenvolvia no Wallmapu, encabeçada, à época, pela Coordinadora de Comunidades en Conflicto. Dessa experiência, surgiu seu primeiro livro, *Malón: la rebelión del movimiento mapuche (1990–2013)* (Pehuén, 2014). A rebelião do movimento mapuche e seus vínculos com o movimento autonomista o levaram a escrever um segundo livro, *La biografía de Matías Catrileo* (Pehuén, 2017). Seu terceiro trabalho, *Toqui: guerra y tradición en el siglo* XIX (Pehuén, 2021), analisa em detalhes as dificuldades do processo político nesse período e, em particular, a função coercitiva do Estado.

A NOVA CONJUNTURA E O ARCO DO POSSÍVEL

Nossa análise, como Mapuche, é que estamos diante de uma "conjuntura histórica", com todo o peso historiográfico do conceito. Essa conjuntura se compõe de ritmos variados. Está vinculada a anos de luta, mas, ao mesmo tempo, produz resultados mais ou menos imediatos, que têm a ver com o processo constituinte. Isso é muito interessante, porque as mudanças constitucionais na história do Chile foram sempre muito lentas e propiciadas por regimes de exceção através do Exército. Em certa medida, o Exército do Chile foi o fundador e refundador das constituições ao longo da história, mais do que a sociedade civil. Por isso, esse processo aberto por um movimento civil que pressionou por uma nova Constituição é um acontecimento histórico e pode funcionar também como um horizonte político, apesar das barreiras impostas pelos opositores ao reconhecimento dos direitos coletivos, em especial os conservadores.

Nesse contexto, nós, um grupo de acadêmicos e acadêmicas, lideranças locais, artistas e ativistas políticos, decidimos escrever um livro que se intitula *Wallmapu: Plurinacionalidad y Nueva Constitución* (Peuhén/Ciir, 2020), que reúne alguns argumentos e conteúdos sobre esse momento político e visões alternativas à velha ordem. Sinto que esse processo é muito importante para o povo mapuche e para os povos indígenas em geral. É decisivo para eliminar os obstáculos que nos foram impostos e decidir sobre nossos próprios interesses.

Na prática, o que temos é uma lei indígena promulgada em 1993, que cria a Corporación Nacional de Desarrollo

Indígena (Conadi), uma construção política que foi fruto de muita luta do movimento indígena antiditadura. Segundo a visão dessa geração de lideranças, a nova normativa protegeria e empoderaria as nações originárias. Nesse sentido, tinham razão, houve uma mudança social e cultural; no entanto, no âmbito dos direitos políticos, o avanço não foi factível e começou a ser percebido pelo movimento autonomista como um mero instrumento de assimilação dos povos indígenas ao Estado chileno. Esse quadro se reforçava com a manutenção da violência racial, como relatam alguns dos integrantes do movimento. Ser Mapuche nos anos 1990 continuava tendo como consequência a submissão a um nível de violência social e simbólica relacionada à categoria racial do índio. Lembro-me, quando era criança, de como professores me discriminavam na escola por ser Mapuche. Isso começou a mudar, embora sigam presentes alguns atos de discriminação nas escolas rurais, como contam alguns e algumas jovens que vamos conhecendo em nossa caminhada.

Tudo isso foi formando um movimento mapuche crítico e desconfiado dos canais institucionais e do Estado. Foi difícil reconciliar os membros do movimento com a institucionalidade. E isso se soma a algo que explicitam seus integrantes: as lutas desenvolvidas pelo movimento fora da institucionalidade são as que permitiram falar de direitos interculturais, plurinacionais e, sobretudo, da autodeterminação, que é o objetivo político. Essa luta fora da institucionalidade forçou os Mapuche que estão nos partidos tradicionais chilenos a tomar uma posição política frente à insurgência do movimento. Hoje é possível ter uma parte do povo mapuche compartilhando o ideário do movimento mapuche. Creio ser possível, inclusive, falar da existência de um movimento nacionalista.

Embora nem todos estejam de acordo com o atual processo constituinte, a conjuntura abre a possibilidade de avançar. Ou, como diz Adolfo Millabur, prefeito mapuche de Tirúa: "Ampliar o arco do possível". A partir daí, propomos a formação de um Estado plurinacional como um horizonte intercultural para avançar e não encerrar a discussão em si mesma. A plurinacionalidade significa articular as diferenças e canalizá-las a um ponto de convergência para continuar lutando pelo direito fundamental: a autodeterminação. Aqueles que pensam que o direito de autodeterminação pode ser domesticável pela plurinacionalidade não creem na capacidade política do nosso povo.

Ao terminar de escrever *Toqui: guerra y tradición*, percebi que Mañilwenü[1] unia em sua prática o pragmatismo político, o diálogo e a resistência armada. Recorre-se a esta última uma vez que se esgota a instância da palavra ou, sobretudo, como ocorreu no século XIX, quando a palavra empenhada não é respeitada. Daí que *wingka* [pessoa não mapuche] como conceito também seja usado pelos e pelas Mapuche como sinônimo de quem não cumpre sua palavra.

UMA NAÇÃO, DIVERSAS ESTRATÉGIAS

São sete as nações originárias reconhecidas pelo Estado chileno. A mais importante em termos populacionais é a Mapuche, composta de 1,8 milhão de pessoas dos dezessete milhões que totalizam a população chilena. Uma quantidade importante dessa população mapuche vive em Santiago. Então, há uma concentração de Mapuche na capital, o que leva escritores, como o poeta David Aniñir, a falarem de

1 Lendário *toqui* [chefe em tempos de guerra] que liderou a insurreição mapuche durante os conflitos entre monarquistas e republicanos no período da Independência do Chile (1819-1825). [N.E.]

mapurbe, combinação de *mapu* e urbanidade. Essa realidade também deve ser considerada por todo movimento que aspira a defender a libertação nacional, a autonomia e a autodeterminação. Devemos ter uma política criativa para dar espaço tanto aos Mapuche de Wallmapu quanto aos que vivem na diáspora de nosso país mapuche.

A conquista de nossos direitos pode avançar interna e externamente, em um Estado que garanta os direitos indígenas. Levando em consideração essa dialética, os prefeitos mapuche tomaram a decisão de propor o Estado plurinacional e a Identidade Territorial Lafquenche. Esse conceito expressa uma visão sobre a interculturalidade, porque acreditamos que a sociedade chilena em geral carrega consigo o problema da ausência de uma educação relacionada aos direitos indígenas. Mesmo assim, existe apoio, pois a sociedade chilena assume que há uma dívida histórica. Mas acreditamos que é preciso desenvolver, no processo constituinte, a discussão sobre a necessidade de um Estado plurinacional e intercultural que permita desconstruir as noções colonialistas a partir das quais a sociedade chilena pensa e trata o povo mapuche. Através dessas propostas, será possível incluir também o resto das nações originárias e imigrantes no país, como é o caso das oriundas do Peru e do Equador. Um Estado plurinacional permitiria unir as variáveis para um novo processo político, e a nova Constituição cumpre uma função determinante nesse processo.

No entanto, no mundo mapuche, esse debate não está resolvido. Há discrepâncias, tensões criativas com um setor que não participará desse processo: refiro-me ao setor vinculado à Coordinadora Arauco-Malleco e ao movimento rupturista. Foram eles que elaboraram a denominada autonomia a partir de baixo, vinculada às experiências de controle territorial. Aucán Huilcamán, líder e porta-voz do Consejo de Todas las Tierras, uma organização mapuche que nasceu em 1990, disse que a plurinacionalidade domestica os direitos fundamentais das nações originárias e é um impeditivo para conquistar os direitos coletivos. Propõe a autodeterminação de fato, o que, no meu livro *Malón*, denomino autonomia "dos de baixo".

Uma terceira via são os prefeitos mapuche, que, na prática, governam seis municípios de forma plurinacional. Sustentam a necessidade de inserir-se no processo constituinte, lutar por meio da institucionalidade. Uma quarta via de entrada para esse processo estaria composta de militantes mapuche dentro dos partidos políticos chilenos: a Democracia Cristiana, o Partido Socialista, o Partido Comunista, inclusive o Evópolis, um novo partido de direita que almeja ser o vetor de refundação desse bloco político. Defendem que deve existir uma nova Constituição, mas se negam a reconhecer os direitos dos povos originários, embora usem o exemplo maori da Nova Zelândia para defender algumas noções relacionadas aos povos originários.

O exemplo maori é interessante, mas, da mesma maneira que os Mapuche não são os Maori, o Chile está longe de ser a Nova Zelândia. Além disso, é difícil aplicar um único modelo de direitos coletivos no Chile, dada a existência de distintos povos originários com diferentes histórias e formas de entender a política. Os Rapa Nui da Ilha de Páscoa talvez possam expressar desejos de vincular-se da mesma forma que fizeram os Maori; no caso mapuche, o mesmo pode ser dito dos Lafkenche[2] de Tirúa, para quem o mar é um elemento fundamental; por isso, impulsionaram, por exemplo, a normativa da Lei de Proteção da Margem Pesqueira para os irmãos e irmãs

2 Em mapudungún, língua dos Mapuche, Lafkenche significa "gente do mar". É um dos grupos do povo mapuche. Os demais grupos são Picunche ("gente do norte"), Huiliches ("gente do sul") e Peuenches ("gente de Pehuén", moradores das regiões montanhosas em ambos os lados dos Andes). [N.E.]

que trabalham com peixes, mariscos e algas. Essa lei conseguiu unificar os Mapuche, do Chiloé até Arauco. Foi um tremendo exercício o de unificar os distintos setores e realidades geográficas e articulá-los à classe política.

Voltando ao princípio: perante esse momento constituinte, existe uma aspiração de unificar setores mapuche com diversas posturas, mas que compartilham a ideia de que é preciso haver um reconhecimento constitucional, a formação de um Estado que reconheça os direitos indígenas. Não obstante, em nosso povo, não há um consenso político sobre as vias que possibilitem alcançá-lo. Minha esperança é que, no curto prazo, nós, das nações originárias, possamos coincidir em uma frente unida como uma força política indígena.

A CONQUISTA DA BARBÁRIE SOBRE A CIDADE ILUSTRADA

Os partidos políticos no Chile, como o Partido Comunista, o Partido Socialista, as vertentes políticas que provêm do MIR (partido da esquerda revolucionária nascido na década de 1960, influenciado pela Revolução Cubana) e, inclusive, algumas expressões da esquerda mais revolucionária, não representam necessariamente o que está acontecendo hoje nas ruas. Há um enfraquecimento dos partidos de classe e, ao mesmo tempo, nota-se uma multiplicação das mensagens e bandeiras dos movimentos sociais: vemos bandeiras feministas, bandeiras da diversidade sexual, de movimentos camponeses — como da Asociación Nacional de Mujeres Rurales e Indígenas (Anamuri) —, de estudantes e também a bandeira mapuche.

Por que a população usou a Wenüfoye como principal símbolo? Os mais jovens, as novas gerações, aqueles que não têm como referência o que foi a Unidad Popular, conside-

ram a luta do povo mapuche o relato histórico mais vivo de uma luta e que, ademais, foi reprimida com dureza. Nos anos 2000, a luta era dos Mapuche e dos estudantes secundaristas, mas os custos humanos dessa luta — os mortos, os presos políticos — foram pagos pelos Mapuche.

No entanto, é necessário matizar certa visão chilena dos Mapuche como uma população guerreira, como "guerreiros" históricos, espartanos. Certa vez, um *longko*, chefe de várias comunidades, em um *trawün*, uma reunião no Wallmapu, disse que não éramos um povo composto de guerreiros, mas, sim, de resistência. "Não provocamos guerras", dizia, "são os chilenos que o fazem". Agora, existem importantes irmãos e irmãs de nosso povo que são parte do que se denominou, nesses protestos, como linha de frente na Plaza de la Dignidad.

Embora seja um estereótipo, a recuperação dessa ideia do Mapuche como guerreiro permitiu que alguns *peñi ka lamgen* [irmãos e irmãs] recuperassem essa subjetividade e dignidade. Vi em alguns vídeos que, dos poucos que se atreveram a falar como participantes dessa soma de pessoas que compõem a linha de frente, muitos eram Mapuche dos subúrbios da cidade. Podia-se encontrar com alguns deles nos ônibus que vão até Puente Alto, Peñalolén ou Cerro Navia. Para esses irmãos e irmãs, *mapurbes*, como diria nosso poeta David Aniñir, o movimento social que abriu caminho a uma nova Constituição foi um processo de humanização e de igualdade em um contexto de profunda desigualdade imposta pelo "modelo chileno". Que parte da história decidiram recuperar esses irmãos e irmãs? O guerreiro mapuche. Embora esteja longe de se explicar o que ocorreu, já que é preciso ainda tomar a distância do tempo que nos pede a disciplina da história para avaliar os acontecimentos, creio que também se recupera o estereótipo do guerreiro mapuche e de certa ideia do masculino, do homem muito musculoso, lutando com seu escudo. Não quero, com isso, fazer uma crítica à linha de frente nem aos jovens que nela estavam. Mas vejo certa tensão entre a recuperação dessa imagem "mapuche" do masculino e os questionamentos ao machismo feitos pelo movimento feminista e pelo feminismo comunitário. Esse estereótipo do guerreiro também foi revisitado por alguns setores da esquerda chilena. O debate está sendo feito entre os Mapuche — as irmãs com quem falei me contam que há um debate em construção.

Também é fato que muitos dos jovens que estão na linha de frente e que se manifestam nas torcidas organizadas de futebol são Mapuche. E têm uma perspectiva mapuche, recuperada durante esses dez anos e vinculada à concepção de guerreiros. Aconteceu com a Garra Blanca, a torcida organizada do Colo-Colo, ou com Los de Abajo, a da Universidad de Chile. Obviamente, são torcidas organizadas compostas de setores populares, e o mundo mapuche está nos setores populares. Ali se produz uma espécie de dupla identificação: as torcidas de futebol e o Mapuche. Os irmãos e irmãs ressignificam essa ideia do guerreiro como um conceito de resistência que resgata nossos líderes pré-republicanos.

Então, para além de advertir sobre esses riscos da visão estereotipada dos Mapuche, não deixa de me parecer interessante a recuperação da Plaza de la Dignidad e, ao mesmo tempo, da bandeira mapuche. Também me parecem interessantes tanto a reinterpretação da história do povo mapuche quanto nossa "gente" que compõe a *mapurbe*, que busca sua dignidade. Isso me leva a questionar essa ideia de que tudo o que ocorreu no dia 18 de outubro tenha sido apenas uma pulsão "irracional".

O monumento central da Plaza Baquedano — onde transcorreram os protestos sociais que pavimentaram o caminho para uma nova Constituição — é uma homenagem a um personagem histórico que tem relação com a ocupação da Araucanía. Os militares do século XIX são proprietários de terras e criadores de gado. Alguns se transformaram em empresários vinculados ao carvão nas terras de Arauco, território que se manteve independente até 1868. A resistência mapuche do século XIX levou Benjamín Vicuña Mackenna, um historiador, político e empresário, próximo ao argentino Faustino Sarmiento, a escrever, em seu livro publicado em 1868, que era necessário "conquistar Arauco" e fazer um chamado explícito ao extermínio dos Mapuche. Com Sarmiento, compartilha-se uma percepção comum sobre a civilização e a barbárie.

A partir de 18 de outubro, talvez tenha havido um fenômeno inverso. Os papéis se inverteram: há uma conquista da "barbárie" (dos marginalizados da cidade e do modelo) sobre a cidade culta. Nas cidades localizadas em meio ao que nossos antepassados chamaram de Fütalmapu, e que o movimento rebatizou de Wallmapu, recuperaram-se simbologias mapuche. Decapitaram-se estátuas que faziam alusão aos próceres da conquista chilena e expressavam a dominação. É a desmonumentalização da história oficial.

WENÜFOYE, A BANDEIRA MAPUCHE

> *As cores negra e branca representam o equilíbrio ou a dualidade entre o dia e a noite, a chuva e o sol, o tangível e o intangível etc. O azul representa a pureza do universo; o verde, nossa* mapu, *o Wallmapuche, o território de assentamento de nossa nação. E o vermelho, a força, o sangue derramado por nossos ancestrais. No centro, o* kultrung[3] *e todos os seus*

3 O *kultrung*, *kultrug* ou *cultrún* é o tambor mapuche. Na bandeira, está representado por um círculo dividido em quatro partes, denotando a superfície de couro

> *significados já conhecidos, e nas extremidades inferior e superior, a representação dos* kon.
>
> — Jorge Weke

Existe uma disputa pela história depois de 18 de outubro de 2019, o que me parece fascinante simbólica e ideologicamente. A bandeira mapuche, que vemos uma e outra vez na Plaza de la Dignidad, nas mobilizações, teve um lugar especial, porque, à sua maneira, representa a resistência de um povo e a demanda por mais democracia. Mas, como diz Jorge Weke, membro do Consejo de Todas las Tierras, também simboliza a crença na unidade dentro da diversidade, a valorização de cada frente de luta, de cada contribuição feita a partir de lugares diferentes. É um símbolo que representa a construção "a partir de baixo" e que pode ser observado nas janelas das casas.

Em um artigo que intitulei "Semeando ideologia", defendo que a transição à democracia no Chile não foi apenas a do acordo "de cima para baixo", vindo da classe política; existiu também outra transição que orientou seus debates políticos a um aprofundamento da democracia neste país. O movimento mapuche impulsionou uma nova Constituição como forma de reconhecer os povos originários. Diante da ausência de uma decisão da classe política, o movimento se mobilizou por fora da institucionalidade e desenvolveu um caráter autonomista que, em pouco tempo, se transformou em Liberación Nacional. Por isso, creio que, "a partir de baixo", se deu outra transição que trabalhou para aprofundar a democracia do Chile. É o que se manifesta, em 18 de outubro, como crítica aos partidos políticos.

---

do tambor. As quatro divisões correspondem aos pontos cardeais e, entre eles, o sol, a lua e as estrelas, simbolizando o conhecimento do mundo e a cosmologia mapuche. [N.E.]

Ao mesmo tempo, é interessante ver como um emblema nascido nas discussões durante a ditadura trazia consigo a esperança de um símbolo que representava o povo mapuche e sua crítica ao "quinto centenário" [da Conquista]. Isso é o que mais admiro em meu povo: a luta contínua por conquistar direitos fundamentais como a autodeterminação, em qualquer momento histórico e contexto. Em um processo de descolonização ideológica, dotaram de conteúdos e símbolos não apenas nosso povo como também os chilenos. A Wenüfoye representou um passo nesse processo. Com ela, viriam a reconstrução política da nação mapuche e o posicionamento das autoridades tradicionais como condutores do processo de libertação nacional.

TERRA E AUTODETERMINAÇÃO

A luta mapuche entende que a recuperação de terras é um dos pilares decisivos não apenas contra as indústrias florestais mas também contra os colonos, como na Araucanía. Ali os *peñi* [irmãos] o resolvem com um conceito do qual eu gosto muito: chamam-lhes de "os ricos", e ponto-final. Para eles, "rico" é aquele que ficou com as terras. Não fazem distinção em relação aos proprietários, mas em relação aos empresários. Consideram que sua luta é contra o capitalismo e, portanto, contra os empresários florestais e do setor hidroelétrico. A análise política que fizeram nos anos 2000 diz que a luta mapuche é anticapitalista e antioligárquica. Para eles, esses ricos não são como os da oligarquia do século XIX, que possuíam grandes extensões de terra. Ainda assim, entendem que são ricos na medida em que são proprietários de terras. Mas, para podermos explicá-lo, devemos entender como se estabeleceu a propriedade da terra, a história da ocupação da Araucanía e as resistências mapuche.

Entre os rios Biobio e Malleco, gerou-se um tipo de construção estatal que perpetuou o latifúndio do Vale Central. É o que chamo de "a política indígena dos governos conservadores". Depois da revolução capitalista de 1848, o que ocorre com o Rio Malleco ao sul é "a política indígena dos governos liberais", que se caracteriza pela fórmula norte-americana da redução. Esses dois tipos de construções criarão outros tipos de resistência por parte dos Mapuche, que colocarão em contradição os governos que propiciaram a reforma agrária entre 1958 e 1973. Pois a reforma foi pensada em relação ao latifúndio, e não em relação às propriedades menores. Diante da reforma, algumas famílias se apressaram em dividir suas terras em partes menores, que, no entanto, respondiam a um mesmo núcleo familiar. Por isso, o governo de Salvador Allende teve que ampliar os limites da reforma agrária para cumprir a palavra dada aos Mapuche e resolver as mobilizações que geraram uma contraofensiva ao governo popular.

Após o golpe de Estado, a contrarreforma agrária entregou ou devolveu terras aos antigos proprietários. Outras foram postas à venda no mercado (e compradas por empresários florestais), e as famílias com mais recursos venderam e compraram as terras entre si. Alguns Mapuche perderam as terras que haviam recuperado com a reforma agrária. Esses antecedentes são uma variável para compreender a crise política com os agricultores que, a partir de 2000, tem maiores níveis de violência, e para analisar como se construiu a propriedade no país.

COM QUEM FALAMOS?

A diversidade do movimento mapuche permitiu a criação de formas políticas, formas de encontro, a construção de acordos e soluções baseadas em modos de organização não centralizados. No mundo mapuche, cada *lof*[4] territorial é autônomo, com seus próprios líderes. E os encontros mapuche, até hoje, são reuniões de muitos desses líderes para chegar a um consenso, a uma decisão comum. Isso é o que o Estado chileno, e em alguns casos os partidos de esquerda, assinalam como um problema: "Com quem falamos?".

O povo mapuche tem uma forma de organização política, além de clareza de seu funcionamento. O problema da interculturalidade é que os não indígenas não entendem a nossa forma de fazer política. Querem que haja apenas um líder ou representante. Essa é uma aspiração equivocada. Além disso, quando querem negociar, forçam-nos a recorrer aos mecanismos deles. E quando o fazemos, como foi o caso do debate por uma nova Constituição ou a petição de cadeiras reservadas para nosso povo, a classe política dos chilenos cria entraves para prejudicar nosso empoderamento.

Isso ocorre inclusive na própria esquerda chilena. Tive a oportunidade de ir a conferências e dizer aos companheiros: nós não somos um sindicato de trabalhadores, somos um povo que se baseia na diversidade e na diferença; portanto, nossa estrutura de decisão política se produz através de encontros, parlamentos e outras maneiras de fazer política. Em algumas ocasiões, respondem dizendo que os Mapuche "votam na direita" — o que é, em parte, verdade para alguns setores, mas usam e abusam desse imaginário para evitar ceder espaços de seu próprio poder, ou porque desejam tute-

4 Forma de unidade social do povo mapuche, que pode ser definida pelo parentesco ou pelo território. [N.E.]

lar o movimento. Talvez tenha faltado ao Chile intelectuais como o boliviano Zavaleta Mercado ou o peruano Carlos Mariátegui. Seja como for, depois de 18 de outubro, foram sendo construídos espaços de convergência em que a esquerda compreende e respeita a situação mapuche e faz uso dos conceitos de nosso movimento, buscando cada vez mais, na diferença, uma vinculação orgânica.

Abrir a porta para a entrada dos Mapuche com pensamento autonomista dentro do sistema político chileno é dar passagem a um vento, que pode se converter, alguns anos mais tarde, em um temporal que nos leve a debater a descolonização — não apenas como um conceito teórico, mas como prática política. Então, isso também poderia tensionar a propriedade. O temor a esse debate e exercício político os leva a desvirtuar a causa mapuche. E nos "barbarizam" com base em uma concepção de que somos um povo que não possui organização com a qual debater. Em outras palavras, apoiam-se na suposta "desorganização" de nosso movimento e na diversidade que expressa a pluralidade de nosso povo para evitar que sigamos avançando na construção de um poder político popular.

UMA NOVA CONSTITUIÇÃO PLURINACIONAL E INTERCULTURAL

A cidadania está vivendo um processo criativo, de ebulição. Aparecem novas formas de fazer e compreender as políticas — não é suficiente dizer "a política" — vinculadas à ideia de uma nova educação política, de novos sentidos de democracia, de direitos de povos originários e, inclusive, de poder regional. Estamos em um momento em que tudo está sendo reconstruído, um momento histórico, e é necessário aproveitá-lo e avançar.

O triunfo do *Apruebo* e a instalação da Convenção Constitucional permitem a criação de um novo marco histórico para nós, que habitamos esta comunidade imaginária denominada Chile. No entanto, a velha classe política faz de tudo para manter sua hegemonia, de forma que é decisivo votar e manifestar-se. Embora falemos de "ampliar o arco do possível", é necessário "ultrapassar" o cerco que a velha classe política impõe ao tirar proveito da pandemia para nos roubar o espaço público de debate, de discussão, o exercício democrático de encontrar-nos para falar de política.

A explosão social manifesta a existência de movimentos dentro do movimento. Há de tudo nessa heterogeneidade. Por isso, 18 de outubro é um processo que ainda está por ser escrito, e isso poderá ser feito com a distância do tempo. Um movimento social que aspira a um novo tipo de democracia no qual primou a auto-organização política e informativa. Creio que essa prática de tecer novamente o tecido social seja um fato importante para este país, onde a divisão social havia sido aprofundada pelo neoliberalismo.

Trata-se de um movimento mais pacífico do que violento, apesar de incidentes pontuais que os meios de comunicação maximizam, como o incêndio de alguma igreja ou de alguns ônibus. Ficou comprovada, em alguns casos de violência, a participação de *carabineros* infiltrados e, inclusive, de membros da Marinha. De fato, até agora não há um *carabinero* morto nem um integrante da classe política estuprado; por outro lado, há pessoas que perderam a visão, e recentemente um jovem foi atirado de uma ponte no Rio Mapocho por um *carabinero*. Alguns senadores, como Felipe Kast, sugerem que elementos externos se associaram para derrocar a democracia no Chile. Esse mito, a que a direita recorre em todo momento de crise, é a linguagem que fundamentou o anticomunismo que tanto dano causou a este país.

Custou-lhes compreender que talvez não exista uma

sociedade despolitizada; ao não se sentir representada pelos partidos clássicos, a sociedade mostrou capacidade de organização, de autoconvocação e de atuação política diante da crise. A população respondeu à crise de legitimidade da ordem política de maneira surpreendente, com trabalho social e cultural nas ruas, nas praças e em todos os espaços.

Diante desse momento histórico, convidamos as pessoas a repensar uma nova nação por meio de uma Constituição plurinacional e intercultural. Propomos uma reconstrução do imaginário plurinacional, no qual o uso de cadeiras destinadas aos povos mapuche no Parlamento seja proporcional à quantidade demográfica de cada povo originário, e que a construção política seja feita com base na realidade decidida soberanamente por cada nação originária. O uso das cadeiras no Parlamento deve ser pensado como o início da desconstrução das estruturas coloniais que não nos permitem avançar em nossa reconstrução integral como povo.

Alguns integrantes do povo diaguita criticaram o fato de que os Mapuche sejam maioria, e embora possa compartilhar sua crítica, creio que se equivocam de adversário: sua queixa deveria estar direcionada ao Estado colonial.

Sem ânimo de abrir um debate estéril entre nações originárias, o importante é que tanto o órgão constituinte quanto o Parlamento sejam representativos das distintas nações originárias, e, no caso do povo mapuche, que sejam representadas as identidades territoriais de nosso povo com a inclusão daqueles de nós que, por razões históricas, vivemos na diáspora. É nesse cenário que propomos o Estado plurinacional, para que se debatam os direitos coletivos segundo um conceito intercultural e a fim de seguir aprofundando a autonomia e o exercício da autodeterminação.

A FOTOGRAFIA COMO FORMA DE RESISTÊNCIA

ENTREVISTA COM **PAULO SLACHEVSKY**

Paulo Slachevsky nasceu em Santiago, mas aprendeu a fotografar na França, onde viveu até os dezenove anos. Sua família decidiu se mudar para a Europa pouco depois do golpe de Estado que derrubou Salvador Allende. De volta ao Chile, participou e registrou cada protesto contra a ditadura: "Eram momentos de muita repressão, mas, ao mesmo tempo, muito esperançosos, graças à enorme mobilização social". Durante esses anos, criou, junto com outros fotógrafos, a agência Cono Sur e integrou a Agrupación de Fotógrafos Independientes (AFI). Também estudou jornalismo.

Em 1990, junto com Silvia Aguilera, fundou a editora independente LOM — que, no idioma yagán, significa "sol" —, uma engrenagem-chave na renovação do pensamento chileno de esquerda, da qual saíram, ao longo de trinta anos, ensaios fundamentais sobre a memória e os direitos humanos, além dos mais lúcidos questionamentos às políticas da transição e do neoliberalismo. Por alguns anos, a fotografia passou para o segundo plano, embora Slachevsky sempre se tivesse mantido vinculado a esse ofício: em 1991, junto com Elizardo Aguilera, lançou e editou Mal de Ojo, pioneira e delicada coleção de livros de fotografias. Foi com os massivos protestos estudantis de 2011 que retomou mais ativamente a fotografia, e daí em diante se multiplicam seus registros de manifestações sociais.

Paulo é muito alto e magro, é fácil vê-lo empunhando a câmera no meio da multidão. Vai e vem, de lá para cá. Aproxima-se, se afasta, aponta e dispara. Desde a explosão de outubro de 2019, dedicou-se diariamente a retratar o momento histórico vivido por seu país. Assume seu trabalho com rigor e convicção militantes. "Tentam nos cegar para que não vejamos nem reajamos aos abusos desse sistema neoliberal depredador que arrasa tudo", diz, referindo-se às centenas de casos de vítimas de lesão ocular durante os meses de protesto. Em meio a gases lacrimogêneos e corre-corre, tirou muitas das fotografias que compartilhamos aqui e que formarão parte de *Fragmentos de un despertar*, seu primeiro livro.

Segundo ele, as imagens podem ter usos contraditórios, e, assim como muitas vezes foram ferramentas de denúncia e resistência, também foram úteis aos discursos dominantes para operar estigmatizações, perseguições e banalizações. Como potencializar a função de resistência das imagens e conjurar a banalização? Essa pergunta perpassa a conversa a seguir, que cruza sua experiência pessoal, a história chilena recente e o momento atual da revolta.

Como você chegou à fotografia? Como foi ser fotógrafo em tempos de ditadura e, posteriormente, de transição?

Aos onze anos de idade, depois do golpe de Estado e da necessidade do exílio para muitos dos meus familiares, meus pais decidiram sair do país e fomos morar na França. Meu pai tinha uma máquina fotográfica e, em pouco tempo, me encarreguei das fotos da família. No fim dos anos 1970, fiz um curso rápido, e assim a fotografia tornou-se uma prática mais presente. Em julho de 1983, terminei o liceu e vim de férias ao Chile, já com a ideia de fotografar os protestos contra a ditadura. Eram momentos de muita repressão, mas, ao mesmo tempo, a enorme mobilização social nos dava esperança. Vinculei-me aos moradores de alguns bairros e organizações de direitos humanos, e comecei a estar presente em todas as mobilizações de que tinha conhecimento. Felizmente, consegui uma credencial de fotógrafo, primeiro da revista *Análisis*, depois de uma revista francesa, *Témoignage Chrétien*. Isso ajudava no contexto da repressão. Conheci Silvia Aguilera, liderança à época da Agrupación de Familiares de Presos Políticos, e fiquei no Chile. O trabalho fotográfico se transformou em uma prática diária até março de 1990, quando assume Patricio Aylwin, e, junto com Silvia, crio a LOM.

Nesses anos, foi sendo construído um forte vínculo com outros fotógrafos, e, com cinco deles, montamos uma pequena agência, a Cono Sur. Chegamos a publicar um livro em 1986, *El pan nuestro de cada día*, mas metade da edição se perdeu em uma operação de busca e apreensão, e destruição propriamente dita, de nossa imprensa. Fazíamos parte da AFI. Paralelamente, estudei jornalismo, acreditando, equivocadamente, que esses estudos tinham a ver com a minha prática como fotógrafo. Em suma, tanto para mim como para muitos dos que, por sorte, puderam sair vivos e sem maiores traumas da ditadura, essa experiência foi muito significativa e intensa: a solidariedade e a entrega eram vividas dia a dia, havia um horizonte comum de resistência e construção de uma sociedade mais justa e humana. Eram tempos de horror e morte, mas, ao mesmo tempo, os preenchíamos de vida e esperança. Nesses anos, como símbolo dessa vida, tivemos o privilégio de ver nascerem nossas filhas gêmeas.

Além de fotógrafo, como nos contava, você é, junto com Silvia Aguilera, o fundador e principal impulsionador de uma das experiências de edição independente mais importantes da América Latina, a editora LOM. Em que pontos se articulam ou se potencializam suas práticas de fotógrafo e editor?

De uma forma ou de outra, na LOM, com Silvia, passamos de uma militância política e social, durante os anos da ditadura, a uma militância por meio da cultura, estabelecendo vínculos e, no melhor dos casos, produzindo certo impacto social e político. Houve uma mudança importante, mas também muitas continuidades. O mesmo problema da memória e dos direitos humanos, tão presente no trabalho de ambos nos anos 1980, constitui-se em um pilar do trabalho da LOM. No primeiro texto-manifesto da editora, no início da década de 1990, a respeito de seu nome e seu logotipo, mencionávamos o seguinte: "Queremos manter na pele a sombra de seus espectros, e na retina de nossos olhos essas fotografias do início do século que comoveram, com toda sua vida, Inxiol, Ceilapantesis, Latabilik, Kipe, Angela Loji e tantos outros sem nome que evocamos". Eles, homens e mulheres habitantes do extremo austral do continente, que foram exterminados quase por completo em nome da "modernidade e do progresso", e depois ignorados, omitidos ou desaparecidos de nossa história. Esse manifesto expressa o desejo de manter junto de nós os muitos que resistiram e que já não estavam aqui — os resistentes de então e os recentes — e construir com eles, com sua luz na memória, nossos caminhos, algo que a fotografia e o livro, de algum modo, possibilitam de maneira privilegiada. Assim como muitos outros, depois de resistirmos à ditadura, passamos a desenvolver um trabalho de resistência ao modelo, ao conformismo e ao esquecimento.

Por muitos anos, deixei a fotografia em segundo plano, reservada ao espaço familiar, às viagens, ao cotidiano e aos momentos mais emblemáticos, como as marchas de 11 de setembro [dia do golpe de 1973]. Só com as marchas dos estudantes de 2011 comecei a retomar, de forma mais permanente, o exercício fotográfico, pública ou socialmente. Mas tenho a impressão de que nunca me separei da prática fotográfica. Um ano depois de inaugurarmos a LOM, em 1991, lançamos a coleção Mal de Ojo, de livros de fotografia, a primeira e maior coleção de publicações desse gênero no Chile, e, junto com Elizardo Aguilera, assumimos depois o papel de editores dessa coleção.

Cora Gamarnik, que estudou fotojornalismo na Argentina durante a ditadura, levanta a hipótese de que a fotografia jornalística consegue se estabelecer, apesar da censura e da perseguição generalizada, como uma espécie de "falha do discurso oficial". Ela diz que as imagens conseguiram romper a censura e, uma vez finalizada a ditadura, tiveram um papel central na construção da democracia ao denunciar, com a força inapelável da imagem, assassinatos, abusos e torturas. Pode-se pensar um lugar similar para o fotojornalismo no caso chileno?

Sem dúvida. O trabalho de fotógrafos comprometidos com os direitos humanos e com a luta contra a ditadura cívico-militar, tanto chilenos quanto de outras latitudes, representou uma grande contribuição como registros para as denúncias e como testemunho das lutas que estavam sendo travadas, o que reforçava o ânimo de resistência. Certas imagens do golpe tornaram-se históricas — Pinochet e os generais da junta, por exemplo —, todas elas acentuando as expressões ou rostos de horror, e marcaram o imaginário sobre a ditadura chilena. A censura que, posteriormente, já nos anos 1980, foi aplicada pela ditadura sobre as fotografias publicadas nas revistas de oposição dá conta de como essas imagens a representavam e, por isso, a incomodavam. Foi emblemático ver as publicações das revistas *Apsi*, *Análisis*, *Cauce* e outras, cujas páginas apareciam cheias de molduras em preto e branco, sob as quais figuravam legendas que descreviam o espaço da imagem ausente, sugerindo, assim, a censura às fotos. As imagens dos rostos de detidos e desaparecidos com a pergunta "Onde estão?" simbolizam o uso da fotografia como interpelação à memória e à justiça. Ao mesmo tempo, porém, a fotografia foi usada como arma de repressão, para identificar rostos, lugares, situações, e depois persegui-los. Da mesma forma, no âmbito do jornalismo, foi parte do discurso dos meios de comunicação oficiais e do grande empresariado, os mesmos que hoje são dominantes, como *El Mercurio*, *La Segunda* e *La Tercera*, para instalar e fortalecer o sistema, para humilhar e difamar os resistentes e as vítimas, para gerar terror. Lembro também capas de jornais com os corpos de resistentes baleados, ensanguentados, jogados nas ruas seminus, com o título: "Terrorista abatido em enfrentamento". A fotografia foi e é um espaço em disputa, no qual o que se impõe é o uso que o sistema faz dela; é nesse sentido que vemos fotografias que operam banalizações, mercantilizações e manipulações. É um enorme instrumento de poder, de propaganda, um uso que se opõe à vontade de testemunhar através da fotografia, sentido que a caracteriza quando é expressão de resistência. Nessa linha, tenho uma opinião mais matizada em relação às imagens e à fotografia jornalística. Concordo totalmente com a reflexão que o intelectual inglês John Berger faz a respeito no livro *Mirar*, no qual critica o uso que é feito da fotografia no capitalismo e busca uma alternativa para seu emprego.

As fotografias são relíquias do passado, marcas do que ocorreu. Se os vivos assumissem o passado, se este se convertesse em uma parte integrante do processo por meio do qual as pessoas vão criando sua própria história, todas as fotografias voltariam, então, a adquirir um contexto vivo, continuariam existindo no tempo, em vez de representar momentos separados. É possível que a fotografia seja a profecia de uma memória social e política a ser alcançada. Uma memória pensada nesses termos acolheria qualquer imagem do passado, por mais trágica e culpável que fosse, no seio de sua própria continuidade. A distinção entre os usos privado e público da fotografia seria superada. E existiria a família humana.

Nesse sentido, é fundamental dotar de contexto as fotografias, com palavras e também outras fotografias mais — como o próprio Berger assinala —, evitando seu uso fragmentado, isolado, manipulado, como instrumento do poder. Isso permite gerar fissuras no discurso oficial, como aponta Cora Gamarnik, o que também pode ser feito de outra forma pela poesia, pelo teatro, pela narrativa e pelo cinema.

Com relação ao papel da fotografia durante a revolta, você acredita que há uma continuidade com um tipo de registro inaugurado no período da ditadura, uma herança que reaparece hoje? Que elementos inovadores apareceram durante a revolta?

Como eu dizia, nesse terreno em disputa há continuidades, sem dúvida. Por um lado, existe a tentativa de apoiar as lutas por meio do trabalho fotográfico, de denunciar a repressão, difundir as reivindicações e as mobilizações. Há fotografias que serviram também como provas no âmbito judicial contra a repressão. Mas, por outro lado, com o domínio quase total dos meios de comunicação tradicionais, existe a imagem que busca mostrar e identificar o protesto social com o terrorismo, o vandalismo, simplificando, retomando e potencializando a visão binária da ordem *versus* o caos. Reforçaram fortemente as leis punitivas contra o protesto social e usaram também as imagens para condenar os manifestantes. Tudo isso em um contexto no qual as tecnologias, com os celulares e as redes sociais, massificaram inacreditavelmente o uso da imagem, possibilitando uma circulação enorme das fotografias; ao mesmo tempo, tamanha circulação as banalizou e as submeteu a usos complexos ao vinculá-las ou integrá-las, direta ou indiretamente, à publicidade, atando-as a lógicas de controle — é o que acontece, por exemplo, com as redes dominadas pelas megaempresas mundiais de internet. Nesse contexto, como potencializar um papel de resistência das imagens que são compartilhadas? Esse é um tema que está em questão e que é necessário debater.

Durante os dias de protesto, os *carabineros* adotaram a política de apontar e disparar nos olhos dos manifestantes, o que fez com que mais de 450 pessoas perdessem parcial ou integralmente a visão, de acordo com o INDH. Como você analisa essa prática, que não é exclusiva da polícia chilena nem prioriza os fotojornalistas, mas é sistemática e brutal? Como você viveu a repressão?

Como você mesmo diz, foi brutal e criminoso. Creio que, por sua massividade e sistematicidade, essas agressões deveriam ser tomadas como crimes de Estado, crimes de lesa-humanidade. O que vimos por parte do governo foi um apoio irrestrito e reiterado à ação dos *carabineros*; deu-se carta branca a essa prática. Fizemos, fotógrafas e fotógrafos, uma declaração em solidariedade a Gustavo Gatica:[1] "Suas balas não cegarão a luz da fotografia nem a luz da vida", declaração que se estende também a Fabiola Campillay[2] e a todas as vítimas de trauma ocular. "O que querem cegar? O que querem que não vejamos? A injustiça e a desigualdade, as violações brutais aos direitos humanos não podem ser caladas ou escondidas arrancando os olhos de nossos jovens." Os atos repressi-

1 Em 2019, Gatica era um estudante de 21 anos que, como tantos outros, participava dos protestos sociais no Chile. Foi atingido por duas balas de borracha, disparadas pelos *carabineros*, uma em cada olho, o que o levou a ficar totalmente cego. [N.E.]

2 Em 26 de novembro de 2019, Campillay estava num ponto de ônibus, dirigindo-se ao trabalho, quando um *carabinero* lançou, a curta distância, uma bomba de gás lacrimogêneo contra ela. A bomba atingiu em cheio o rosto da mulher, levando-a à perda total da visão, do olfato e do paladar. [N.E.]

vos, além da brutalidade dos fatos, não deixam de simbolizar o que pretendem: fazer desaparecer da face da Terra os desejos e sonhos de uma sociedade diferente. Foi assim nos anos 1970, com os desaparecimentos forçados, e hoje tentam nos cegar para que não vejamos, sintamos e reajamos aos abusos deste sistema neoliberal depredador que arrasa tudo, a Terra e os seres vivos que a habitam.

Como fotógrafo, tal como também ocorreu na década de 1980, deixamos de sentir certo temor diante da brutalidade e da crueldade da repressão. Muitas vezes, de forma prática, e também subjetiva, essa crueldade limita a própria atuação. Mas, mantendo certos cuidados, é necessário sempre vencer esse temor e os cercos instalados pela opressão.

Se você tivesse que escolher três fotos suas sobre a revolta de outubro, quais escolheria e por quê?

Pela primeira vez, estou trabalhando em um livro próprio, intitulado *Fragmentos de un despertar*, que publicaremos na coleção de bolso, série 18 de outubro, e tive de fazer uma seleção de uma centena de fotos. Como uma mostra desse trabalho, selecionaria a imagem da capa, um jovem que "volta da batalha" com o punho em riste. Retrata a principal zona de enfrentamento da linha de frente com os *carabineros*, na Rua Ramón Corvalán, esquina com a Alameda, a um quarteirão da Plaza de la Dignidad. Sinto que simboliza, de alguma maneira, a confiança e a esperança viva nessa história de avanços e retrocessos das lutas por uma sociedade mais justa.

Também escolho a foto de duas jovens, uma delas com um nariz de palhaço, feita na Plaza Ñuñoa, brincando de pular corda. Houve cenas similares na Alameda. Retratam a alegria e as energias que marcam esse processo, no qual, apesar da dor pela repressão, pulsa um sentido lúdico, criativo e transformador. Sinto que expressa a fragilidade de todo grande movimento social, em que cada salto é incerto.

Por último, uma das poucas imagens coloridas do livro. É a da sexta-feira, 20 de dezembro de 2019, na qual deflagrou-se uma verdadeira batalha campal na Plaza de la Dignidad, em que as e os jovens, com grande valentia, conseguiram desalojar os repressores que haviam ocupado a praça desde cedo. Esse dia me impactou muito, estar ali e viver essa experiência. Minha leitura da imagem possui algo de melancolia, rememorando o imaginário de tantas lutas sociais, nas quais, com as bandeiras vermelhas ou rubro-negras, se enfrenta, de maneira muito desigual, a repressão. Espero que o livro, que busca dar um sentido a esses fragmentos da revolta captados pelas fotografias, chegue a algumas e alguns desses jovens que estão hoje fazendo história.

Para mais fotos de Paulo Slachevsky, ver:
flickr.com/people/pauloslachevsky/

SOBRE A AUTORIA

TINTA LIMÓN é uma iniciativa editorial coletiva e autogerida sediada em Buenos Aires, uma aposta por textos que exigem um esforço ativo para serem inteligíveis. Se no passado a "tinta de limão" foi usada como modo de escrita clandestina, voltamos a nos referir a ela, mas com uma exigência contemporânea: fugir do óbvio e orientar o pensamento ao trabalho cotidiano de forjar experiências de construção. Uma nova clandestinidade, portanto, para evadir as novas prisões que nos atam à destruição do comum, à normalização da vida e à banalização do que até pouco tempo havia sido instrumento de luta. A tinta de limão requer uma ação de visibilização que faz emergir uma narrativa política, um tecido de noções e um movimento do pensamento que cria novas linguagens para novas práticas — e nomeia uma maneira de fazer também as palavras arderem.

CUANDO SE
LEE POCO
SE DISPARA
MUCHO
1312

Título original
Chile despertó: la revuelta antineoliberal
Tinta Limón Ediciones, 2021

Primeira edição, outubro de 2021
São Paulo, Brasil

Dados Internacionais de Catalogação na Publicação (CIP)
Angélica Ilacqua CRB-8/7057

Chile em chamas : a revolta antineoliberal / tradução de Igor Peres. — São Paulo: Elefante, 2021.
384 p.

ISBN 978-65-87235-57-8
Título original: *Chile despertó: la revuelta antineoliberal*

1. Movimento de protesto - Chile I. Peres, Igor

21-3345 CDD 303.623

Índices para catálogo sistemático:
1. Movimentos de protesto - Chile

EDITORA ELEFANTE
www.editoraelefante.com.br
editoraelefante@gmail.com
fb.com/editoraelefante
@editoraelefante

TINTA LIMÓN EDICIONES
www.tintalimon.com.ar
tintalimon@gmail.com
fb.com/tintalimonediciones
@tintalimonediciones

FONTES GT HAPTIK & PENSUM PRO

PAPÉIS CARTÃO 250 G/M² & IVORY SLIM 65 G/M²

IMPRESSÃO BMF GRÁFICA